故乡可安身

扎根型城镇化中的古源村

董磊明　谢梅婕　等◎著

中国人民大学出版社
·北京·

总　序

谢富胜[*]

党的十八大以来，以习近平同志为核心的党中央高度重视县域工作。习近平总书记强调："要把县域作为城乡融合发展的重要切入点，推进空间布局、产业发展、基础设施等县域统筹，把城乡关系摆布好处理好，一体设计、一并推进。"[①] 实施乡村振兴战略，是党的十九大作出的重大决策部署，是新时代"三农"工作的总抓手。中共中央办公厅、国务院办公厅 2022 年发布《关于推进以县城为重要载体的城镇化建设的意见》，明确提出"以县域为基本单元推进城乡融合发展"[②]。党的二十大提出，着力推进城乡融合发展，深入实施新型城镇化战略。如何以县域为单元推进城镇化建设，做好乡村振兴工作，需要在实践中和理论上进行长期的

---

[*]　中国人民大学出版社总编辑、中国人民大学经济学院教授。
[①]　习近平. 坚持把解决好"三农"问题作为全党工作重中之重　举全党全社会之力推动乡村振兴. 求是，2022（7）：16.
[②]　中办国办印发《关于推进以县城为重要载体的城镇化建设的意见》. 人民日报，2022-05-07（1）.

探索。

近年来，由于国内外形势的变化，我国原有的经济增长模式受到了冲击，国内大循环的重要性凸显，与此同时，一些地方社会展现出令世人瞩目的活力。一、二线城市不能完整反映中国的全貌，千差万别的县乡才更具"中国味"、更代表真实的中国。中国经济社会的韧性、潜力、活力在很大程度上源于县乡。县乡的繁荣、活跃、稳定不仅是县乡经济发展的需要，也是中国经济高质量发展的需要，更是县乡群众获得幸福感的需要。人口、人才、资金、教育资源、医疗资源等向大城市过度集聚会带来一系列负面效应。县乡与大中城市的发展并行不悖、相辅相成，县乡并不是大中城市的附庸，而有自己的主体性。在中国经济发展中，以大城市为核心的城市群是龙头，县乡是战略纵深，二者应该齐头并进、互相成就。发展县域经济、推进以县城为重要载体的城镇化已于2020年10月明确写入《中共中央关于制定国民经济和社会发展第十四个五年规划和二〇三五年远景目标的建议》。

2015年6月30日，在会见全国优秀县委书记时，习近平总书记讲道："郡县治，天下安。我多次讲过，在我们党的组织结构和国家政权结构中，县一级处在承上启下的关键环节，是发展经济、保障民生、维护稳定的重要基础，也是干部干事创业、锻炼成长的基本功训练基地。"[1]在实现中华民族伟大复兴的未来征途中，我们将面临惊涛骇浪和各种艰难险阻，需要

---

[1] 习近平.做焦裕禄式的县委书记.北京：中央文献出版社，2015：66-67.

千千万万的社会主义建设者和接班人进行伟大斗争。县乡是培养建设者和接班人的丰厚沃土，焦裕禄、谷文昌、杨贵就是从县乡群众中成长起来、带领群众艰苦创业、在群众中享有崇高威望的优秀干部的典型代表，未来还会有大量的领导干部从县乡走出。就党群关系来讲，县乡群众与基层政府打交道多，群众对党和政府最切身的体会就来自他们与县乡干部的互动。

与过去的乡土中国相比，今天的中国已发生天翻地覆的变化，进入以城市型社会为主体的阶段。但我国目前依然有1 800多个建制县，分布在广大的疆域中，而且我国有一半左右人口生活在县域，大城市中的许多居民、外来务工人员与县乡也有千丝万缕的联系。县乡社会中蕴含着推动社会进步的巨大能量，县乡中有大量鲜活的实践经验需要总结、提炼、升华，县乡中有许多时代问题需要回答，县乡也比大中城市更多地保留着地域文化传统。调查县乡、研究县乡，将有助于中国化时代化的马克思主义在中国大地落地生根、深入人心，有助于实现马克思主义基本原理同中国具体实际相结合、同中华优秀传统文化相结合。

基于上述种种，我们计划出版县乡中国系列图书。该系列图书定位为基于田野调查的、问题导向的、以学术为支撑的高品质学术大众图书，每种图书都以中国广大县域为研究范围，呈现县乡大地上发生的活生生的事实，回应领导干部、学术界、社会大众强烈关注的县域现象和问题，并提出可操作的解决方案。

该系列图书是开放性的，其开放性包括以下几个方面：一是研究主题的开放性，包括教育、养老、女性、青年成长、经济发展等县域中的重要主题；二是所涉学科的开放性和交叉性，涉及社会学、政治学、经济学、公共管理等学科；三是写作风格的开放性，写作风格上倡导百家争鸣、不拘一格，尊重作者的创作主体性，鼓励作者进行创新；四是作者的开放性，我们希望与在县乡领域既有深入研究又致力于田野调查的优秀学者合作；五是对策的开放性，力求对县乡热点问题提出开放性、创造性的解决思路。我们致力于将该系列图书打造成品质一流、能引领学术潮流的原创学术大众图书。在出版节奏上，我们不追求短时间内出齐，而是陆续推出，成熟一本出版一本。

我们推出县乡中国系列图书，既是为了帮助社会各界尤其是青年人深入了解县域国情，帮助从县乡走出的读者了解家乡的发展变迁，也是为了服务于政策制定和创新，给各级干部实事求是地开展工作带来启发和助力。该系列图书的大部分基于作者们扎实的田野调查和深厚的学养写成，关注就业、教育、养老等群众急难愁盼的具体问题，用通俗易懂的语言揭示县域各个方面的真实情况，探寻现象背后的规律和本质，提出建设性的思路和办法。2023年3月19日，中共中央办公厅印发了《关于在全党大兴调查研究的工作方案》。县乡中国系列图书正是这一文件精神的体现。

2022年4月25日，习近平总书记在中国人民大学考察时强调："加快构建中国特色哲学社会科学，归根结底是建构中国自主的知识体系。"① 社会学、政治学、经济学等社会科学主要源自西方，社会科学的中国化和社会科学自主知识体系的建构是当前与未来我国学术界的奋斗方向。社会科学的基本概念、理论、范式来自对社会现象的总结和提炼，县乡中国系列图书扎根中国县域社会，以学术的方式讲故事、讲道理，希望能给学术界带来鲜活的事实和理论，促进中国自主的知识体系的建构。

我们将以饱满的热情和专业的能力做好这一系列图书的编辑出版工作，也真诚地期待这一系列图书能够助力我国的乡村振兴和县域高质量发展。

2023 年 7 月

---

① 坚持党的领导传承红色基因扎根中国大地 走出一条建设中国特色世界一流大学新路.人民日报，2022-04-26（1）.

序

乡村何以成为根

据说中国春节前的返乡潮是全球最大的人口迁移活动。打开导航软件可以看到,往日拥挤不堪的城市变得畅通无阻,而似乎已经人去屋空的乡村变得摩肩接踵。对于许多人来说,一年的奔波似乎都是为了这一段时间的团聚。一个个冷清的村庄似乎具备了超越时空的磁性,不再是边缘,重新成为具有吸引力的中心。故乡是如此沉甸甸的一个词。对于许多人来说,故乡不是过去的乡土和精神家园,而是当下生活于其中的空间,当然这种生活不仅仅指居住在那里,也包含精神生活、社会生活和经济生活,是斩不断的联系,是根。以我的理解,这可能是《故乡可安身》这本书希望告诉我们的故事。

故乡是由流动所创造的,没有流动,故乡也就无从谈起。但是流动并非故乡所创造的,不是所有流动者都有故乡。早年在华北地区做乡村调查,我发现,大多数村庄的历史都可以追溯至山西洪洞大槐树。明朝初年的移民规模巨大,但移民并没有因迁徙而有了故乡。我在我国东南部山区拜访村庄的老人时,他们给我讲述数百年之前他们的先祖如何从北方迁徙到南方的故事，但是不管是迁徙出来的地方还是沿途曾经停留的地方，他们都不认为那是他们的故乡。故乡是他们最终生根的村庄。

在人口的流动中，故乡之所以成为根，是因为故乡是活的，是与外出的人息息相关的，是流动人群生活中的一部分。

故乡是关系的总和。当一个人离开了故乡，到陌生的地方去工作、生活，空间上的变化并没有切断他们与故乡的联系，同乡同业、家乡会馆，以及错综复杂的社会关系往往能够给他们提供切实的支持。这种关系可能是经济方面的，也可能是社会和文化方面的。

故乡是灵魂的家园。许多人都希望衣锦还乡，也知道家乡可以接纳落魄的他们。流动充满了不确定性，但人们需要确定性，而家乡就提供了这种确定性。尽管有时候这种确定性只是精神层面的，但它的确对在外的流动人群是一种支持。

故乡也是一个实实在在的空间，是人们可以回去的地方。作为故乡的村庄包含了多重含义，在这里人们通过仪式和活动加强对村庄的认同，通过有形的互助加强彼此的关系，通过密切的交往加深了解和熟悉。在这个空间中，流动和故乡互相塑造，流动强化了故乡的意义，而故乡也塑造了流动的方式。

城镇化是人类历史上规模最大，也是不同于以往的人口流动的变革。城镇化不仅意味着空间的改变，也意味着职业和生活方式的改变。在城镇化过程中，人们首先进入了一个市场，然后才有可能随着时间的推移，进入城市社会。在这个过程中，故乡成为他们的根，那里有割舍不断的联系，有生活的意义。从这个意义上说，中国的城镇化需要故乡，需要根。

如果说中国的城镇化需要根，那么能不能留住根，如何留住根，这可能是本书试图解答的问题。本书作者给我们讲述了一个扎根型城镇化的故事：在城镇化过程中，故乡的根不但没有被斩断，反而扎得更深。在城镇化的过程中，村庄没有消失，反而因为经济活动的多样性而变得更加繁荣；越来越多的人离开了村庄，进入城市，他们不仅没有割断与乡村的联系，而且在乡村之外复制了故乡的关系。扎根的城镇化不仅让那些快速城镇化的人有故乡可以依托，减少了城镇化过程中的不确定性，而且使中国的乡村没有因城镇化而衰落。

在记录中国城镇化的过程中，我们需要探索其中的内在逻辑，本书正完成了这一任务。书中有细腻的描述和清晰的讨论，在故事的呈现中告诉读者故乡何以成为城镇化中的根，也帮助读者理解中国在城镇化中，如何走出一条扎根型城镇化的道路。通过本书我们得以在细节中看到城乡融合是如何实现的。

当然，作为根的故乡也是脆弱的，需要不断被建构。在阅读这本书的时候，我看到许多与扎根型城镇化不同的拔根型城镇化现象，让乡村失去其物理空间，让乡村的文化符号湮灭在各种口号中。衷心希望政策设计者能小心地维护我们的故乡，不要让我们的故乡因某些政策而消失，不要用行政力量把我们的根拔掉。

王晓毅

中国社会科学院社会学研究所研究员

2023 年 10 月

目 录

导　语……1
　　古源剪影……1
　　宗族底色……5

第一章　"隙地"村庄整合的历史……11
　　1. 大姓主导与不对等均衡格局……14
　　2. 国家主导与地域社会的形塑……34
　　3. "隙地"与国家——逃避？整合？……64

第二章　迈向扎根的城镇化……71
　　1. 走向流动与城镇化的进程……74
　　2. 渐行渐远的枝叶与深扎村庄的根系……96

第三章　扎根型城镇化下村庄的生产与消费……113
　　1. 村庄生产的韧性……116

2. 物欲潮流中的主体性消费……138

第四章　宗族社区中的个体与家庭……157

1. 乡土中国的个体、家庭与宗族……162
2. 城乡中国的个体、家庭与宗族……191
3. 宗族底色下的个体与家庭……218

第五章　延展在城乡之间的社区……221

1. 打工地的"旅居客"：回望家乡……224
2. 县城的"定居者"：复制家乡……235
3. 村庄的"守望者"：再造家乡……246

第六章　伦理经济的社区实践……275

1. 古源村的伦理经济……278
2. 伦理经济的变化……300
3. 浅论伦理经济……319

第七章　伦理与秩序……333

1. 斗而不破：乡土社会中的底线秩序……336
2. 疏而不离：城乡社会的秩序调适……354

结　语　"拔根"还是"扎根"？……391

城乡二元下的"拔根"……392
城乡融合下的"扎根"……394

后　记……401

导　语

◎ 古源剪影

　　桃花源象征着古人对理想生活的向往，这一理想生活仿佛又以"天高皇帝远"为条件，正所谓"山高水长皇帝远，桃源悠然事桑麻"。我们此次调研的古源村是典型的偏远村落，其社会秩序是一种怎样的形态呢？

　　古源村位于江西省宁县西北部的湘鄂赣三省交界区域，地处幕阜山脉，被仙湖山（主峰，海拔1 286.6米）、丰岭等环绕。历史上，古源村仅能依靠原始的山间小路以肩挑背运的方式与外界往来。其虽山路四通八达，但离周边集镇有着相当远的距离，沿小津河蜿蜒而下30公里才能到达所属茶乡驻地。

　　如今的古源村，道路已然通向城市，但桃花源式的温情脉脉的社会生活依旧以各种形式呈现。如村民们吃饭时开着大门，来串门的村民添副碗筷即加入就餐。而面临重大危机时，古源村还有名为"写费"的、以普遍捐助为形式的民间救助兜底保障。

　　我们在探访古源村的历史变迁时发现，这种温情脉脉并不是简单的乡土社会传统的延续。传统时期的古源村在大姓主导下的社会秩序是残酷且脆弱的。改革开放以来，工业化、城镇化的冲击也导致古源村走向开放、异质、流动,但古源村并未走向解体,乡土之"根"依旧展现出极强的韧性。这种既传统又现代的现象引起了我们极大的兴趣。

在古源村,姓氏对个人生活具有重要的意义。在传统时期,宗族是古源村的基础性社会单位:以宗族为基础,通过地缘等纽带建构了祭祀圈、族群等形式的宗族联盟,并最终在区域社会中分化出山上"小津四十八姓"杂姓群与山下张、李、谢等大姓群两个存在显著差异的群体。大姓"耕读传家","耕"即控制耕地,同时以"山骨权"的形式控制广阔的山林地带,通过租佃关系将小姓吸纳进地域经济系统;"读"即人多势众且拥有户籍的大姓可以垄断国家与地方(农民)关系,包揽钱粮并资助子弟从事科举事业。因此,小姓只能在大姓的支配-依附关系中勉力求生。这种姓氏的区隔和支配-依附关系在新中国成立后逐渐被打破,社会的融合化解了历史的恩怨,逐渐营造出了相对和谐的社会氛围。

古源村的可耕地资源相对匮乏且开发利用难度较大,山林、矿产资源则相对丰富,因此村民的生计方式多种多样。区域内山地约占80%,丘陵约占20%,主要由高山、低山组成,并夹杂一些河谷小平原。耕地极为有限且以旱地为主,水田集中于河谷平原地带,田块分散且面积有限,耕作也极为困难。粮食作物以稻谷、红薯为主,光热条件可以满足种植双季稻。除了这些基本的粮食作物耕种,村里的发展主要靠山林经济:经济作物种植方面有大豆、木耳、茶等;用材林和经济林如毛竹、杉树、油茶、油桐、板栗等，资源丰富；采集业则有中药材、竹笋等；山间还有丰富的青饲料资源，古源村以此发展了猪、马、牛、羊等畜牧业以及养蜂业。以山林资源为依托，长期以来，古源村以造纸业为代表的作坊工业和以木制品加工、篾器加工等为代表的家庭手工业十分繁盛。山林经济的繁荣以及特殊的区位为古源村各行业的发展创造了良好的条件，使得古源村与周边多个集镇都保持着密切的经济联系。但在传统时期，山林经济和农耕经济曾长期依附于大姓和小姓两个社会群体。这两大群体二元分立，矛盾冲突激烈，最终两者通过土地集体所有制的建立才实现了融合。

古源的聚落模式以散居为主，自然村数目多，大多数的聚落人口规模有限、历史短暂且人员变动频繁。即使是人口规模较大的自然村，实际亦是以屋场为基本单位分散独立，只是相对聚居。房屋多位于半山的局部台地和河谷周围的丘陵地带。即使到今天，大姓和小姓在聚落分布和形态上依旧存在着显著区别。整个古源村形似一片叶子，古源水及其相关支流构成这片叶子的叶柄和叶脉，大姓定居于叶柄和叶脉周边的小型河谷地带，小姓则以点状广泛分布于叶片，即山林地带之上。山林地带生态环境极其脆弱，多山洪灾害易发区和地质灾害隐患点。自然村落往往由多个小姓散居而成，聚落呈点状，从事山林经济。山林地带的人口规模有限，历史短暂，人员流动频繁。在河谷平原地带，大姓单姓聚居，聚落呈团状，占据耕地、交通、水利之便，主要从事农耕经济。

新中国成立后特别是改革开放以来，古源村的宗族关系、生计模式、聚落模式以及交通基础设施等都发生了重大转变。特别是随着1982年古源至小津的毛坯公路的竣工以及小津至县城客运班车线路的开通，古源村逐渐融入县域交通网络。改革开放后，打工经济逐渐兴起并成为农民主导性的生计，村子逐渐走出匮乏经济，在地生计逐渐萎缩并向多元化、外向型的农业经营转型。村民逐渐由山上向山下迁移，房屋坐落也由山坡向平原移动，聚落进一步集中并逐渐打破小组、姓氏等的空间区隔，小部分村民也开始了自主城镇化的进程。在物质相对丰裕的时代，在宗族传统和集体主义共同作用下，新、旧社会关系网络发生聚合，形成了一个稳定的熟人社会网络，内外有别的伦理原则的边界逐渐拓展，一个超越自然村、姓氏、族群、民间信仰的具有包容性的公共性地域共同体逐渐形成，温情脉脉成为社会生活的主旋律。

近些年，这一主旋律也面临着工业化、城镇化的冲击，特别是2013年国家实施精准扶贫以来，移民搬迁以及教育、医疗等公共服务向县城的集中，推动了宁县城镇化的高速发展，而古源村这一地域社会正逐渐被县域所吸纳。在这种城乡互动中，农村的生产方式、生活方式、消费方式、闲暇娱乐等各个方面都出现了一些城镇化的韵味。但无论如何变化，村民依旧保留着浓厚的乡土观念，与家乡的社会联结和情感依赖依旧维持着，乡土社会的根脉依然在顽强地绵延着、维系着、赓续着。正是在这样的一个场域中，在这样的一个多维的社会空间里，我们看到了城和乡的交流与融合发展，我们称之为"扎根型城镇化"，这也是本书所要探讨的主题。

◎ 宗族底色

从整个区域的社会形态来看，古源村位于典型的宗族区域，深受宗族文化的影响。宁县县志曾言明，本地多豪宗大族。当地农民以宗族为主要的社会组织结构，这决定了古源村社会的宗族底色。由于以血缘为核心的联结纽带和以农业为主的生计模式，古源村在宗族内部形成了亲密社群特征；进而以世系关系来组织宗族等社会组织，村庄社会结构呈现明显的差序格局。生活在宗族文化区域之内，古源村村民的社会竞争以宗族为主要单位，宗族成为组织古源村村民开展社会行动的核心事业组织。

亲密社群

从地理位置上说，古源村位于三省交界处，属于"隙地"类型[①]，传统的国家力量难以进入。从经济上说，古源村位于山高林密的河谷地带，山下的人主要从事水稻种植，山上的人则以农业为主，辅之以多种经济作物，具有一定的山林经济色彩。但不论是居于山上还是居于山下，古源村村民基本依靠农

---

① 吴重庆.追寻内生的力量："隙地""狭地""边地"的"空心化"反向运动.南京农业大学学报（社会科学版），2023，23（1）.

业维持生计，被牢牢绑定在土地之上。因此，缺乏流动而自给自足的村民们，以房支、五服等血缘依凭为单位聚族而居，以十几户到三十户为限建立起较小的互助单位，平时的劳动耕作、抚育儿童、赡养老人、修葺房屋、养护水渠等均依靠这一小互助单位。于是这一单位成为村民日常生活的中心，而个人则被牢牢绑定在这一互助单位之中。

人们在不流动中日复一日规律地过着同质的、定型的生活。处于同一互助单位之中的村民们朝夕相处、同甘共苦、世代联通，加之血缘、地缘纽带的联结，社群中的人们亲密无间、极度信任，构成了一个亲密社群。这一亲密社群成为古源村村民主要的活动范围与关系范围的唯一依凭，并对村民的日常生活起着统摄作用，如新中国成立前的婚姻圈以姓氏为单位呈现出明显区隔。这一亲密社群中的成员，基本共享日常生产生活的方方面面。在频密的互动中所生产出来的权威，是整个社群所有日常生活的组织者和管理者。人们以聚族而居的状态居住和生活。这样的社区，除去竞争，更多地体现出私人空间的开放化与公共空间的扩大化。

差序格局

宗族作为一个事业组织，在从小的亲密社群向宗族的拓展过程中，组织原则尤为重要，其确定了个人通过何种方式在组织中获取自己的位置。而由于古源乡土社会的特性，宗族的组织原则是"一贯的、单系的差序格局"①。因此，在古源村，人们的亲疏远近、公私观念等基本严格按照差序格局。在原有的小亲密社群内，人们世代积累下的熟悉是"从时间里、多方面、经常的接触中所发生的亲密的感觉"②。这种亲密使得村民们在小亲密社群内几乎是互通有无，"个人事皆众人事"，小亲密社群是差序格局的核心层。将差序格局向外拓展至宗族，使得族人以抽象的以类型划分的血缘关系来确定宗族内任意两人互动双方的社会关系，确认相互之间行为举止的各种规则，从而形成了差序人格。③村民们会根据事由的大小、利益的范围等划分当时当地"自己人"的范畴。以古源村来说，人们的差序格局基本按照小家族—房支—祭祀圈—宗族—地方社会来展开。一般情况下，利益标的出现在差序格局中的哪一圈层，村民就会迅速收缩至那一圈层从而与其他亲密社群进行利益博弈。即便古源村从新中国成立后就开始了以村庄为单位的行政整合，但张姓宗族仍认为同一宗族的青松村和仙湖村村民比山上的人更为亲近。

同时，也正是由于亲密社群嵌套在宗族这一事业组织之中，村民需要考虑族人对事业的认同、服从，甚至牺牲，因此亲密社群在日常行为中是排斥普通感情的。这并不是说亲密社群中的人没有彼此依恋的亲情、友情、爱情等，只是其

---

① 费孝通.乡土中国 生育制度 乡土重建.北京：商务印书馆，2015：43-44.
② 同①10.
③ 阎云翔.差序格局与中国文化的等级观.社会学研究，2006（4）.

情感表达并不充分,而被局限在制度化的关系所明确的道德和义务之中。也正由于此,古源村村民强调义务,强调服从,其在面对命运不公的安排时更多的是逆来顺受,更多的是反求诸己,其情感被淹没在伦理型义务中。制度限制了村民的情感,让他们在做事的时候时时刻刻分清你我、划分界限,不因情感而丝毫逾矩。在行为上,古源村村民的行为模式在很大程度上是由其在宗族中的"世系关系"所决定的,情感、血缘等因素占比较低。尤其是人们熟稔于同一宗族内的辈分关系,对同一宗族内部血缘关系的远近都能烂熟于胸,且在现实社会生活中加以践行。

事业组织

古源村位于宗族性地区,周边多强宗大族,宗族是该地域社会内的基本社群,宗族和以宗族为单位的联盟是该地社会组织的基本形态。宗族及宗族秩序在当地具有相当的正当性,以宗族为单位的弱肉强食的竞争则是地域社会的地方秩序。因此,这一亲密社群对村民来说不仅具有互助功能,还具有向外界展示力量、自卫,甚至向其他宗族实施压迫等重要功能。为了在弱肉强食的地方社会内存活或者攫取更多的资源,人们不仅以血缘关系进行小单位的紧密联结,还通过父系血统将这一亲密社群拓展至更大的单位——宗族,以期团结更多的人员创造更大的社会力量,从而将一个个小的亲密社群层层嵌套在宗族之中。在孤立与隔膜的地方社会中,加之人员的不流动,宗族力量是持续积累的。他们需要通过世代的繁衍生息增加宗族成员，通过世代的财富积累增加所拥有的山林土地，通过世代的联姻加强亲缘关系，这些才是在宗族地方社会中立身的根本。因此，人们组织宗族不仅仅是为了一个世代的存活，还为了长期生存、世代延续，并且"不因个人的长成而分裂，不因个人的死亡而结束"[1]。族人为了长期存活而生产出来的宗族，一旦形成，就成为一个并不受单个族人所控制的事业组织，其核心的事业即组织族人来共同维护宗族的延续，且反过来可以对族人的行为举止进行指导和控制[2]，让族人可以"集合在一起，对外界进行共同防御，人人各得其位，各就其位，都有与这个位置结合在一起的权利和义务"[3]。

那么，在竞争中，经营自己的血脉传承、财富积累并对外展示自己的实力，就成为古源村中宗族这一事业组织的日常运行目标。要达成这一目标，宗族成员让渡了自己的一部分资源和自由，甚至长期利益，并通过汇聚一部分共同财产，形成了祖坟、族谱、祠堂等宗族的物质外壳，并时常以龙灯队的形式向地方社会展示自身力量。长期以来，地方社会以宗族为单位的竞争形式，使得村民们保持着对家庭富足、和乐融融的大家庭和强大兴盛、蓬勃发展的大宗族的想象，使得村民们希望且愿意维持一个传统大家庭、大宗族的家庭模式和行为习惯。

---

[1] 费孝通.乡土中国 生育制度 乡土重建.北京：商务印书馆，2015：43.
[2] 许烺光.宗族·种姓·俱乐部.北京：华夏出版社，1990：75.
[3] 滕尼斯.社会学引论.北京：中国人民大学出版社，2016：213-214.

在这样的理想化图景之下，人们秉持"亲至三代，族有万年"的观念。村庄对村民而言是人生价值的依托地，是他们的"根"。承前启后，继往开来，村民都离不开村庄，也因此他们对村庄有着极长远的预期。如古源村村民认为："就算现在大家都在外面或者是搬下来了，难道他们就永远不回来了吗？"而这个预期大部分来自祖先与子孙，而祖先与子孙从生命延续的意义上来说，是一脉相承、相对同构的。从坟墓到现实村庄社区中的面子、势力等，构成了古源人独特的价值世界和生命含义。

但在古源村以宗族为单位的社会竞争中，宗族之间若力量相仿，大部分会以频繁的联姻建构亲缘关系，进而形成宗族联盟；若力量悬殊，则表现为强势宗族对弱势宗族的欺压剥削。但世代姻亲可能会一朝破裂，力量悬殊可能会时移事易，而宗族仍是古源村村民在地方社会中最稳固、最可靠的联结纽带。因此，在观念上，古源村村民认同并依附于宗族这一社会结构，道德观念也相对传统，接受"姓与姓之间是有差别的"。在这种观念的指引下，古源村村民在宗族内部是互帮互助、温情脉脉的。且这些互助随着古源村的行政整合、宗族之间竞争标的物的消失、地域社会的形塑等逐渐呈现外溢趋势。

第一章

"隙地"村庄整合的历史

在新中国成立前，古源村虽然在国家疆域之内，却是国家控制相对薄弱的区域，处于国家政治经济乃至文化体系的空隙处，是国家政治经济体系的"隙地"①。古源村的秩序体系是由豪强大姓主导的，社会整合主要依赖宗族、阶层、族群、祭祀圈、婚姻圈等，大姓和小姓之间是支配-依附关系，且这种整合是碎片化、单向度且脆弱的社会整合。在集体化时期，中国共产党和国家行政力量主导的通过集体化运动推动的整合，虽然本质上依旧是一种社会整合过程，但具有巨大的进步意义。这两种形式的社会整合为扎根型城镇化奠定了社会-历史基础。

---

① 鲁西奇.谁的历史.桂林：广西师范大学出版社，2019：355-375.

1. 大姓主导与不对等均衡格局

古源村处于三省交界的边缘地带，"省际结合部具有地缘结构、文化习俗、民族传统、经济发展状况等多方面的相似性和经济区位的同一性，因而成为一个特殊的地理边界区域"[①]。由于国家力量的渗透极其有限，因此古源村是比较典型的"控制松散的农村"——国家权力相对缺失，政治控制相对较弱，地方社会秩序的建立多有赖于土豪等地方势力；而国家为达到控制此类地区之目的，多采取因地制宜的变通方法，充

[①] 郭福亮，许宪隆．省际结合部的历史人类学考察．理论导刊，2012（1）．

分利用地方各种势力，遂形成了政治控制方式的多元化。①

村庄生活的方方面面包括信仰都围绕生存而展开。国家虽是当时最主要的系统性力量，但也必须按照"使民以时"的古训来介入乡村。社会整合多依赖于自发的地域性组织，如宗教信仰组织、宗族组织、公共物品供给组织、经济性组织，乡土社会中的个体则依附于上述各类组织。乡土社会中的各种力量在整合、区隔与对抗中形成了大姓主导的不对等均衡的秩序体系。这一秩序体系是内力或外力的强制整合，内含着强有力的人身依附关系，缺乏基于认同等的自愿团结。不对等均衡格局具备一定的正当性和公共性，加之大姓这一主导力量较为巩固的优势地位，在稳定时期，秩序能够勉强维系，但由于其内在的不平等性和冲突性，一遇动荡局势则迅疾被撕裂。

◎ "大姓欺小姓"：宗族、族群与地域关系

宗族是古源村的基础性社会单位，对人们的生活起着统摄性作用，其秩序体系实质上由宗族及族际关系所构成，即宗族及以祭祀圈、族群、地域等形式的宗族联盟。在不对等均衡格局中，大姓小姓、族群、地域之间在社会、经济、文化等方面形成了复杂的关系形态。

---

① 鲁西奇.内地的边缘：传统中国内部的"化外之区".学术月刊，2010，42（5）.

大姓与小姓：社会分类的建构

姓氏划定了古源人主要的活动范围与关系范围。古源村的宗族分为大姓和小姓两个具有显著差异的群体。大姓、小姓是姓氏间长期竞争的结果，是不断变动且不断建构的，其内涵包括资源占有格局、人口规模、祖籍、聚落形态、经济形态、文化差异等。

"巨姓大族的形成大都经历了隐而不显、形成和兴起、扩张，以及结成网络的发展历程，其中宗族发展最重要的因素是人丁的兴旺、经济实力的增强和科举人物的涌现，由此形成宗族声誉的提高和宗族组织的完善。"[①]古源村的大姓为张姓。按照族谱记载，1602年张思钦由邻镇迁居古源，并渐与楚、冷等当地姓氏通婚。张姓成为大姓其关键因素有二：一是科举人才的出现，主要是张中葆（1743—1826）于1800年中进士并历任广州知府等职。二是县域内张姓房支之间的互助，如阴府、大湖沟里、古源、天师堂、官万屋、杉树背、茅坪等自然村都是在不同时间段由港镇张村迁徙而来者开辟，从而张姓在古源村的姓氏竞争中有着强力的、源源不断的外援。小姓则主要是来自湖北通山县的程、尤、沐、楚、杨、宋、何姓，来自湖北白岩县的吴、何、程姓，来自湖北蒲圻县的何、刘姓，以及由宁县其他地区迁徙而来者，如杨、董姓等。

"农业社会中基于土地权而形成的对农业剩余的分配，不

[①] 刘大可.传统村落视野下小姓弱房的生存形态：闽西武北客家村落的田野调查研究.东南学术，2002（2）.

仅形成乡村中复杂的土地关系,也围绕着土地赋税形成统治阶层与农民之间的诸种制度和关系。"①大姓、小姓由于先来后到以及力量大小的不同,在资源占有格局和经济形态上呈现显著的不平等。小姓来古源村生存及定居的前提是以租佃关系的形式承认张姓的"山骨权",当地人称"讨土"。基于张姓与小姓之间的主佃关系,张姓每年要向各个小姓收取山租和讨土费。"张姓到处树牌,到处收钱。小姓的人,骨子是自己的,皮是张姓的。"如果有人不交,张姓会将其押解至迥龙寺执行刑罚。金姓于200年前从湖北白岩迁移过来,写了讨土词并立了字据,还将其放入金氏族谱和张姓族谱内。山租和讨土费的负担极重,一般是100斤谷拿30斤。此外,小姓在当地并无"入葬权",山上小姓过世,如果要将坟埋在山上,需要请张姓的掌事人来吃饭,墓碑上须刻明"葬张姓山上",以证明山林所有权仍属于张姓。传闻新中国成立前夕,小津四十八姓联合与张姓打了一场官司,张姓的山林收租权才被取消。

  小姓大多从湖北逃难而来,只能靠张姓所有的山林之下的山林而活。由于张姓对周边小姓的盘剥,小姓的经济剩余十分有限,人口规模亦受到一定的限制。如刘姓于100多年前从湖北通城移民到古源,至今有五代,其始迁祖刘学民公逃难至此成为张姓佃户,并在此建房繁衍后代——育有两儿,占据两个山头,分为上刘家和下刘家。黄姓是山上诸多小姓中势力较大者,开枝散叶于焦坑、槐树塝、丁家岭、泉岩、沙井、熊家冲

---

① 张佩国.公产福利与国家.桂林:广西师范大学出版社,2015:153.

等自然村。姓氏之间的竞争以摆脱支配-依附关系、竞逐地方社会的权力为主要内容,这一竞争主要在张姓与楚、刘、沐、黄等姓氏间展开。

大姓与小姓之间存在着显著的聚居宗族与散居宗族的差异。从古源村到青松公路沿线,是耕地比较集中的小型河谷地带。这一地带密布着张姓自然村,具体而言即古源村的1—4组、13组、26—27组和青松村。张姓在山上也有分支,所占据的也是好地方。张姓建有四五个祖堂及祠堂等。2018年张姓修建始迁古源的二十七世祖慕师公祖堂,筹集丁费,划定各片负责人,基本上点明了张姓的地理分布。古源村5—12组、14—25组均为小姓,一般分布较为分散,居住地沿着三条主要山路分布,且由于人数较少、势单力薄,未建有祖堂等公共设施,而以地方信仰为主要联结。此外,张姓自然村往往是单姓村,而小姓自然村则是多姓村,如金盆、槐树塝有何、谢、刘、黄四姓,四姓互相开亲。

聚居、团状聚落与散居、点状聚落在空间上紧邻,这种宗族内部的团结却是建立在剥夺聚落外其他农民的基础上的。不仅特定的社会结构比如家族关系塑造了空间等级,空间等级也会反过来塑造社会结构。在这个互动的过程中,空间等级本身的差异也固化了阶层体系,并不断地将它再生产出来。阶层体系与聚落体系之间的互构关系,在于阶层体系安排了空间等级,空间等级反过来也塑造了阶层或阶层体系。乡村地区的聚落演进不能充分展开,尤其是社区性进程不能得到充分发育,乡村停留在一种不完整的社区形态上。①

大姓和小姓之别也体现为先来后到之别,即土客之分,但所谓的先来后到之别本质上还是强弱之分。小姓定居时间短,人口规模有限且与移居地保持着密切的联系,流动性十分突出。古源并非张姓开基,楚姓曾为古源的主姓,两姓开亲的多,但在姓氏竞争中楚姓逐渐被张姓所取代,如青松有楚家堂自然村,张姓壮大后逐渐将楚姓赶走。因此楚姓、冷姓等在大姓、小姓关系中往往处于较为尴尬的位置。

土客之别也体现在文化领域特别是方言上。张姓说宁县本地话,小姓方言则带有原籍地的特征,呈现出明显的交界地带的过渡倾向。不同方言群的人虽可以用方言交谈,但方言之间的差别是极其明显的。

在社会层面,大姓还存在一些其他的针对小姓的霸凌和剥夺行为。如张姓女儿嫁到山上,一旦死了,张姓就会派人来"打人命",将尸体放在正堂,并要求将其安葬在正堂,如果对方不愿意就将房屋没收。又如张姓有一个流氓,每次过年杀猪的时候都会上山,要走半只猪,如果对方不愿意给,他就在堂屋里待着不走。会有张姓的人前来假意劝和,但是来劝和的人也伸手要钱。小姓认为,张姓"可以讲理的话就跟你讲理,不能讲理他就请流氓来跟你讲",但还不至于欺男霸女。

---

① 熊万胜.聚落的三重性:解释乡村聚落形态的一个分析框架.社会学研究,2021,36(6).

族群与地域关系

古源村在姓氏之上存在着地缘纽带的整合,即以点状聚落以及祭祀圈为形式的社会整合,从而形成了纷繁复杂的小板块,形成了族群和地域形式的对不同姓氏的整合。

古源村的聚落尤其是山上的聚落小而散,且带有竞争性、封闭性的特点。受限于自然地理条件特别是脆弱的自然生态,很多自然村的历史皆不长。如桂林屋位于小津西北5公里大坳颈西南山腰,1891年桂林由湖北白岩县迁此建村。自然村的人员变动以及本地范围内的迁徙行为亦不断发生,以自然村、屋场为单位展开的姓氏之间的拉锯战反复上演。张姓不断向山上开拓,张姓聚居的诸多自然村一般皆被视为张姓迁居建村。但从自然村村名来看,所谓"迁居建村"实质上应被视为姓氏竞争的结果。如楚家堂自然村原系楚姓祖堂所在地,后张姓由本地张家迁此。因此,姓氏之间尤其是小姓对大姓的封闭、防范心理甚重,如认为过继优先于入赘,"入赘男丁后这个屋场很有可能就会被别的姓霸占"。

聚落之上则是祭祀圈形式的社会整合。古源村的祭祀圈存在着三个基本特点:

其一,"一方一尊神"即一个菩萨管一块,以地块为单位管理。"菩萨"的地界相当清楚,"菩萨"出巡只能在自己的范围内,不能越界。一地的地方神往往多神并存,有主有辅,主辅关系一般依据先来后到的基本原则确定。以古源村为例,

1—4组信仰"三军菩萨",5—8组、15组信仰"二圣菩萨",12组、13组、25组信仰"五帝菩萨",14组是"三皇五帝神"和"云霄大帝"并存,16—19信仰"太曦殿太岁",20—23组信仰"肖三帝",24组信仰"游家四帝"。青松村的"菩萨"主要有五个:袁公、大帝、洞府、徐公、四帝。

其二,"菩萨管根"。地方神一般由祖敬神演化而来,如天师堂自然村为张姓,归"天师菩萨"管辖,"天师菩萨"像与祖堂在一起。祖敬神向地方神的转化与人口流动密切相关。青松村的张某即称:"最初一个姓氏一个菩萨,但是随着人们搬迁,原始的姓氏可能都不在本地了,但是菩萨还在。"因此,"自然村(生产队、小组)、姓氏与菩萨的关系永远都不会变,也没有变的余地,这是个传统习惯,也是个心理作用"。

其三,以姓氏、聚落、祭祀圈为基础形成了更大范围的以龙灯队为代表的地域整合。一个组的小菩萨没有龙灯队,就是大菩萨若信的人少也没有龙灯队。如古源村仅有四支龙灯队,1—4组、26—27组(张姓)六个组合起来组了一支龙灯队,剩下的5—9组(刘、黄两姓主导)组了一支龙灯队,老丰岭村(属于古源村)有两支龙灯队。老丰岭村的两支龙灯队,沐、杨两姓主导一支,李、楚、尤等姓主导另一支。龙灯队的范围一直延续下来,都是祖辈传下来的范围,没有改变,龙灯队互相不串。舞龙灯的直接目的是筹款。一种是常规性的,如烧香等需要费用时,钱花完了就举行,菩萨有钱用就不舞。一种则是偶发性的,逢大事(如建庙、修路等)需要筹款时举行。正月初一至初十是舞龙灯的日子，一般晚上跑龙灯。晚上灯好看，而给多少钱要看是谁在收钱，一般是有面子的人收钱。在山上舞龙灯若碰到菩萨庙是要进去祭拜的，不祭拜的话各神会互相斗法，龙灯会很容易被烧掉。但是正月舞龙灯的时候两支队伍若撞上了会互相争斗和起哄，比谁的队伍大，互相挑衅甚至烧灯。

通过姓氏、聚落、祭祀圈等互动组合，古源村整体上形成了山下、山上两个大的板块。山下即主要位于河谷平原地带、主要从事农耕经济的张姓聚集的村落；山上即位于山间的、主要从事山林经济的、散居的小姓居民点。大姓与小姓之间主要以经济领域的租佃关系、政治领域的钱粮包揽等形式联结起来。在势力悬殊、没有国家力量介入的社会背景之下，山下的张姓对山上小姓氏进行绝对的压迫。山上村落间的矛盾一直不大，它们一致对山下。但是张姓若欺压某小姓，其他小姓也不敢帮。小姓间的矛盾很小，新中国成立前都是看姓氏势力的，势力小的就要受欺负。

族群之间的矛盾体现于族群之间的婚姻壁垒。由于姓氏之间的对立，山上小姓不敢与山下张姓通婚。一方面，小姓维持与外部尤其是原籍地的血缘联结；另一方面，小姓之间互相通婚形成姓氏联盟，但对外来者尤其是山下的张姓保持极度警惕，在招赘、通婚等方面也排斥张姓。与此同时，也存在"土著"小姓如楚姓与张姓开亲的情况，"开亲都是为了在张姓底下生存"。总体来说，小姓之间基本没有矛盾，连私塾都是四十八姓共同请了一个老先生来教书。

古源村的秩序体系是由姓氏、族群、地域(聚落、祭祀圈、山上山下)等多元的、相互竞争的主体所组成的,"你中有我、我中有你",核心较为涣散,社会圈子弥散。同时,大姓与小姓的对立使得社会分化为支配和被支配两大彼此对立的准群体。

◎ "七十二行,耕作为王":山林经济与农耕经济

古源村同时具备了发展农耕与山林两种经济活动的自然条件与基础,两种经济形态依附于大姓、小姓两种力量。同时两种经济形态存在内在矛盾,极易激发族际冲突与不平等。

小姓主要以租佃的形式在山林地带从事山林经济。三省交界的地理位置刺激了山林经济的繁荣。古源村山林经济的具体形态多样。以造纸为例,手工土纸流传于丰岭已有数百年,采用以毛竹做原料的土法造纸技艺[①],现保留有石碾、纸槽、将军柱等一系列造纸工具。丰岭村人一直以造纸为生,持续了200多年,一直延续到20世纪90年代。因为造纸时毛竹需要碾碎,所以一般丰岭村家家户户都养牛。当地自然村有铁匠屋、木耳棚、马栏窝、纸铺、茶坑、茶窝等,它们的名称都是不同形态的山林经济的反映。当地还长期存在着各式手工

---

① 关于作坊造纸的具体制造技艺可参见费孝通,张之毅. 云南三村. 天津:天津人民出版社,1990:301-313。

匠人，如剃头匠、裁缝、木匠、篾匠、铁匠、造纸匠、弹匠（弹花匠）、兽医、榨匠、砻匠、砖瓦匠。

山地开发通常并不是自由推进的，在有主山地上的开发往往是在租佃关系中进行的。佃户们没有自己的地权，且处于被控制的状态，其聚落演进的社区性进程也就很难发育起来，这使得聚落形态停滞在自然分散的状态。[①]

山下大姓以农耕经济为主，山上小姓以山林经济为主，由此形成了两个板块。板块之间的矛盾主要体现在三个方面：一是山林经济收益的分配，大姓以"讨土费"和包揽钱粮等形式剥夺小姓山林经济的收益；二是山林经济并不存在稳定的自然生态和社会生态，山林经济的流动性、商品性导致小姓与区域外的市场圈保持着密切的互动，小姓无法实现定居，并且有很强的动力维系并生产外向型社会关系网络，从而对稳定、静止的农耕经济造成冲击；三是"农民的实际社会区域的边界不是由他所住村庄的狭窄的范围决定，而是由他的基层市场区域的边界决定"[②]。从事农耕经济和山林经济的人群处于不同的市场圈之中，实际上是生活在不同的社会空间之中，这极易引起社会摩擦和社会矛盾，也就加剧了社会整合的困难。

在此情形下，大姓在经济领域的主导权一方面是利用人口规模的优势，全方位地维护其山林所有权，以租佃关系的形式

[①] 熊万胜. 聚落的三重性：解释乡村聚落形态的一个分析框架. 社会学研究, 2021, 36 (6).

[②] 施坚雅. 中国农村的市场和社会结构. 北京：中国社会科学出版社, 1998：40.

实现对小姓的驾驭和控制；另一方面则是利用农耕经济掌握粮食作物的优势。在传统社会，无论山林经济如何兴盛，"七十二行，耕作为王"都是铁律。

◎ 被大姓垄断的基层治理体系

从行政体系的架构来说，古源村在清代属崇乡四十七、四十八都。民国初年，县以下行政区划仍沿清制，至1931年宁县实行联保制，设"区—联保—保—甲"的行政架构；1938年改联保为乡，实行"区—乡—保—甲"制；1944年撤区，实行"乡—保—甲"制。此阶段，古源村分属于宁县黄龙区茶乡、塘城乡，设有古源保。基层治理体系是大姓主导的以义会为中心的基层治理体系。这一治理体系为古源村提供了一定的社会秩序，起到了一定的维持公序良俗的作用。但这一治理体系内含着姓氏之间的矛盾冲突以及不平等关系——大姓作为主导力量占据优势地位，起引领作用。虽然也有一些公共性目标得以实现，但这一治理体系实质上是一种低公共性的、脆弱的治理体系。

大姓、小姓在政治和法律上不平等。小姓尤其是来自湖北的移民长期以来一直没有正式户籍，被视为客居者。直至清末，两湖移民才逐渐按照清廷的入籍条例开立户籍。在传统社会，拥有户籍的人即成为官府统辖下的编户齐民，这意味着成为国家赋役的承担者，合法占有土地，可通过科举等途径进行社会流动，获得朝廷通过法律程序和暴力手段保护其生命财产的可能性等。① 小姓由于无合法占有土地的权利，因此即使占有土地也需要代为缴纳钱粮差役，比如张姓通过包揽钱粮实现了对小姓的剥夺、整合。在传统社会，收税人的身份极为重要，他们"控制松散的农村与外界的联系，是政府的代表"②。通过户籍和收税人的身份，大姓实现了对国家－地方（农民）关系的垄断，不仅能够获得国家的庇护，而且垄断了与国家相联系的象征权力，为其主导地方秩序提供了合法性论证。

小姓的人口来源复杂多样，很多为逸出于社会体系之外的流民等，属于所谓"边缘人群"。其社会关系网络具有强烈的边缘性，文化上表现出强烈的多元性，特别是异于正统意识形态的原始巫术、异端信仰与民间秘密宗教在边缘区域均有相当的影响。③ 这种边缘性和异端性直接表现为民间信仰的秘密性与对外的排斥性，边缘人群的信仰于是成为土著人群口中的"邪神""凶神""恶神"。

与之相对的是国家的正统信仰体系。迥龙寺这一信仰中心充当了古源村地域社会的政治中心。一方面，迥龙寺是张姓包

---

① 刘志伟. 在国家与社会之间：明清广东地区里甲赋役制度与乡村社会. 广州：中山大学出版社，1997：257；刘志伟. 地域社会与文化的结构过程：珠江三角洲研究的历史学与人类学对话. 历史研究，2003（1）；陈春声. 地方故事与国家历史：韩江中下游地域的社会变迁. 北京：生活·读书·新知三联书店，2021：436.

② 米格代尔. 农民、政治与革命：第三世界政治与社会变革的压力. 北京：中央编译出版社，1996：39.

③ 鲁西奇. 内地的边缘：传统中国内部的"化外之区". 学术月刊，2010，42（5）.

揽钱粮的机关。新中国成立前，山上小姓要给张姓交税，不交税就会被拖到迥龙寺打。另一方面，现实世界的统治权又延伸为信仰等精神领域的支配权。迥龙寺被农民称为管古源这片土地的"总坛"（"总祠""总殿"）。新中国成立前这里有和尚住庙，供奉观音菩萨及恶王菩萨（又称"恶灵菩萨"）。观音菩萨管孩子出生，恶王菩萨管人去世，总之生死之事皆归迥龙寺的菩萨管，而不归地方神管。大姓主导的国家信仰和小姓主导的民间信仰是两个系统。"中国宗教-信仰之所以会呈现出国家信仰与民间信仰两大系统，一个很重要的原因在于中国的神圣结构是出自国家权力、家族权力的建构和努力，而非宗教崇拜本身的要求，由此构成了权力与信仰之间强固的关联结构，促使各种信仰关系在权力信仰面前只能表现为一种策略性实践逻辑。"[1]大姓主导的国家信仰及其象征权力可以通过正与邪、正统与异端的较量而对民间信仰进行建构与定义，从而为大姓主导地方社会提供重要的支撑。

但无论上层行政架构如何调整，在新中国成立前，古源村的基层治理实际是以义会为中心，"没有基层（政府），基本都靠自治"。义会选出管首，订有保护公私财产、维持社会治安的各种规定。义会由地方农户集资买田作为公田，公田归义会所有，收的租则为义会开支。义会都到山下买田，写契约并归入档案。

---

[1] 李向平.信仰是一种权力关系的建构：中国社会"信仰关系"的人类学分析.西北民族大学学报（哲学社会科学版），2012（5）.

义会主要分为三个层次：其一是以古源为单位者，如育婴会、孤坟会，这一范围内的每一户都要出钱。由于当时弃婴多，育婴会会给生女婴的人家拿一些谷子，以免这些人家弃婴。孤坟会则主要是照看、祭扫无人管理的坟头，由地方筹资烧纸，这主要是因为当地屡有以"盗葬"的形式谋取土地所有权的情形发生。其二是以地域为单位者，如庙会、路会等。庙会的职能是建庙，因开支大，一姓做不起来。路会负责地方道路的修建与管理，通常归属于一小片，由受益农户代表组成，不过只管大路不管小路。修路的时候各家各户出义务工，路会不给工资，但会管一顿饭。其三则是以姓氏为单位者，如谱会的主要职能是修谱和祭祀。各式义会为古源村提供了一定的社会秩序。古源村22组的楚老太称："小时候生存不下去，多亏育婴会拿点谷子给自己。"具体而言：

> 楚老太生于1938年，母亲姓张（楚姓与张姓开亲的多），父亲被抓当兵（新中国成立后才回来），6岁时母亲过世，她跟奶奶生活了2年。8岁时奶奶也去世了，她就跟着一个在云坑村的姑姑生活。那时候姑姑六七十岁了，她丈夫已过世，儿子18岁时候夭折，就过继了一个孩子。这个孩子不是很孝顺，不与老人住在一起，但是平常供养老人。楚老太在姑姑家待了两年半，1953年嫁人。

基层治理体系呈现为双层架构：一层是大姓完全控制国家与乡村（农民）的法权关系和信仰领域的统属权；一层是义会

治理体系，大姓主导，但小姓亦可参与或单独设立。大姓通过这一双层架构，实现了对地域社会的控制和对小姓的整合。在"隙地"村庄，国家作为一种组织化的机器和行政工具，其力量可能相对缺失或较为薄弱，但它作为一种文化观念却无处不在。"地方的精英运用他们认为具有威权的朝廷的象征，在帝国的势力范围扩充的同时，为自己谋取利益和地位，并且利用国家的权力话语，创制自身的身份，并对弱势群体加以标签和排斥。""地方社会及土著人群中存在着一种内在的能动性，促使他们去主动、积极地因应伴随着王朝国家和军事征服与政治控制而来的政治情势的变化，借助王朝国家的力量与权力话语，去获取他们在地方社会中的利益，界定或抬升其身份与地位。"[1]

◎ 脆弱的不对等均衡格局

土地革命时期，古源村经历了从苏区到赤白交界地区再到游击区的转变。1930年古源成立了乡苏维埃政权，进行了打土豪、分田地及组织赤卫队等行动。1934年宁县苏区全面失守后，古源村所处的湘鄂赣边界依旧活跃着多支游击队进行游击战争，直至抗战全面爆发。古源村民将这一时期称为"红白之争"时期。

---

[1] 鲁西奇. 谁的历史. 桂林：广西师范大学出版社，2019：362.

在古源村，红白之争被地方化为大姓与小姓、山上与山下的斗争。中国共产党通过开展土地革命刺激了小姓这一被剥夺群体的意识觉醒，并迅速获得了山上小姓的支持。小姓希望借助革命能够"翻身"。山下大姓则属于偏向国民党的"骑墙派"，时常根据外来力量的强弱来决定其政治态度。在一段时期内，冲突双方似乎处于势均力敌、旗鼓相当的状态。但由于古源一地的土地革命主要是地方社会的内部革命，因此大姓与小姓、山上与山下力量不均衡的局面很难被完全打破。

军事、经济封锁损伤了小姓的经济力。以山林经济为主的小姓高度依赖与周边市场圈的互动交易，而国民党军队以及地方民团武装在通往苏区的大、小山头和交通要道上修碉堡、设炮台、挖壕沟，断绝苏区与外界的来往。古源村不仅邻近苏区核心区坪上、塘城等地，且与这些区域存在市场圈、通婚圈等复杂联系，因此在动荡不安的环境中受到的创伤尤重。袁奶奶生于1953年，娘家在月塘镇且出过烈士，其称："红白之争时很乱，这边是白区，坪上那边是红区，这两个地方大家都不太去。不能乱走动、乱吃饭、乱说话，有兵来了就要招待。"

国民党军队在"围剿"过程中实行残酷的烧杀政策，同时组织地主民团武装进行配合，推行堡垒政策并将分散的自然村和村民并到居民集中点和碉堡底下，以加强对地方的控制。在行政上，国民党当局实行"保甲联防""连坐法"，并建立守望队。与古源村相邻的平川一带活跃着一支地方反动武装"平川民团"——村民全运通纠集当地农民和部分地痞流氓，成立民团，自任团总，占山为王。队伍逐步发展到一百多人，统管梓木、蛇盘、平川、上庄一带达数年之久。其中平川岭下出口处一战，平川民团占据有利地形，居高临下，使用滚石擂木，使小津红区的武装力量遭受惨重损失。

国民党军队在抓壮丁的时候，"兄弟多的人家有力量，国民党不太敢抓他们做壮丁"。因此，小姓受到冲击，人口进一步缩减，有些姓氏甚至出现了绝户的情况，具体而言：

> 古源村 7 组的刘姓一百多年前从湖北通城移民而来，始迁祖刘学民公，至今有 5 代。目前共有 18 户，分为上刘家和下刘家两房，两房共用一个祖堂。红白之争时，刘家基本都参加了共产党，张姓带着国民党将下刘家的男丁杀绝。为避免下刘家绝嗣，上刘家的男丁娶了下刘家的遗孀，生了两个男丁之后将其过继给了下刘家承嗣。这就是小姓的绝户承嗣。

> 丰岭村的沐大华 1953 年出生，爷爷有五兄弟，其中有三人成为革命烈士，即沐华春、沐盛安、沐溢安。沐华春烈士还是乡苏维埃政府副主席、赤卫队队长。丰岭村有名有姓的烈士还有胡顺安、张生木、文利盛、文国泰等，一共 7 人。

小姓严重的人口损失加剧了土地资源向义会的集中，如刘秋藩称现在所种的山上的几担田当时就全部归路会所有。由于自治的义会系统基本由张姓主导，因此张姓对地方的控制被强化了，山上小姓联盟与山下大姓的区隔和对抗逐渐加深。

在和平稳定时期，古源村的宗族、族群及地域间的矛盾冲突是既有制度框架下的内部调适，不对等均衡格局是一个勉力维系的状态。而一旦到了一个动荡社会，内部不同群体之间的对立与对抗会迅速激化，不同群体分化为不同的阵营，不对等均衡格局迅速撕裂。中国共产党领导的革命是通过社会冲突的方式来推动社会变迁，而在具体的地方环境中，这种社会冲突却转变为既有制度、系统框架下的大姓与小姓的冲突。

一般而言，在以宗族为基础性社会结构的区域，巨姓大族与小姓弱房对待革命的态度往往会截然不同，小姓弱房具有更强的革命性。毛泽东在《赣西南土地分配情形》中指出："这些未反水地方都是'弱小民族'，受大村压迫的"①。刘大可基于对闽西武北村落的研究也指出："二三十年代的土地革命则更是小姓弱房的一次大表演。武北村落社区现有的革命基点村如磜迳、小澜、亭头、罗屋等，都与小姓弱房当年积极投身革命、参加暴动有密切的关系。"② 美国学者韦思谛也强调，发动革命特别有效的办法是"在革命的红旗下，干部们联合大量小的宗族去反对最大的最有控制权的宗族以及它们的精英领

---

① 毛泽东.毛泽东农村调查文集.北京：人民出版社，1982：266.
② 刘大可.传统村落视野下小姓弱房的生存形态：闽西武北客家村落的田野调查研究.东南学术，2002（2）.

导权"①。

　　古源村地处隙地的自然地理特点也利于革命的爆发。按照米格代尔的"革命的政治地理学",发生革命的地方几乎都拥有一些共同的特点。"这些地区似乎总是那些市场结构不完善的地区,即管理不善、通信落后、交通不便的地区。换句话说,在国家军事力量相对薄弱的地区,国家政治和经济制度对农村的渗入往往也很少。"②鲁西奇也指出,"内地的边缘"可能比核心区域更容易产生一些新的社会力量和新型的社会组织方式,一些新的思想因素也可能在正统思想控制或影响较弱的"内地的边缘"区域萌蘖、成长。③

---

　　① 韦思谛.江西山区的地方精英与共产主义革命//孙江.事件•记忆•叙述.杭州：浙江人民出版社,2004：104.
　　② 米格代尔.农民、政治与革命：第三世界政治与社会变革的压力.北京：中央编译出版社,1996：201.
　　③ 鲁西奇.谁的历史.桂林：广西师范大学出版社,2019：355-375.

2. 国家主导与地域社会的形塑

　　1949年以后，随着国家权力全面渗透乡村，通过土地改革（简称"土改"）、集体化等一系列运动，传统乡村社会的秩序和治理结构被重构。土地改革以重分土地的方式废除了地主所有制，也重构了乡村的治理秩序和制度规范。合作化运动使乡村土地的产权由私向公转变，也使以合作为名义的强制性集体组织在乡村建立起来。人民公社制度完成了乡村"三级所有，队为基础"的集体产权制度建构，也实现了国家对乡村主导权的制度化。国家在集体化时期事实上成为经济要素第一位的决策者、支配者和受益者，依靠国家权力建构的"集体"组织承担着贯彻和执行国家意志的功能，成为一个担负基本经济职能和一定政治控制功能的地方组织。①

典型的系统整合因素如市场体系、国家行政区划体系、公共服务体系以及空间尺度更大的城乡关系开始发挥重要的整合作用，但农村社会依然是一个缺乏流动性的农耕生存空间。社会整合都是在村庄内部完成的，这种整合的重要特点是根据农民与土地的联系对农村社会成员进行组织和聚合②，都是依赖于身体在场的日常互动秩序③。"一是村庄仍然是每个农民安身立命的场所，其'共同体'的性质不仅没有改变，甚至还随着集体对生产、生活的全面控制而更加强化，形成社区观念。二是农民还是被束缚在土地之上，乡土逻辑和地方性的价值观念仍然影响着人们的日常生活。"国家与乡村关系的"覆盖模式"能在广度上控制农村的每一个角落，能够对乡村社会进行高度整合与动员，但在深度上却未必能完全渗入乡村社会的最深层，乡土的观念和逻辑依然能在较大程度上抗拒、消解国家对乡村的诸多现代性改造。④因此，此阶段的整合虽然是国家

---

① 刘守英，王一鸽.从乡土中国到城乡中国：中国转型的乡村变迁视角.管理世界，2018，34（10）.
② 徐勇.阶级、集体、社区：国家对乡村的社会整合.社会科学战线，2012（2）.
③ 熊万胜.聚落的三重性：解释乡村聚落形态的一个分析框架.社会学研究，2021，36（6）.
④ 董磊明.从覆盖到嵌入：国家与乡村1949—2011.战略与管理，2014（3/4）.

主导的，但本质上依旧是一种社会整合过程。

但我们不能就此低估中国共产党主导的社会整合的巨大进步意义。从新中国成立到改革开放前夕，中国共产党领导人民完成社会主义革命，消灭一切剥削制度，实现了中华民族有史以来最为广泛而深刻的社会变革，实现了一穷二白、人口众多的东方大国大步迈进社会主义社会的伟大飞跃。在古源村，中国共产党主导的社会整合化解了乡村社会长期普遍存在的姓氏、地域、族群等对抗性矛盾，改造了国家与乡村关系，实现了对乡村社会的充分、全面的动员，国家和集体的农业、工业等建设都发生了翻天覆地的变化。也正是在这种社会整合的过程中，在古源这个国家力量薄弱的偏远的山区地带，在有限的农业剩余、破碎的社会结构的具体情境中，一种带有总体性的社会、文化、经济共同体即地域社会被形塑而出。

◎ 土地集体所有制的基础性作用

在古源村，最为重要的两次土地资源配置调整是土改和"四固定"。土改实现了生产生活资料的平均分配，取消了村落内部的不平等关系，消灭了地主阶级并重构了乡村社会的社会结构。"四固定"则奠定了生产队这一人民公社制度的基础，集体所有制的稳定取消了姓氏竞争的标的物，经济共同体的建立为更高水平、更多维度的社会整合创造了基础。

土改的基本原则是在"原耕基础"上抽补调整。古源村土改的结果是，主要集中于艨艟、青松一带的河谷平原地带的耕地最终被整个区域即目前的艨艟、青松、仙湖、云岩等村瓜分。只有山上的田的，在山下面也有了田。据村民估计，土改之后山下的耕地约有40%分给了山上村民。土改实现了农民土地私有制，但在山区地带，"插花田"造成农民耕种严重不便。如刘秋藩的爷爷和父亲当时在青松村做长工，因此在青松村分了四石谷田，同时在山上分了房子和一块田。其山下的四石谷田直接出租，山上则用于自种。

随着农业合作化的展开，古源村以大屋为基础组织生产队，一个大屋一个队。由于耕地资源集中于山下，耕地总量也有限，因此为了分匀，各个生产队的田没办法扎堆，都是乱地。生产队的山、田、屋都很分散，一块田可以分给几个大队。如3组最大的一块田不到两亩，7组的耕地分散于26组和27组区域及2组区域，在其他一些零碎区域也有田。13组在山下有十几亩好田。"插花田"的普遍存在，不仅造成了农业生产安排的混乱，也为租佃关系等提供了生存空间。而为了更好地统筹农民的生产生活，村里不得不进行频繁的区划调整，这也制造了新的混乱。

到了20世纪60年代初，国家实行了"四固定"政策，对农村集体所有的土地、牲畜、农具、劳动力进行统一调整和固定。自此之后，古源地区的人地关系格局稳定了下来，生产队作为一个整体性的单位也确立下来，"为所有东西装一个界限"，曾经具有流动性的山区农民逐渐实现了定居化和土著化。而随着生产队的稳定，行政区划的变动也趋于稳定。当然不同生产队之间的差异仍然客观存在，如艨艟村的 26 组和 27 组是土地连在一起的两个小组，有 120 多亩水田，是全村人均水田最多的组，人均 1 亩水田，可供温饱。

土地的集体所有实现了以山林、耕地为内容的土地资源在区域人群中的相对平均分配，这一方面取消了宗族以及新的社会竞争的标的，另一方面使得区域内的流动性人群逐渐实现了定居化、土著化。这一流动性群体不仅有迁移而来的小姓，也包括分布于张姓聚居区之外的其他张姓居民。与此同时，这也打破了山林经济和农耕经济之间的区隔和对抗。

卢晖临、粟后发强调村庄本身是社会和文化意义上的共同体，以人民公社为代表的农村集体制度的意义在于经济共同体的建构，即集体土地所有权使得文化意义上的乡土观念和家乡意识得到强力的支撑和强化。①新中国成立后对土地资源的重新配置不只是一个分配资源的经济行为，同时也具有显著的社会功能。资源占有格局的调整，使我国实现了在落后的农业经济、有限的经济剩余的状况下国家力量的下渗，从而通过人与土地等生产生活资料的关系来重新整合乡村社会。

"土地的集体所有并不天然构成村庄的集体意志和社会凝聚。"②古源村的土地存在着这样几个基本特点：一是山林地带

---

① 卢晖临，粟后发.迈向扎根的城镇化：以浏阳为个案.开放时代，2021（4）.
② 段泽丽，刘超群.农业生产与社会整合：基于一个华北村庄旱作梯田的社会研究.中国农业大学学报（社会科学版），2022，39（6）.

的农耕空间已经充分拓展。二是耕地以产量为计量单位,亦往往以产量为名。区分耕地好坏有时候亦以扯稻谷根作为量的标准,即"根有多深,田就有多好"。三是山地区分为竹山、茅山、油茶山、红薯山等。四是耕地高度集中于艨艟、青松一带的河谷平原地带。

山林地带的集体产权的实践逻辑与平原地区存在着显著的差异。一方面,土地在山区的特殊形态是创造乡土认同的重要原因。"为什么山区居民比平原居民更加热爱他们的家乡,这本身并不存在什么理由。不过,感情生活处处都以特别密切和有效的方式,与山区各处独特的地形融合在一起……在高山里,每一块土地都显示出十分个别的、明确无误的形态。而不是与平原——平原的每一块土地都相同——融合在一起。"[①]

另一方面,在平原地区,村庄的地理边界和产权边界有着强烈的趋于统一的动力,这经由人民公社的实践而更趋于统一,"使村社成员对村界以内的土地资源有着强烈的占有和支配意识",由此形塑集体成员的观念。[②]而在山林地带,"插花田"的普遍存在使得村落、生产队、生产大队之间并不存在清晰的、显著的、排他性的边界,因此其行政整合更依赖于其他机制。

---

① 齐美尔.社会是如何可能的.桂林:广西师范大学出版社,2002:299.
② 张佩国.地权分配·农家经济·村落社区:1900—1945年的山东农村.济南:齐鲁书社,2000:181-182.

◎ 社会整合的机制

集体化时期，国家通过合作化运动和人民公社运动实现了对农村社会的全面控制，建立了政社合一的人民公社体制，这一体制在化解既有社会矛盾、促进社会整合方面取得了良好的效果。用村民的话来说，"小姓与大姓在新中国成立前不来往，新中国成立后才开始来往"。其具体的机制包括行政区划的调整、共同的劳动生产、新的学校制度以及市场体系的产生等。

行政区划的调整

行政区划的调整不仅涉及一个纵向行政体系的建立，同时也涉及横向的不同社会单位的塑造以及单位之间关系的调整。施坚雅曾指出，集体化时期行政区划调整的核心矛盾在于新的集体单位与自然社会系统如自然地理、人群单位以及市场体系等的一致性。他认为："一方面，当集体化单位建制与自然社会系统相一致时，其组织任务被大大简化，因为传统的纽带可用以加强新单位的团结，但同时，由于这些纽带与现代化组织的性质和目标不相适应，组织任务又被复杂化了。另一方面，集体化单位建制横切或包裹自然系统时，固然获得了超脱传统关系制约的优点，但很自然地又面临着加倍的严重缺点，尤其是必须建立组织力量和加强团结。而这不仅要从头开始，而且要面对各部分自然群体的相互对抗的忠诚。"①这一分析也适用于古源村。

新中国成立以来，古源村的行政区划在村、乡（小乡）、公社等多个层面都进行了频繁、复杂的调整，长期处于变动不居的状态，其中真正具有本质性意义的变动主要有三次。第一次是1958年按照自然地理主要是流域进行了大规模的调整，如1958年将分布于丰岭的自然村重新进行了划分，分为津渡村与丰岭村，小津与塘城有了清晰的边界。第二次是"四固定"之后，"三级所有，队为基础"的原则得以真正落实，此后行政区划才在生产队这一层面实现了稳定，人民公社体制趋于稳定。第三次是"分田到户"前后，由于人口规模的增长，诸多生产队被拆分。如艨艟大队建立之初有5个生产队，"分田到户"前后分成了14个生产队。至1980年前后，古源村范围内包含了五个大队，即丰岭大队、仙湖大队、青松大队、艨艟大队、云泉大队，分别辖11个、11个、11个、9个、14个生产队。

行政区划调整中最重要的是生产队这一层级。生产队的建立是古源社会整合的一个核心内容，生产队充当了社会整合的基础性平台。生产队的建立遵循了自然地理规律，其目的主要是组织农业生产，尤其提供了灌溉等的便利。在古源村，宗族的地理分布往往并不与自然地理格局相符合，尤其是在一个多散居聚落的地区。因此，按照自然地理规律组织生产队，其客

---

① 施坚雅.中国农村的市场和社会结构.北京：中国社会科学出版社，1998：154.

观的社会后果必然导致生产队与宗族分割分离，而这种分割的后果对于大姓、小姓又各不相同。

土改以来，宗族外在化的物质表现形式如族谱、祠堂等均被没收损毁，宗族的社会组织形式如族长、房长、义会等被废除，宗族定期的大型活动如祭祖、舞龙灯等被禁止。在此过程中，受到最大冲击的是拥有较为完备的物质和组织形式的大姓，即大姓被"去组织化""去实体化"，而小姓受到的冲击则比较有限。此外，对大姓特殊的宗族成员，如大姓地主，则采取迁移等特殊举措。如村医张千夏家太爷爷、太奶奶以前的老屋在艨艟村2组的地面上，土改的时候他们被划分为地主，被迁到了26组。如现居于丰岭村的张绪洋家，新中国成立前在山上丰岭村盖了几间房，看管几片山，老屋则在山下，土改后被划为富农，搬到山上居住。

在生产队体制中，同一宗族的成员被划分至多个生产队，每一生产队又包含几个姓氏，从而一定程度上达到了削弱宗族为一个社会实体的目的，不同生产队之中的同姓关系被新的体制化、正式化的关系所取代。在此过程中，大姓被分解至不同的生产大队、生产队，原有的同姓、房支的宗族网络被切割，从而打破了大姓对地域社会的主导。在生产队内，基于新的地缘关系和经济联结，大姓和小姓之间的区隔和对立被打破。

这样古源村以生产队为基础形成了一个新的社会关系体系，并且这一新体系重新塑造了古源村不同人群之间新的关系。旧的基于地缘血缘关系（如宗族、房支、祭祀圈、族群等)的社会关系体系被新的行政化的同时亦建立在新的经济、社会基础上的社会关系体系所取代。对小姓而言，生产队是小的地域社会的延续；对大姓而言，新的地缘联结的意义与日俱增。举例而言：

> 新中国成立前，张姓村民卖地、卖房必须优先卖给家族内成员，家族之内没有人买才能卖给外面。但是集体化之后，如房屋等重要财产的买卖优先次序变成了优先卖给五服之内的家庭成员以及生产队成员，都没有人买才能往外卖，这一规则延续至今。

以姓氏为单位的社会竞争虽然在一定程度上仍然存续，但只是被限制在一定范围内。举例而言：

> 8组在新中国成立前有何、谢、刘、黄四个姓氏，四个小姓之间互相开亲。后来何姓绝户，谢姓也仅剩1户。1962年8组需要建小学，刘、黄两姓联合起来，建小学时征用了谢姓的房屋所在地，谢姓只能迁居别组。因此，8组现在只剩刘、黄两个姓氏。

大姓、小姓不同的境遇以及以生产队为平台的新的社会关系的发育促进了宗族社会的社会伦理的保留和拓展，不同姓氏但同属一地的人开始被村民纳入自己的差序格局，逐渐形塑了古源村温情脉脉的社会底色。

共同的劳动生产

就乡村社会而言，人与土地的联结尤为关键，特定人群在特定土地上共同从事农业生产生活，其所带来的各种事物的聚合构成了村庄社会。农业自身的公共性与整合性力量包括土地在形式上的整体性特征、农田公共物的共建共享、作物协调、耕作节奏一致、农业互助往来等。村民恰是由于这些基本的生产关联而被结合进以土地为基底的农耕社会中，在特定的地域性关联里开展生产、交往、交流，并延展到广阔的村庄社会生活中，形成了地域—生产—生活共同体。①

生产队内部的劳动生产是集体化的。在古源大队，一般腊月二十六七才能歇工，正月初三四就要开工，平时很少有假日。每天一般都工作 8 小时，双抢和种红薯时每天就要工作 10 小时。农忙一般集中在 3—8 月。生产队的劳动安排如下：1 月——田边、地边、路边"三光"，预防火灾。2 月——储备肥料（将茅草烧灰），发酵猪粪，发酵好后担到田里去，家里火炉灰也要归公。另需向供销社购买商品化肥 800 斤，价格为 5 元/斤。3 月——割黄豆、整田。4 月——栽禾、栽红薯、耘禾、除草。5 月——担水引田、除草、翻藤（夜夜做）。6 月——收黄豆、平田、搞秋种（种荞麦）。7 月——收荞麦，将田边割干净（山间温度低，很少种晚稻）。8 月——割禾、双抢。9 月——捡山茶粉、油茶、油菜。9—12 月挖红薯、晒

---

① 段泽丽，刘超群.农业生产与社会整合：基于一个华北村庄旱作梯田的社会研究.中国农业大学学报（社会科学版），2022，39（6）.

红薯，之后种小麦、蚕豆。10—12月——劳动力出去修水库、公路。集体化时期，晚上开会评工分。双抢之时，每年栽中禾时，队上再穷都要统一办一顿栽禾饭，队上所有人集体聚餐，有红烧肉、推浆果、油豆腐等，就当时的生活条件而言，可谓极为丰盛，而且不限量。

"生产队—生产大队—公社"这一结构将个体层层整合进村庄，以集体为单位的劳动生产过程在生产队—生产大队—公社等各个层次及具体单位之间都发挥着社会整合的作用。全体生产队成员，无论是老人、妇女还是儿童都要参与农业生产过程。山林地带劳动形式多样，安排劳动生产时也会按照年龄分工，如老人放牛，小孩割牛草。如沐大华1953年生，在青松小学读至六年级毕业，1968年回到生产队割牛草，每天的工分是7分半。

> 8组的张金花1952年出生，有四兄弟、四姐妹，上面是大姐，自己排行老二。小时候大姐帮妈妈带孩子，她帮爸爸上山干活。她从来没读过书，那个时候男的读书，女的不读书。自己十二三岁就跟着父亲挖地、栽红薯，还跟着队上两个女人（父亲是生产队长，没一起去）去修水库，主要是帮人家洗衣服和上土。当时由于是女孩子，她每天只能记3.6工分。

小农经济的耕作半径是有限的。"土地插花"这一特殊的土地占有格局促进了生产队之间和生产大队之间的紧密合作。

由于山上的人到山下种田不方便，需要很早起床，一次干一整天，因此日常细碎的管理则委托山下的人代管。一条水渠路过哪几个队的田，哪几个队就要出工。赶路成为劳动的重要组成部分，"在大集体的时候走路用的也是队里的工夫，也要算工分"。当时山上组一起下去劳作，一起打鼓唱山歌，鼓励大家耕作，谁稍微慢一点，鼓就敲到谁面前了。农忙的时候大家一起去远一点的地方劳动，等回来大家都没有时间单独做饭，就一起在队上吃饭。吃饭的时候很热闹，和过节一样。干重体力活，一年到头就这几顿可以不吃红薯，在队上一起吃饭。合作仍按照原有的血缘地缘圈层。附近几个小组固定换工，大家一起帮忙插秧。重点在于农忙时几个生产队一起组织农业生产。如青松村5、6、7三个生产队负责一片，8、9、10三个生产队负责一片。这六个生产队经常互相换工，双抢的时候一起种田，而敲锣打鼓可以让大家干得更有劲。白事一般叫上六个生产队的人，红事则各不相同。

生产队主导的劳动生产也促进了山林经济与农耕经济的融合。由于土地的集体所有实现了以山林、耕地为内容的土地资源在区域人群中的相对平均分配，山林经济和农耕经济成为各生产队劳动生产的内在组成部分。由于地处山林地带，古源村总体上是缺粮的，"粮食吃半年，买半年"。如20世纪70年代，艞艟大队只有300户800多人，年产2万～3万斤粮食，人均100～200斤。山下经济效益好的组人均400斤粮食，有20%的缺粮户（人多劳动力少、生病等因素导致）。不同生产队的粮食作物差别不大，山下的生产队虽然田多，但人口也多。搞山林经济的内部差别比较大，山上的生产队在经济上更有利一些，副业搞得也比较好，养猪、养鸡、卖树等。有的生产队有条件搞副业，每人一天可分一块多钱，如果没有条件搞副业，最穷的生产队每人一天只有九分钱，可见生产队之间的收入差距比较大。

以林业为例，生产队会暗中派2～3个劳动力专门搞副业，主要是贩卖木材。参与贩卖木材的每个劳动力一个月要向生产队交400～500元。另一种形式则是一个月放两天假，允许农民去山上搞副业，农民赚了钱就在桃树镇和湖北买红薯丝和其他粮食等。当时农民随各个生产队卖树，山下的生产队往往将木材运往15公里外的茶乡。山上的生产队如金盆则是把木材送到月塘镇上去卖。农民自己砍树，要跟生产队汇报，队里测算大概价格后，再送到月塘镇上去卖。如队里测算一棵树是8块钱，月塘镇那边的收购价一般是10块钱，自己就可以挣2块钱的运费。但自己当天的工分要被扣掉，卖树的钱自己可以全拿着，年底会统一扣掉。由于生产队是统一劳动，挑木材往往只能晚上做。由于地处边界地区，邻省人成群结队来贩买杉树，并伴有大规模的盗采行为，林管员、村民与盗采者的冲突屡有发生。

山林经济的形式还有用自留地种植红薯以及在山林间打猪草来养猪。由于山区土地资源有限，无法实现粮食自给，因此国家会给予一定的回供粮指标，通过养猪抵扣。尤其是人口多劳动力少的人家，年终决分一做，就要准备杀猪兑口粮超支款。农民杀猪必须到信用站裁屠票，屠夫见票后杀猪。大屋脚下杀年猪有先有后，每家杀年猪都要给屋脚下的人家分汤，每户分一碗肉汤，内放三至四块肉。没有年猪的人家无法给别家分汤，但别家分汤都有他家一份。

基础设施建设是集体化时期重要的劳动生产形式，这是促进农民形成地方认同和跨地方认同的重要方式。集体化时期，每个大队都要派人去修路。修路记 10 个工分，在家里种红薯也是记 10 个工分。修路是比较辛苦的工作，每个生产队要出 3 个人左右，队里会根据各自的家庭情况，让劳力多的家庭出人。"生产队会开会商量由谁去修路，那时的人好说话，那时的生产队队长也有威望，说让谁去谁就去。"村民自己挖石头开路，各个生产队分摊做任务，记工分。平时修路各个生产队都出代表去，农忙一过就全部去。

此外，上级政府还从地方抽调劳动力从事大规模的水利建设，此举有利于农民从狭隘的地域认同转向国家整体的社会认同。公社把指标给生产队，生产队根据各家的劳动力数量、吃水问题及柴火的情况做决定。工分以家庭为单位记，一天 10 分。如 2 组张绪林 1953 年出生，1970 年修建宁县东津电站需要招工，生产队有两个名额。因张绪林当时在生产队不算壮劳力，只能拿 5 个工分，再加上他家还有其他富余劳力，他去修电站了他父亲还在家，而且有农活经验的人留在生产队里更合适，所以他家让他去修电站。修宁县东津电站时，建设者一天可以计 10 个工分，年底可统一分粮食。当时生产队里其他年龄差不多的年轻人并没有很想去，除了考虑到出去会想家，修宁县电站的活也比较辛苦。1970 年代初修建柘林水库时，当时预计工期 2～3 年，上游大队一共需要派出 30 个劳力。

学校制度

学校教育作为一种现代性机制，担负着塑造国家共同体意识的职责，在现代国家建设中发挥着重要作用。20 世纪初，中国逐渐开始现代国家建设，学校制度逐渐向乡村社会渗透。但古源村限于自然地理条件及有限的经济剩余，长期延续着按照姓氏组织的、合作办学式的私塾教育模式。直到新中国成立后，学校制度才逐渐出现。

在私塾教育模式中，没有固定校舍、固定教师与学生，私塾先生会根据具体情况在各个屋场间流动办学，并无统一的教育组织。在农业社会，农民一般过着内向型生活，"人口的绝大多数属于自我再生产单位……而作为总的营生的重要部分，它们可以从容地在实践中培养自己的年轻人"①。古源村私塾教育组织的出现主要是姓氏竞争的产物，故而私塾教育按照姓氏进行区隔，每个姓氏各有其私塾组织。山上小姓组织义校，请了老先生，一年给老先生几十担谷子。学堂里有董、尤、杨、李、何姓学生，没有张姓学生。新中国成立之初，旧式的私塾教育形式依旧延续，教师也是老的文化人，教授《四言杂字》

---

① 盖尔纳.民族与民族主义.北京：中央编译出版社，2002：15，40.

《六言杂字》等传统蒙学书籍。

新中国成立后,特别是随着人民公社体制的建立和稳定,私塾的正规化与学校制度的输入才相互配合,形成了三级教学组织,即公社中学——生产大队完小(小学)——生产队小学、教学点(年级)。但由于学生通勤和住宿等难题始终无法完全解决,因此在集体化时期,学校发挥的社会整合作用主要表现在生产队及生产大队层面。古源范围内的教育整合则发生在集体化末期及改革开放时期,即小学教育的普及和集中化阶段。

长期以来,教学点是古源一带的主导性教学模式。教学点主要负责低年级学生的教学,保留了相当的非正式性。儿童入学率尤其是女童入学率十分有限,且教学点时停时办,儿童入学后也时有中间辍学的情况。20世纪50年代至60年代初,古源村实际上连基本的识字教育都未普及。艨艟村7组的刘秋藩,1947年出生,与其年龄相仿的同学大都三四年级就弃学了,将近一半的人从未读过书。艨艟村3组的张某,1954年出生,一天书都没有读。艨艟村2组的张明加,1955年出生,到三年级就没再读书了。青松村4组的张某,1950年出生,10岁前后才上小学,19岁小学毕业,毕业后即被派往三联村,任革委会副主任一年。因为当时三联村的一个书记、两个副主任都不识字。

20世纪60年代,古源所属的小津公社率先建立了完小。艨艟村2组的张绪林,1953年出生,在古源小学读到四年级,五、六年级转到了小津小学。随后,青松大队在古源一带率先建立了完小。丰岭大队的沐大华，1953年出生，在青松小学读至小学毕业（一到四年级在丰岭小学读，五、六年级在青松小学读）。当时青松、仙湖、古源、丰岭的学生都在青松小学读书，其他地区还没有完小。

此后，随着公社一级的中学教育逐渐建立，初高中生开始规模性出现，生产大队的完小也逐步建立，小学教育逐渐普及。古源一带20世纪70年代的教学网点，包括艨艟大队所设上游小学、金塘小学、石坪小学，丰岭大队所设丰岭小学、王坳小学，仙湖大队所设仙湖小学，青松大队所设青松小学、太坪小学，等等。小津公社胜利大队的陈明安（1954年出生）1973年高中毕业，被派往上游大队石坪小学任教。他叙述了具体的办学情形：

> 石坪与月塘、坪上交界，是一个生产队，有六户人家。石坪小学是全大队三所小学中最偏远、规模最小、条件最差的一所。由于生源严重不足，石坪小学一直是办了又停，停了又办。1973年，学校办在了关坳亭子墈里贵才屋。1974年上半年，学校搬到了楚彩凤家。1973年全校四个年级，共16名学生，年龄最大的学生有17岁。石坪的家长们十分尊重老师，经常接老师到他们家里吃饭，很多时候还请老师留宿。我任教时设计了丰富的教学内容，除了上好语、数主课外，还教学生学汉语拼音，学简单的乐谱、画画、唱歌，搞书法比赛和朗诵比赛等。大

队完小校长王勋还组织全大队的老师到我校听课，公社中心小学的匡校长也专门到我校检查、指导教学。头一个学期我就被评为全公社的先进教师。上游大队书记姜明文一高兴，把大队收到的农户兑超支的一头肥猪给了我抵工资。①

丰岭小学在20世纪90年代达到了办学高峰，学生有120多人。朦朣小学是在原来的张姓祠堂的原址修建的，20世纪80年代初拆祠堂建学校。校舍也是土房子，由村民集资建设，有6名老师，150多名学生。此时的古源小学是完小，古源村的其余小学均是低年级教学点，五、六年级的学生都要来古源小学寄宿。1970年出生的文秋明小时候在古源小学住宿上学，因而与现任的2组组长、1967年出生的张明秋相识。

"现代学校从诞生之日起，便包含着一种外向型和同质性的预设，带有一种分离和超越当地社区的力量。学校教育使受教育的个体与传统社会的地方知识体系分离，与现代社会的抽象体系整体结合，而这也为个体嵌入更广泛的社会共同体奠定了基础。"② 在古源村，学校制度"推进着社会的'非地方化'（delocalizing）运动"③，即教育不再是原有的社会圈子（宗族、地域等）的互助合作，入学儿童的社会交往逐渐突破了姓

---
① 陈治平.心路.自印本.
② 陈学金，巴战龙.学校教育与共同体建设：基于二十世纪以来中国实践的分析与探索.广西民族研究，2021（6）.
③ 王铭铭.教育空间的现代性与民间观念：闽台三村初等教育的历史轨迹.社会学研究，1999（6）.

氏、地域与族群等的限制，"同学圈"这一新的社会关系网络逐渐发育，为打破旧的社会区隔如姓氏之间的婚姻区隔等创造了重要条件。

市场体系

在传统社会，农民的需求主要通过施坚雅所说的传统集市的农村市场网络得到满足。新中国成立后，供销社、国营商业等集体组织越来越多地承担了商品流通职能，在暂时无力改变自然地理、交通运输等约束条件的状况下，通过行政力量在古源一带形成了一个新的市场空间和市场体系。这一行政化市场体系在一定程度上满足了农民的日常生活需要，但并不能完全取代原有的集市体系，"新""旧"两个市场体系并存且分工合作。但总体而言，"新""旧"两个市场体系都只能在有限的领域和维度上发挥整合作用。

古源一带处于四个基层市场区域的最边缘位置，不同板块分别被不同的市场圈所吸纳。具体而言，艨艟村的7—9组（即金盆、槐树塝自然村）的人多前往月塘镇，山下一带和青松村的人则多前往茶乡，仙湖村的人多前往湖北白岩县，丰岭村的人多前往塘城镇，距离皆是20～30里。古源内部的市场开拓非常有限，仅在青松有小规模的杂货店。由于激烈的姓氏、族群及地域矛盾，山上村民到山下"过路也要收费"，因此山下的杂货店对周边区域的吸纳能力十分有限，如7—9组村民仅在急需的时候才到山下的青松村买，大部分是到月塘镇买。

"农民的实际社会区域的边界不是由他所住村庄的狭窄的范围决定,而是由他的基层市场区域的边界决定。"[①]如1947年出生的7组村民刘秋藩,他的外婆是月塘镇的,他自称月塘那片的人自己基本都认识,也有很相熟的人。基层市场社区往往通过血缘(家族)、通婚以及民间信仰等紧密相连,村民的消费行为则往往与其他社会行为相互混杂。

新中国成立后,通过行政力量,以供销社及国营商店为主的商业网点大规模深入农村。古源所属的小津公社设立了两个供销社,即小津供销社和古源供销社,同时还设有若干代销点。公社的其余地区则没有供销社,依旧主要依赖月塘镇、塘城镇等集镇。两个供销社的职工都去艾侯镇上担货品,这里距离宁县县城有120里,因为距离太远了所以根本担不过来。"要不是国家支付运费,这里根本开不起,人们也买不起。"行政化市场体系改变了历史上商业集中的大集镇的经营方式。

新、旧两个市场体系形成了并存且分工合作的关系。一方面,古源村的不同板块与周边集镇的老的社会、市场的联系依旧延续着——山林经济和农耕经济的互补性是其延续的重要内在动力。周边集镇地处平原地带,对山林地带的农产品需求较大。以7—9组为例,邻近的月塘镇居民都吃商品粮,都买肉吃,对山上的农产品、林木等需求也很旺盛。同时月塘镇设有

---

① 施坚雅. 中国农村的市场和社会结构. 北京:中国社会科学出版社,1998:40.

茶、树等经济作物的收购点，有米市，而古源则没有，因此古源人的米、酒都要去月塘镇买。当然，在人民公社时期，这种经济联系受到了人民公社体制的限制，特别是由于生产队统一的劳动管理，村民实际上没有多少工夫去月塘镇。

另一方面，古源村 7—9 组村民去往青松村（即古源供销社）购物的逐渐多了起来，要买青松村没有的商品时才会到月塘去买。又比如盐，过年做腊肉时要一次性买几十斤盐，量太大的话也会去青松村买，而不会去更远的月塘镇买。行政化的市场体系虽然发挥了一定的整合作用，但地域社会内部的经济联系依旧比较薄弱。在古源供销社买东西的，除了山下的生产队之外，主要是同属于小津公社的梓木、云岩等生产队，这些生产队有土地分在古源村，人们种田后可以顺路在古源带货回去，主要买的是盐、煤油、布匹、糖、肥皂、石膏（专门用来做豆腐），还有一些米，都是本地无法自给的东西。

在制度设计上，供销社体制意图垄断几乎所有的市场流通渠道。根据县志记载，农副产品收购按照商品的种类，分别由粮食、供销、商业、药材、外贸等单位归口经营。尽管把市场系统和行政单位结合起来的尝试也反复被实践，但正如施坚雅所指出的，行政区划和经济区域是两件不同的事情。"行政单位在整个系统中是分离的，每个下级单位只从属于上一级单位中的一个，而市场系统除了基层市场之外，在所有级别上都是互不分离的……行政中心地和经济中心地结合上的不完整既不是可以避免的，也不是无足轻重。由于这些理由，硬把自然市场体系的联网包括在互相分离的行政单位之中是不可能的。"[①]自然的、传统的村庄和集市系统共同体的模式在短时间内无法被打破，自然的经济中心和人为的行政中心依旧处于分离的状态。

但这种分离并不是绝对的，依靠行政力量进行的各种集中化实践使得行政中心即大队部和公社所在地逐渐向地方社会的中心地位（包括经济中心）转变。如1968年，在古源供销社旁创办古源茶厂。又以同属于小津公社的平川大队和山影岸大队为例。平川大队部设于平川岭下，处于平川村的中心地段，也是平川村部所在地。除了村部，这里还有学校、商店、医疗所、碾米厂及榨油作坊。山影岸大队部设于下墈，地处全大队的中心位置。除大队部之外，这里还有面粉加工厂、茶叶加工厂、榨油厂、碾米厂等各种队办企业，以及学校、供销店、医疗所、裁缝店等。这种转变为改革开放之后的市场体系的完全整合创造了重要条件。

供销社体制通过国家投入的形式缩短了村民的购物距离，农民的消费行为也因此发生了重要转变，从分属不同市场圈到相对整合，在地域社会内开拓了新的社会空间。行政化的市场体系对于地域社会的整合虽然产生了一定的局限性，但由于其是面向内部的整合，市场边界小，整合力度和互动频率还是比较高的，因此消费行为成了塑造村民之间熟悉感的重要途径。虽然这种熟悉程度可能只是打个招呼、互相脸熟，但转变仍然

---

① 施坚雅.中国农村的市场和社会结构.北京：中国社会科学出版社，1998：140-141.

在潜移默化中发生了。

总而言之，这种通过人民公社实现的对农村的社会整合，主要是在中国共产党主导下依靠国家政权力量进行的一种强制性整合，但这只是在形式上实现了对农村的社会整合，而且这种整合是极其脆弱的，因而其本质仍然是有限的社会整合。一方面，社会整合更多的是长期存在的村庄内部的整合，而建立村庄之间横向联系的整合较少，村集体之间的联系依靠的是国家而不是社会本身。① 另一方面，农村尽管进行了如此强大的集体化再造，但并未彻底解构传统村庄制度，乡村里的组织、管理、协调、合作等实际上还依赖于此。这一时期的乡村治理本质上是一个"传统村庄＋集体"的结合体，基本延续了传统乡土社会的规范与秩序形态。在集体力量渐趋弱化与瓦解的情况下，传统村庄制度与规则续存并部分转向复兴。②

◎ "传统的发明"与地域社会的成形

20世纪70年代末至80年代初，在国家权力逐步后撤的背景下，在集体主义制度遗产的基础上，经由"传统的发明"，以宗族、信仰为代表的社会网络逐渐复活，孤立分散的乡村社会因此成为具有广泛社会联系和社会组织的有机体。新的社会

---

① 徐勇.阶级、集体、社区：国家对乡村的社会整合.社会科学战线，2012（2）.
② 刘守英，王一鸽.从乡土中国到城乡中国：中国转型的乡村变迁视角.管理世界，2018，34（10）.

整合超出了生产队—生产大队—人民公社这一旧有格局，一个更加具有包容性和公共性的秩序体系逐渐成形。古源作为一个地域社会逐渐出现，社会整合进入了新的阶段，呈现为新的形态。

"送袱包"与地域社会的边界

"传统本身并不是完全静态的，因为它必然要被从上一时代继承文化遗产的每一新生代加以再创造。"[①]"送袱包"是古源村的一项历史悠久的民俗活动，这一民俗活动在改革开放后逐渐复兴并成功地标识出了地域社会的边界。

袱包的形式是将纸钱折叠好，用白纸封起来，形成一个长方形的包袱形状，用糨糊封好后，根据每一个逝者的身份、辈分写上敬奉的字样。袱包若送外姓或远处的人就用红纸包着，送同姓的就不要红纸。以前需要用面、粉等压袱包，大约20年前改成用5~10元零钱压袱包，现在则仅用袱包即可。"送袱包"主要包括白事袱包和中元节袱包两种。

白事袱包即逢白事所用袱包，古源村家家户户都派代表参与。"去是看得起，不去就是瞧他不起。"村民拿两个袱包给事主家，当时就把它们烧了，然后是接受敬酒，之后拿上一条毛巾就走了。敬酒的地方有零食和七八个小菜，有十个人在那里专门陪酒。一般情况下，本姓、本家的去帮忙做事，异姓人则是上门送袱包。中元节袱包，即在中元节前，向去年七月中

---

① 吉登斯.现代性的后果.南京：译林出版社，2011：33.

至今年七月中的逝者家中所送袱包，称新元袱包（新袱）。"新袱"上要贴红纸，根据关系远近决定送的多少。一般七月初人们就开始互相送，最迟七月十三就要送出去。除非是非去不可的，否则都不会直接送，而是请那些非去不可的人（如亲戚）帮带，因为"怕别人要接待"。

无论是白事袱包还是新袱，都被古源人统称为"三毛（块）钱的人情"。在外的人若要送袱包都会尽可能回来送，需要弄两三天。也有在外面弄好了一起带回来送的，如果实在回不来也可以委托别人送。哪怕光棍过世，身后没人，也会给他亲戚送，让其亲戚烧给他。"他在那边过得好不好是后人的问题"，"送就代表看得起他"。

送袱包的范围标识着地域社会的范围。在白事袱包及新袱上，在古源这个圈子内，不管熟不熟悉，几乎家家户户都会送，家家户户都一样。即使与事主家有矛盾，不来往了，但袱包还是要送的，红白事也会参加。地域社会的范围其实也是人情圈和熟人社会的范围。"送袱包其实有个界限，要熟悉、打照面、在日常生活中有交集，距离也要近。如果你跟我熟，但是不在古源范围内，我也不会送。"这种熟悉感是带有极强的给定性的。"在古源这一片都是生人少、熟人多。到亲戚家走亲戚的时候，就容易与路上的人和亲戚家附近的人熟识。"

需要补充的是，古源这一地域社会中也存在着模糊地带，其内部的不同板块与外部社会的关系也略有差异。"所有的社会都既是社会系统，又同时由多重复合的社会系统交织构成。

这种多重复合的系统既可能完全'内在于'社会,又可能跨越社会的'内部'与'外部',在社会总体与跨社会系统之间形成多种可能的关联形态。"①如金盆一带虽临近月塘镇,但往古源以外送袱包的,基本上都是因为有亲戚关系,有亲戚才有往来,一般相熟的就不送了。而青松村则与之不同,青松临近小津村,虽然古源的范围不包括小津,但青松村在送"新袱"时偶尔也会送到小津,不是亲戚也送。不是亲戚、也不认识的,则不送。东源与古源存在着复杂的历史渊源,古源张姓之繁衍是沿着小津河溯源而上的。在张姓家族的故事中,二十六世祖从小津迁到古源,一个叔叔两个侄子一起来这里建房子。以前古源有叫金家山、金家坪的地名,后来没有后人了。而从历史传统来看,控制着更广阔的河谷地带及水陆交通的小津显然具备显著的竞争优势,维持或者建构某种形式的人情关系显然也是比较好的策略。

◎ 从地域社会到扎根型城镇化

在古源这一地域社会走向成形的同时,中国的工业化、城镇化进程也进入了新的阶段。国家与乡村关系的变迁,交通、通信等基础设施的改善,市场化的深入等都使得乡村社会逐渐由封闭、同质和静止走向开放、异质和流动,农民个体逐渐

---

① 吉登斯.社会的构成:结构化理论大纲.北京:三联书店,1998:265.

脱离家庭、乡村共同体而嵌入国家和市场成为一个普遍的趋势。①打工经济带来的物质财富迅速缓和了社会内部的冲突，温情脉脉成为古源村的主旋律。

古源村的地域社会出现了一定的松动，但这种松动并不是社会彻底的解体：一方面，古源村村民以城镇化就业的形式，在工业化、城镇化的过程中参与进了国家与市场主导的系统整合；另一方面，古源村作为一个"地域共同体"参与了以县域为范围的新经济社会空间和新社会形态的重塑。特别是2013年在国家精准扶贫政策尤其是移民搬迁政策的影响下，古源村村民大规模进入县城，我们把这种变化称为"扎根型城镇化"。

在扎根型城镇化的进程中，古源村村民的生产生活逐渐铺陈于横跨城乡的新社会空间。虽然"身体在场"越来越转变为"身体不在场"，但古源村依然保持了原有地域社会关系网络的完整并将其进一步扩展和外推，进而将其嵌入县域社会之中。村庄生产的整体扩展与个体的发展深深嵌入了地域社会关系网络之中。通过在村内兼业、出席仪式活动等频繁往返于县城与村庄，再加之在村外频繁的互助联结，村民将原有的血缘地缘纽带不断延续、拓展，并持续地深埋入村庄社会之中。物质生活的剧变看似是对城市生活的片面模仿，实则是嵌入于乡土社会的关系结构与文化结构。新的经济、市场经营不仅没有打破

---

① 董磊明.从覆盖到嵌入：国家与乡村1949—2011.战略与管理，2014（3/4）；张良.现代化进程中的个体化与乡村社会重建.浙江社会科学，2013（3）；焦长权.从乡土中国到城乡中国：上半程与下半程.中国农业大学学报（社会科学版），2022，39（2）.

村庄旧有的伦理经济，反而激发出新的关系形态，赋予了伦理经济以新内涵与新活力。家庭、宗族并没有在现代性的侵蚀下解体，而是在城乡两栖的经济形态与生活空间下重新编织个体与家庭的命运之系。传统的伦理和代际权威虽然受到一定的冲击与挑战，但仍发挥着维护传统的向心力。基于伦理机制的村社权力结构与互动也依旧发挥着维系乡土社会的作用。

一般认为，地方性共同体的解体是系统整合的有利促进因素。如按照吉登斯的理论，民族国家的成长史是社区内部的人民不断从地方性的制约中"解放"出来，直接面对国家的全民性规范、行政监视、工业管理、意识形态的影响和制约的过程。[1]董磊明也指出，改革开放以后，国家与乡村关系的"覆盖模式"正走向终结，"嵌入"模式初露端倪，国家基础性权力尤其是常规化的基础性权力大大加强。国家权力在"身体"退场的同时，其技术控制能力却在不断提高。随着地方性共同体的解体和乡土逻辑的消解，国家权力向乡村社会的渗透更容易了。[2]

而扎根型城镇化的实践则显示系统整合不仅是在基于互动秩序的社会整合中建立起来的，更是和社会整合"同时"被生产出来的。鉴于系统整合与社会整合同时进行再生产，良好的系统整合不能也不一定会站到社会整合的对立面。[3]扎根型城

---

[1] 吉登斯.民族-国家与暴力.北京：三联书店，1998.
[2] 董磊明.从覆盖到嵌入：国家与乡村 1949—2011.战略与管理，2014（3/4）.
[3] 熊万胜.聚落的三重性：解释乡村聚落形态的一个分析框架.社会学研究，2021，36（6）.

镇化是社会整合和系统整合共生的城镇化进程,而非相互替代的零和关系。系统整合因素如市场体系、行政区划体系、公共服务体系以及空间尺度更大的城乡关系越来越发挥主导性作用。虽然系统整合成为主导性的整合形式,但社会整合因素如宗族、祭祀圈、婚姻圈等依旧活跃并逐渐适应新的经济社会空间和新的社会形态。如作为系统整合因素的市场体系与地域社会的整合形成了相互促进的关系。以网购、快递为例,它们基于地域社会的信任、互助和传播,克服信息与交通的"最后一公里"难题而普及于古源,普及于老年人等各种人群。与此同时,网购、快递等新业态下的社会互动也为村庄生产、生活创造了新的场域、伦理与社会关系。

3. "隙地"与国家——逃避？整合？

地理环境和自然条件是决定生产方式、社会组织模式和经济文化发展差异的重要因素。清人汪士铎将当时的国人分为山居、平原、水滨、滨海之民，并各言其特征，称：

> 山居之民贫而强，性好乱而暴，易动难静，耐寒苦，乐杀戮，嗜利无耻，识见渺小，齐心持久，愚而顽也，江西、川、云、贵、广西是也。平原之民忠信敦大，北五省是也。水滨之民富而弱，性好文而诈，易骄难俭，好浮

华，崇虚诞，机变无信，举动阔大，心不齐，不能持久，巧而狡诈也，江、浙、湖北是也。四不像而不文不武，一无所用者，宣、歙、池、严、衢、饶州也。滨海之民嗜利好乱，反复无常，闽、广是也。①

汪士铎对"山居之民"的判断有一定的道理，山民特征的基础是山地特殊的生计、组织及文化形态。山林地带的生计方式必然有别于农耕经济的山林经济，甚至有别于刀耕火种式的游耕生计。在社会组织方面，山地社会的社会组织形态会显著地偏离于家族等正统的社会组织模式以及传统社会的伦理纲常观念。山地社会在拟血缘关系的基础上，根据地缘、血缘、业缘等发展出多种社会关系网络，其中以民间宗教及秘密会社最为普遍。在文化方面，山地群体由于身处特殊的文化边缘地带、特定的社会空间和特别的地理区域，其社会文化呈现出一种交叉、复合、杂糅的取向。"一方面有着社会统合秩序的向心力，另一方面，基于解决不确定、不安定的'个体'的意愿，导致热衷于占卜祸福、治病救人的巫术。"②

对于山地社会的整合问题，斯科特在研究"赞米亚"这一东南亚大陆的山地区域时提出了"文明不上山""非国家空间"等观点。他通过"有国家"与"无国家"来区分高地社会与低

---

① 邓之诚辑录. 汪悔翁（士铎）乙丙日记：第2卷. 台北：文海出版社，1936：53.
② 山田贤. 移民的秩序：清代四川地域社会史研究. 北京：中央编译出版社，2011：178.

地国家，即山地是典型的"非国家空间"，"那里是冒险家、盗贼、投机者、武装商人、被遣散的士兵、贫困的移民、流犯、腐败官员、逃避法律的逃亡者和难民汇集的混乱之地"。山民有意识地拒绝国家，逃避国家的统治。"和他们有关的一切：谋生手段、社会组织、意识形态，甚至颇有争议的口头传承文化，都可以被认为是精心设计来远离国家的控制。"①作为国家的破碎区域或边缘地带，高地人"不让国家文明上山"，始终坚守和逃避在"非国家空间"，他们与谷地国家及其臣民之间始终保持距离。

相较于赞米亚这一地区，处于中国内陆地区的山地则面对的是漫长的大一统的历史传统：更为发达的军事和行政体系、"基本经济区"的互动与挤压等，其社会秩序形态显著不同于赞米亚地区，而以整合为主。但国家的整合也面临着客观的困难，传统中国是一个广土众民的农业社会，辽阔的国土，多元的民族、区域和文化以及区域间发展不平衡等一系列突出特点和挑战给国家治理带来了几乎不可逾越的困境。因此，"中华帝国（以及现代中国）并非一个均质的政治经济与社会文化实体，而是由政治控制与经济发展极不平衡、族群构成与社会结构各不相同、文化内涵与价值取向千差万别的各个地方、区域，在历史的长河中，不断互动、整合而形成的一个巨大

---

① 斯科特. 逃避统治的艺术：东南亚高地的无政府主义历史. 北京：生活·读书·新知三联书店，2016：140；何翠萍，魏捷兹，黄淑莉. 论 James Scott 高地东南亚新命名 Zomia 的意义与未来. 历史人类学学刊，2011（1）.

系统"①。

传统国家治理以消极治理、间接治理为主流,基本形态是以田赋和其他杂征、徭役等形式汲取农业剩余,用于维持政权的运转,并提供兵、荒、河、漕等基本的公共服务。在实践中表现为"老百姓与官府之间的交涉,亦只有纳粮、涉讼两端"②。国家正式的官僚机器总是受到一定的限制,国家对地方社会的控制依赖于对正统的儒家思想、宗族组织等的倡导,并通过科举制度、封建性的身份等级特权等吸纳地方精英等。"以教化代政令,以礼俗代法律","借礼教维系一消极相安之局"。③虽然王朝国家出于大一统的政治理念以及政治控制、资源汲取等现实需要,必须将山地社会纳入控制体系之中,但由于国家基础性权力的薄弱,加之缺乏有效的治理工具,王朝国家对山地社会的吸纳高度依赖于地方社会,故而多采取因地制宜的变通方法,充分利用地方各种势力,采取多元化的政治控制方式,即社会整合占主导,社会整合和系统整合共生。

这一社会整合的内在机制包括生计上的农耕经济与山林经济,社会组织上的宗族组织与民间宗教组织及秘密会社,文化上的正统信仰与异端之间的依附-控制关系。王朝国家的系统整合是这一依附-控制关系的重要支撑。历朝历代的统治者总是用一种二元对立的语汇来描述山民与平地的居民,山地与平

---

① 鲁西奇. 谁的历史. 桂林：广西师范大学出版社，2019：358.
② 梁漱溟. 梁漱溟全集：第3卷. 济南：山东人民出版社，2005：158.
③ 梁漱溟. 梁漱溟全集：第7卷. 济南：山东人民出版社，2005：147.

地的民众相互猜忌和不信任是一种世界性现象。[①] 山林经济与农耕经济的区别是中国文化中判断华夷之别的重要因素。[②] 山地社会的社会组织形态及民间信仰显著地偏离于家族等正统的社会组织模式以及传统社会的伦理纲常观念，因此受到国家及地方社会在意识形态上的歧视。其组织行为往往很容易演变为对现行政治体制的反抗。因此，王朝国家及地方社会均视其为破坏地方秩序的潜在因素。[③]

除此之外，维系中心-边缘的结构是传统国家系统整合的重要手段。中国古代王朝国家的空间控制方式主要是通过控制核心区以控制全国，即"通过剥夺其他地区的利益，将武力、财赋、人才以及文化资源集中于核心区，并以给核心区特殊优惠政策等途径，强化其相对于其他地区的优势地位。这成为帝国政治体系下中央集权制得以确立的政治与经济地理基础之一，也是造成传统中国社会经济地区发展不平衡的一个制度性因素"[④]。

相较于传统王朝国家，在集体化时期，虽然依旧是社会整

[①] 范可.略论"山地文明".北方民族大学学报（哲学社会科学版），2016（4）.
[②] 王利华.经济转型时期的资源危机与社会对策：对先秦山林川泽资源保护的重新评说.清华大学学报（哲学社会科学版），2011，26（3）.
[③] 周向阳.客民与民间宗教：以明清浙江为中心的考察.中华文化论坛，2013（12）；罗士杰.民间教派、宗教家庭与地方社会：以十七至十九世纪中叶浙江庆元姚氏家族为中心.台大历史学报，2015（56）；周向阳.档案资料所见清代客民的社会关系.求索，2017（6）；陈明华.清代斋教与山区移民认同的塑造：以闽浙赣地区为例.开放时代，2020（2）.
[④] 鲁西奇.中国历史上的"核心区"：概念与分析理路.厦门大学学报（哲学社会科学版），2010（1）.

合占主导，但其基础和内在的逻辑、机制都已经发生了本质性的变化。通过政权建设和村社组织建设，国家权力"覆盖"广阔的山地，间接治理的空间一定程度上被压缩，真正实现了"溥天之下，莫非王土；率土之滨，莫非王臣"。更为重要的是，以阶级、平等、集体等观念为核心的新的国家治理逻辑也开始向山区地带输入并付诸实践，进行财产关系、社会结构、国家与乡村社会（农民）关系等的调整。新的国家和社会不再是建立在多元对立冲突基础上的脆弱的平衡，而是在新的基础之上建立新的秩序形态。

第二章

迈向扎根的城镇化

J.D. 万斯在小说《乡下人的悲歌》中以悲凉的笔触描写了美国村庄社会的衰落给农民带来的一系列负面影响。在美国这个以平等自由为豪的国度中，乡下人四处迁徙，他们希望逃离贫穷，极力想融入城市中产阶级的生活，却从未完全逃离贫穷和家庭所带来的精神创伤。那些贫穷与困顿，如同与生俱来的枷锁，牢牢套在农民的脖子上。这就是城镇化带来的社会的"阵痛"，但"阵痛"过后乡下人不会迎来新生，只会陷入更深层次的困顿之中。乡下人面对着融不进的城市、回不去的家乡，彻底成为社会中的"边缘人"，这几乎成为所有国家现代化进程之中乡下人必然的结局。逃离乡村，奔向城市，就一定是对的吗？我们能摆脱这些枷锁吗？乡下人除了这条路径之外，还能找寻到更好的城镇化路径吗？

在古源村的城镇化实践中，我们看到了另一种截然不同的可能性。乡下人不再四处迁徙，他们有家可归、有故乡可回望，甚至还能塑造县城、改变城市，他们不是城市中国的"边缘人"，而是城乡中国的建构者与践行者。

1. 走向流动与城镇化的进程

改革开放以来，古源村的人口流动可以分为三个阶段：第一阶段是走出村庄。在 20 世纪八九十年代，伴随着边界经济的复兴，部分村民开始在周边地区从事手工业、贩卖山货、务工等。第二阶段是走向沿海。从 20 世纪 90 年代起，山林经济趋于没落，打工经济逐渐兴起，中青年村民大规模前往东部沿海地区务工。第三阶段是走进县城。自 2013 年精准扶贫以来，在移民搬迁政策及公共服务向县城集中的刺激下，出现了以县城为中心的人口城镇化浪潮，形成了扎根型城镇化。

◎ 走出村庄——边界经济的复兴

人民公社解体之后，随着家庭联产承包责任制的推行，乡村社会的农业生产由集体化的生产管理模式转向小农经济，农民家庭成为最主要的生计单位，农村经济向多元化方向发展，出现了各种形式的新的农副业。古源村的边界经济逐渐复兴了起来，出现了百业兴旺的局面。

农耕经济与山林经济的互补性是刺激边界经济的重要基础，而由于古源地处三省交界地区，国家的执法力量严重不足，处于合法与非法之间的各种经济行为大行其道。改革开放以后，古源周边的平原地区的农民的收入有了根本性改变，农民自用住房建设数量随之大幅增加，形成了对杉木等建筑材料的大规模需求，杉木的砍伐与贩卖形成了规模。除了地方政府允许的砍伐之外，村里也有人偷树到湖北去卖，一般是两三个人去偷。一个人去不好扛树，容易受树枝、灌木牵绊，也容易从山路上跌下来。两个人可以偷卖4～5米长大一点的树，卖了树后可以买点盐、煤油。本村偷树者被发现后往往以罚钱了事，而来自湖北以及邻近的塘城镇的偷树者虽屡被发现，但外地人当地罚不了他们的钱，只能把他们打跑。同时，金矿开采业也吸纳了部分劳动力，举例而言：

> 7组的刘金1979年出生，高中毕业，从1999年开始在邻近的月塘镇打矿洞挖金。当时一个劳动力一个小时1

块 8 毛钱，他一次上 12 个小时的工。工人拿固定工资，收入与产量无关。刘金带领座坳片二十多个人一起去金矿做工，开采金矿人要齐心。刘金做包工头，懂技术（如使用炸药与起爆技术）、会管理，拿工人工资的 5%。开采金矿一个月能挣五六百块，收入比在外面打工合算，可以养家，另外"在家可以照顾老人"。那个时候猪肉 10 块钱 4 斤，米 1 块钱 1 斤。刘金做了 4 年，结婚后老婆觉得危险，不让做了，于是他就出去打工了。刘金退出后，村里没有人能做包工头，也就没人再去干了，都外出打工了。

合法的商业行为则以贩卖商品、山货等为主，如挖笋扛到湖北去卖等。此时，古源村涌现出了第一个万元户。

古源第一个万元户是张富安。张富安开过杂货铺、做过医生，他老婆做裁缝。张富安有自行车，做医生的时候骑着车到处给人看病。他做医生的同时还卖杂货。古源靠近湖北，一过去就是湖北，他在古源搞了一个架子卖东西，自己直接去湖北拿货，请人拿货则要 30 元一次。后来他成了古源的第一个万元户，现在还在县城做医生。

基于跨地域的社会关系网络，古源村民能够获得更多的务工和学习技术的机会。20 世纪 80 年代，村民谢安其跑到湖南农村给别人割麦子，一天能挣 20 元。那时候湖南人都外出打工了，村里缺少劳动力。而宁县县城活少，从 1992 年开始县城的建筑工地才开始多起来。那时谢安其才开始在宁县县城做建筑工,后来又随妹夫到福建东山县做建筑工。

边界经济的复兴也带来了"打老庚"这一新的风俗。古源本地打老庚的其实没有很多,主要是跟湖北人打老庚。20世纪八九十年代,湖北人来这个地方买树,打了老庚就有了落脚点,就有人接济,本地有熟人了会更方便。村民比较习惯的是"叫老庚",但仅仅停留在俩人言语层面上的亲近,它最早是湖北人来本村买木材时留下的传统。如张明林所讲的故事:

> 桃树镇上有个人常来山上收购杉木,有次他跟大家聊起来发现与张明林还是同一年生人,就表示可以打个老庚,但张明林心想:"什么老庚,你不就是想要找个住的地方么!",就没有答应。打老庚要两个人都愿意,现在是那个人愿意,但是他不愿意。这个人下一次来就提了点鸡、酒,又到张明林家要求打老庚,张明林无奈只能接受。后来张明林家办事,老庚给他送了礼,下一次他办事张明林也回了礼。就这样往来了几次,老庚死了之后张明林和他家的联系也就断了。

由于山林经济的差异和分化,山下的村民反而是最早出去打工的。在打工经济以前,山林经济是重要的副业,基本要占到生计的一半,因为靠农业无法自给自足,"粮食吃半年,买半年"。山下虽然耕地多,但人口也多,因此山上山下的粮食作物收入差别不大。分山到户后,村民在山上从事副业较为方便，且山上人口密度较低；山下则缺乏从事山林经济的现金收入，由于离山林远，周边的柴都被砍光了，而个人难以承担去远处取柴的成本，又没有其他副业，养个猪都长不大。山上比山下条件更好，这是山下村民最先出去打工的重要原因。到20世纪90年代后，木材没人要了，山林经济逐渐没落，山上的人才开始外出务工。如5组护林员黄丰年是最早出去的一批村民之一。改革开放后三四年，他听说外边有工作便跟随同乡前往了浙江。他在浙江做过木工，也去广州做过装饰花，还当过售货员等。山外的世界经由这些少数村民向古源村展示了它的一角。直到1990年前后，古源村仍然处于"少部分人探路"的阶段。

◎ 走向沿海——打工经济的兴起

1994年是古源村民记忆里人口流动的一个转折点。这一年古源村大批村民踏上了外出务工的路途，这是一个极具地区偶然性和历史必然性的时间节点。这一年温州发生了强台风灾害，灾后需要迅速恢复生产，进行城市建设，因此打工者的工资大规模上涨。少数探路者将这一消息带回古源后，村民开始成群结队赴温州打工。

20世纪90年代，农民外出务工的浪潮早已席卷全国。有研究指出，我国农村劳动力开始大规模地向城市转移的核心推动力包括二元经济结构下工农业劳动生产率的差异，以及大规模的农村基础设施建设。① 这同样构成了古源村外出务工浪潮的结构性原因。

先是20世纪90年代初山下部分男性村民开始外出，原因主要是社区竞争压力，"都是要面子的嘛"。比如那个时候有人家买录音机，还有人要养家讨老婆，这些都需要钱，人人都想发财，所以就外出务工。随后则是女性的规模性外出。90年代后期的家庭分工一般是男性务农，女性务工。那时候工厂不是那么多，打工机会也不是那么好找。到了21世纪初，随着务工机会逐渐增加，村民逐渐发现在外面打工比在家里种地收入还高，在家种地不划算，于是男性也纷纷出去打工了。

由于"孔雀东南飞"的整体形势，加之古源村所处的湘鄂赣交界地区缺乏区域中心城市，古源村的打工目的地基本上都是广东、福建、浙江、上海等东南沿海地区，基本都是进厂做苦力，劳动时间长、强度大。90年代，湖南宁乡曾来古源一带招工，古源村第一批去了十几个人，有人干了一两个月就吃不消回来了，家庭负担重和身体好的村民才能坚持下去。后来更多村民选择到广东、上海等地打工，同样是进工厂，但是劳动环境更好、劳动强度更低，只是相应的工资会低一些。此外，亦有相当规模的村民从事各种灰色经济甚至黑色经济。

古源村民的打工具有以下几个特点：首先，无论在何处，古源村民一般每年都会返乡过年。"不管挣不挣到钱，反正每

---

① 骆永民，骆熙，汪卢俊．农村基础设施、工农业劳动生产率差距与非农就业．管理世界，2020，36（12）．

年一定是要回家的。"进入21世纪后,不乏村民购置汽车自驾往返。履行养老责任是返乡的一个重要原因。如村民尤运安1999年结婚,2000年前往深圳、温州等地务工,2018年在温州建立了生产塑料颗粒的小作坊,2021年因父亲年老需要照顾而回村。频繁往返沿海与家乡往往会打断村民在体系内的职业生涯,以张大金为例:

> 青松村的张大金,1994年订婚后为了攒钱结婚到深圳打工。在深圳干了两年,结婚、女儿出生后回到家乡;在深圳又干了两年,儿子出生后又在家待了两年;之后在漳州干了三年,然后彻底回家。在打工期间,张大金做过木工,修过摩托,干过印染等,他都学得很快并成为老师傅。张大金有三次机会进管理层,但都未能成功。张大金解释是因为自己学历太低、读写不行。

频繁往返城乡的生活使得村民很珍视古源以及宁县本地的机会,以村医张千夏为例:

> 村医张千夏于1994年初中毕业,次年跟同学前往温州仪表厂务工,28天赚了150元;后来做塑料相关工作,一个月赚了400多元,做了5个月之后回家过年。过完年后同学邀请张千夏去深圳,于是张千夏到汕头待了一年,1996年在汕头过年。在流水线上工作时,一个月600多元工资。由于1996年没能在家过年,比较想家,当年5

月回了家,回来后家里不让他再出去。此次回家张千夏带回来3 000多元,除了自己的日常开销,剩下的都交给家里了。1997年,张千夏本来想学手艺,又被同学拉去深圳打了一年半工,做皮包、手袋等,每个月800～1 200元。2000年张千夏前往湖北学医,2001年开始在深圳做医生,由于是无证行医所以基本上都做熟人生意,给宁县老乡看病,之后就在家考证(乡村执业医师证)以及结婚、生孩子。目前张千夏是村医,同时与人合伙在县城的移民小区开药店。

其次,农民自发的城镇化进程开始极晚、程度极低。根据2017年的统计,古源村位于山区的7—22组、25组共242户,其中县城购房者26户(3户在移民小区),乡镇购房者5户,外地购房者仅1户(在福建),其余则绝大多数在县城或在外租住。这一数据虽然不完全准确,但具有参考价值。仙湖村2017年整体移民,一共205户822人,其中享受了政策而实际在外有房产的大概占10%,且所拥有房产包括在乡镇、县城及外地等多种情况。由此可见,尽管打工经济已经流行了二十余年,户籍地与实际居住地不一致的情况已普遍出现,但真正进城安家落户的仍是极少数。古源村7—22组、25组共242户1 021人,截至2017年,在县城及外地购房者仅有30户,详见表2-1。

表 2-1　2017 年古源村若干小组房产情况统计表

小组序号	户数	本村	邻村	乡镇	县城	外地	备注
7	19	16		1	2		
8	11	11					
9	17	14	1	1	1		
10	5	4		1			
11	9	5			4		
13	22	3			1		其余在外租住
14	11	1			1		其余在外租住
15	26	10			6	1	1 户失联，其余在外租住
16	20	14			6		
17	17	1	3				其余在外租住
18	14	14					
19	15	13			2		
20	13	1		3	1		其余在外租住
21	14	2			3		其余在外租住
22	14	12			2		
25	15	13	2				

注：12 组整体搬迁了，所以数据空缺。

最后，村民之间的紧密关系并未因为人口流动而松散，反而构成了支撑流动的社会网络。出门在外，打工过程中老乡多会互相帮忙，首次前往城市的村民往往选择由老乡接济。"有活没活先住着，可能长则几个月，短则几天，直到找到活干。"古源村的村民还在沿海地区形成了同乡同业的聚居地。这种聚居依赖于亲缘以及基于方言亲近感的社会关系网络,这种现象被学者视为"有限差序"嵌入城镇化和大市场、与现代性相结合的结果。[①] 以福建惠安为例:

> 目前,整个古源地区有70多人拖家带口在福建惠安打零工,年龄普遍在40～50岁,以尤姓为主,80%都是16组的。务工人员基本都租住在离市场不远的城中村,逢年过节相互串门,平时相互帮忙。搬运工的工资为200元每天,可以支付得起600～700元的房屋月租金,因此同县老乡之间都会相互介绍用工信息。其中最早出去的尤运财目前已经成了大包工头,经常给本村其他工人提供工作机会。

务工潮促进了村庄社会关系的根本改善,"温情脉脉"成了主旋律,尤其是对"70后"及以后的村民来说,现在"有人情味了"。以前红白事就摆几桌,现在随随便便一家都要摆二三十桌。这种情况的出现一方面是由于经济条件的改善,另一方面是年轻人在外打工带起来的。他们认为亲情很重要,所以更加团结了。"在外地,就算是宁县人,也觉得亲切,何况是自家人。"由此,村庄的公共生活更加活跃起来,"地方上的事"如修路、修庙、修祖堂以及救济等得到了越来越多的村民

---

① 谭同学. 有限差序的社会结合及其现代性转化:基于新化数码快印"同乡同业"的思考. 南京农业大学学报(社会科学版),2020,20(5).

的支持。

综上所述，20世纪90年代之后的外出人口数量和外出距离都明显增加了，受市场力量的牵引，呈现出了家族连带、组团外出的自组织特征。浙江温州、福建惠安等地成为古源村的"微型飞地"，传统的关系结构和互动模式由村庄迁移至务工聚居地。与此同时，务工人员并非一去不返的拔根式流动，而是在代际更替与节日的循回往复中，成长为一棵扎根于古源的城镇化大树，虽枝叶渐远而根系犹存。

◎ 走进县城——以县城为中心的人口城镇化

古源村的人口城镇化主要是政策主导的，即大规模的异地搬迁政策及公共服务聚集政策所致，政策以及政策的正外部性共同促成了大规模的以县城为中心的人口城镇化。精准扶贫以来，古源村所处的宁县的城区面积和人口规模不断扩大，十年间常住人口由10万人左右增加到了20万人左右。新增人口包括行政区域扩大增加的3万人、移民2万人、自主进城的5万人，县城真正成为县域的政治中心、经济中心和社会中心。

移民搬迁安置

自2013年国家实行精准扶贫以来，宁县进行了大规模的移民搬迁安置，对移民主要采取县城（城区、园区）、集镇和中心村三级梯度安置。县城安置主要是将移民安置在瑞丽、琼枝和金篁三个小区。移民安置政策主要针对的是深度贫困村，涵盖了在宁县的无房户、有房户等农民。安置的具体形式又可分为集中移民、分散移民两种方式：集中移民以行政村为单位，已在外地购房或建房的对象也能列为搬迁对象；分散移民则相对要求较高，移民须有当地常住农业户口、目前居住在当地、在外地没有建房或购房。

县城安置（安置到瑞丽、琼枝和金篁三个小区）补助包含四个方面的内容：一是搬迁补助。建档立卡户每人补助 2 万元，同步搬迁户每人补助 0.8 万元。二是县级补助。实施易地搬迁、拆除原有房屋的搬迁户，每户给予县级补助 1.2 万元。三是地区差补助。每平方米补助 150 元。四是拆旧补助。符合整体搬迁条件（自然村或村民小组）的对象可享受旧房拆除补助。如仙湖村村民宋为德，家中共 7 人，移民扶贫补助 28 000 元，农村危房改造补助 12 000 元，旧房拆除补助 46 180 元（其中，土木结构 130 元每平方米，346 平方米共 44 980 元；简易房 40 元每平方米，30 平方米共 1 200 元），总额共 86 180 元。宋为德家申报 2 套 120 平方米的安置房，总金额为 324 000 元，除去补助实需交房款 237 820 元。

在移民政策的支持下，古源一带有三个村开始大规模地往县城移民。仙湖村采取的是整体移民，一共 205 户 822 人，没搬的仅有 16 户 53 人。其中 9 户条件很差，如有一个五保户；另外 7 户在县城、青松村和古源有房子，可移可不移。青松村、古源村则采取分散移民，主要集中在 2017 年。其中古源村 75 户 287 人，青松村 41 户 141 人。

零星移民不好拆，整体移民更好拆，整村的房屋都拆了。2013 年，仙湖村成为宁县第一批移民试点村庄之一，目前已整体移民搬迁，列入土地增减挂钩项目补偿的搬迁对象的房屋均已进行了拆除。留存的建筑中，每个组留了一所房子作为组级公房（3 组因协商不成而没有留）。村部、小学、五保户的房子即这些政府牵头建的房子，还有祠堂和庙宇都没有拆。祠堂和庙宇是整个村一起集资修建的，所以没拆。古源村和青松村的移民是分散移民，只拆了 40%，剩下的 60% 没拆。

移民政策的正外部性

政府主导的移民安置是促成古源村这种偏远山村的农民规模性进城的基础性原因，而移民房产的私下交易则为其他村民进城提供了一个低成本的方案，移民聚集对在村以及在外的村民都产生了巨大的吸纳作用，由此共同促成了古源村民普遍进城。

移民安置小区的房屋是政府通过精准扶贫和增减挂钩等政策以相对低廉的价格提供给移民的福利，因此政府不允许交易，不允许过户。然而，移民安置区房屋的私下交易不断发生，地方政府知晓并默认了这种情况，并且提供公共服务配套，如购买移民房屋的只要凭房屋买卖协议和交水电费的记录就可让家中小孩就读附近的学校。这一政策为古源村民提供了一个低成本的城镇化方案。如青松村总共 320 户，有 40 户是移民，有 200 多户在外买了房，基本上家家都有城镇房，以前零星几家去乡镇买了房，现在都去县城了。

依据移民房屋的私下协议交易是无法办理房产证的。移民房屋目前每平方米 3 000 元左右，在整个宁县县城是最低价。一般而言，房屋买卖协议除包括交易双方的情况、房产、价格等内容之外，还包括交易双方、中介人和在场人签字。在场人一般必须包括卖方至亲、小组代表、村干部代表等三类人。一般还会有关于特别条款的规定。下面是一份协议的内容：

> 卖主要帮买主及时办理房产证等有关证件的手续。此外，如果政府有关部门对此买卖有干涉，卖主承担一切责任，并合理补偿买主。如卖主的亲人或朋友对此买卖有异言，收回房屋，那么卖主对买主要双倍补偿。以后办理房产证及过户手续等发生的费用均由买主负担。如有一方未遵守此协议，由介绍人承担一切责任。

由于房屋买卖协议没有法律效应，灰色之下其房产交易必然是内部市场，只有熟人能入场，否则买家不敢买。房屋买卖都是熟人介绍，熟人越多，介绍成功的概率越大。移民安置小区房屋私下交易的规模很大，整个琼枝小区 1 300 多套房私下卖出了四五百套。如仙湖村共有 301 套，目前私下卖出去了 75 套，大概有二三十套卖给了古源村人和青松村人，50 多套卖给了更远的村民，但基本都是茶乡的，因为茶乡人不会买溪口镇的移民房。

移民卖出安置房有多种情况。如有20%的卖房者是将移民安置区的房子卖掉，去商品房小区购房。有的人家分了三四套，全部卖了，不过这种人很少，只占大概10%。这些人有的是县城有房，有的是要回村建房。也出现了部分移民将分配的房产全部变卖的情况。

有十几户移民搬到瑞丽小区后，把房子都卖了。后来在精准扶贫验收的时候，这些人就成了无房户。政府为了通过验收，只能在琼枝小区为其提供公租房，租金每平方米1元/月，但其实从来没有收到过他们的租金。

仙湖村里有个人已经离婚了，有4个孩子，三女一男。他家当时分了3套房和2个储藏间，他将3套房的指标和1个储藏间给卖了，1个储藏间给父亲居住。但由于赌博，父亲去世还没满一周，他就把储藏间给卖掉了。几个亲戚凑钱才帮他给父亲举行了葬礼，他收了礼金才补上对亲戚的欠款。

古源村大部分人买不起县城的房子，能买的也要借钱。现在村里在县城有房的有70%。靠自己买的有40%。"在家里建房子是为了老人，在县里买房子是为了小孩。"以金玉宇为例：

金玉宇有两个小孩，一个女儿（16岁）在县城上高中（2017年去的，读的是私立学校，比较贵。当时在县里读4 000多元一个学期，乡里只要七八百元一学期），一个儿子（9岁）在村里读小学三年级。现在他想明年（女儿高三、计划妻子到县城陪读）把儿子送到城里去。他说这边80%甚至90%以上的娃小学就出去读了，去乡镇的很少。他2019年在县城买的别人的集中安置房，花了二十几万元，还欠了十几万元（找亲戚借的，不收利息），主要考虑小孩要上学。

古源人大规模聚集到移民安置区，对在外打工及安家的古源人产生了巨大的吸纳作用。在移民小区买房图一个亲切感。"以前讲隔代亲，现在隔代都不认识了。"也有人先前在瑞丽小区有房，不过因为家人都在金篁小区，于是加了2万元将房子从瑞丽小区换到了金篁小区，"因为家人都在金篁小区，自己住在瑞丽小区就像一棵杂草"。如果一户人同时在琼枝和金篁两个小区有指标，亲戚朋友在哪个小区多一些，他们就会优先选择在哪个小区住。在上海或者在宁县县城有商品房的人也会在金篁小区买房，如村内有一户人家在上海已经安家了，但兄弟有多余的指标，那户人家还是在金篁小区买了一套房。也有离乡30多年的人回家买房、建房。以张明林的弟弟为例：

> 张明林的弟弟1974年出生，老婆是青松村的。20世纪90年代初他出去打工，一直在宁波做模具，也在宁波买了房，生育了两个小孩。小孩一直在宁波读书，逢年过节会回宁县，小孩能听懂方言却不能讲。张明林弟弟的户口依

然在古源村，他想移走户口，但被张明林劝阻。张明林认为做生意有风险，万一生意失败了还可以回来。看哥哥们都在宁县买了房，张明林的弟弟也在宁县按揭买了房，最近又在古源村建房。他在宁县有房的目的是逢年过节可以回来，以后也许还能回来养老，这也是给孩子留后路。"小孩的未来是说不准的，万一读书不行，以后还可以回来。"

移民小区成为古源人县城社会生活的中心，移民至县域不仅有利于地域社会的整合，甚至可以把游离于县城的先行者也吸纳进来。集中居住使得大家日常的交往和互动更频繁，城乡之间的信息、物资交流更加便利，这是扎根型城镇化的基础。因为扎根所以保留了传统社会，所以降低了成本。在娱乐方面，很多热衷于打麻将、买六合彩的人很快就被社区吸纳进来。在消费方面，就医、买药、洗车等消费集中于移民小区，做生意的也都是做熟人生意。在县城从事商业活动的商人也聚集于移民小区，以刘某为例：

7组的刘某于2007年在村里新建了房子，花了十几万元。2012年为了供小孩在县城读书，刘某在县城的商品房小区买了房，花了50多万元。刘某称，自己算是古源比较早的一批在县城买房的，当时只有10～20户在外买房。古源一带的人2009年才比较多地开始在外买房。"经济水平达不到，有经济实力才能往前发展。"2000年，刘某在移民安置区琼枝小区买房，花了30万元，100平方米。自己就在琼枝小区开商店，经营烟、酒、桌球、麻将等。

移民并不意味着乡村社会网络的解体。如 24 组共 16 户，有 8 户在宁县买房，但是每年春节宁县的移民会回村拜年、走亲戚。有 2 户是住在自己未拆除的老房子里，其他的几户是住在亲戚家的房子里。有一部分小姓在移民之前和移民过程中修建了祖堂，清明和过年回村的时候就住在祖堂里。如村医张千夏说，村里大量人口外流，有的去往县城或是外出打工，也有一些老年人时不时去县城带小孩。留下来的人对常住人口和流动人口的信息获取方式主要是日常听说，或是随访上门发现对方不在家时会问一下。一般住在县城的人都知道彼此的详细地址，对于外出打工的基本可以确定去了哪个城市。村民小组作为一个社会单位依然发挥着重要作用：

以 13 组为例，13 组有 20 多户 70 多人，以前从山上下来要 1 个多小时。现在村里只有 3 户，分别是谢某一家、移民点一家、向启瑞一家。13 组修私路，他们组每户出了 3 000 元左右，组内各户自己出钱自己出力。虽然修路是按户收费，但也存在一定的弹性，具体表现为：如果一户人家有两个以上的成年男子，即使男子还没结婚也会被算成是两户；如果因变故家里只剩下老人、妇女和小孩，即便他们已经分家也会被算为一户。搬到县城的 10 户人家也交了修私路的钱。因为即便搬到了县城，他们的林地、祖坟还在山上，总是要走这条路的，因此他们都会出钱。修私路小组各户只需要凑钱和出力建路基，国家会提供水泥铺路。

大规模的人口城镇化使县城的性质发生了巨大的变化。以前的县城是"公家人"的县城，是乡所不及之处，是乡里人所仰慕的地方。现在则是县城的教育资源、医疗资源等城市资源吸引了众多乡里人来定居。由此近十年县城的底色慢慢改变，"再造了县城"。于是，县城吸引了更多的人进来。在宁县，这个过程因国家主导而被加强了。

城镇化情境下的家庭生计

随着县城人口的集中，县城真正成为区域的中心市场，城里居民对山区特色产品的需求也不断增加，这为山区特色农业的发展创造了条件。城乡交通基建的完成、山村人地矛盾的缓解涵养了山林经济，从而支撑了农村的生产功能、老人的养老、地方社会的维持。

在山林地带的农民家庭的生计中，农村不是退守而是生计的重要支撑。山林经济的特点是家庭的、小农户的。相较于平原地区的农耕经济，山林经济对家庭生计的支撑程度更强。"一年几万块，轻轻松松。"农民养三头牛，一头可以卖上 8 000 元，每头母牛还能再下两个崽；养猪，猪肉 35 元一斤；养鸡，土鸡 50 元一斤，土鸡蛋 2 元一个；挖竹笋、熏竹笋，夫妻俩能挣4万多元。此外，山林地带农民还有采茶、做油茶、采收药材、采摘野生猕猴桃、养羊、养蜂等多种收入来源。相较而言，移民小区的保安一天上12个小时的班一个月挣1 600元，保洁一个月1 200元。"要不是带小孩上学，谁愿意在这干坐?!"

随着古源村民大规模向县城聚集，县城成为农民家庭生计的枢纽。"村—县—城"的一家三制生活的比例约占30%。一家两制生活的比例约占60%，其中"村—县"式约占40%。上有老下有小的家庭一般都会选择在县城务工，以维持小孩读书和在县城的生活。"县—城"式的比例约占5%，一般是老人、小孩在县城，青壮年在外务工，如房屋拆迁的移民。"村—城"式的比例约占15%，现有在村小读书的30个孩子的家庭基本上都是这种情况。如张明林的一个弟弟干泥水匠，在村打工，儿子在外务工，不在县城打工的原因是在县城没房的话打工很不划算。

一家一制生活的比例小于10%，分为在村、在县城及在外地三种情况，都只有零星几户。在村里，一种情况是家里特别困难，没有生计，进城读书；另一种情况是在家发展产业。在县城的零星几户主要是因为在村里没房，回不去。全家在县城也不太现实，如果没有有编制的工作等所带来的体制内收入，就很难待下去。例如张正国，虽然回了宁县还没有在家建房子（房子倒了）但是有足够的金钱支撑。在大城市的也是零星几户，不过他们"不可能在外面落户，因为没有固定工作的话，不可能靠打工在大城市扎下根、生存下来"。

　　整体移民和分散移民的生计形态存在着显著的区别。整体移民的村庄如仙湖村房子基本都拆掉了，而分散移民村如古源村、青松村，移民户的房子只拆了40%，依然保留着移民退守从事农业生产的基本条件。宁县的一位人大代表在一份《关于整体移民搬迁村山林土地开发利用的建议》中提出：据不完全统计，宁县9个整体移民村的山林面积有11万余亩，耕地面积1.2万余亩，可谓资源丰富，开发空间大。但"移民至今，家中的山林土地未能得到有效的利用，田地荒芜，道路损毁，资源浪费。家乡的一亩三分地始终是移民户最担心、最牵挂的话题，不彻底解决山林土地问题，就会导致村民的返流、秩序的混乱和移民的不稳定。"

　　对于移民，政府只能解决住房、教育、医疗问题，不能解决市场化的就业问题，尤其是60岁左右的老人无法就业，只能在家"干坐"。但老人在城里一般待不住，也不习惯。农村的生产活动依然是农民生计的重要来源，因此出现了成规模的移民回流问题。在仙湖村，目前已有约30户移民回流建房，花几千元甚至上万元回家搭棚子，从事农业生产活动。农民建房的理由是生产资料在这里，在旁边搭个棚子顺便住。本来增减挂钩的土地全部列入基本农田，因此在宅基地和耕地红线中的房屋全部就被拆了。举例而言：

　　　　青松村有一个贫困户，以前在移民小区当了两年保安,后来待不下去了,就回去住村民的老房子,老房子免费住,水不要钱,弄点柴火就能行。他回家之后的生计靠低保、挖药、养牛、养羊来维持。他有三个儿子,一个在缅甸,一个在浙江犯事判了刑,只有大儿子在家。大儿子在移民小区买了房,不过离婚后变得游手好闲。儿媳离开后,把孙子留给老人带。

总之,古源村的人口流动是一个漫长的过程,而人口城镇化则主要是近十年以来才在国家政策的主导下规模性出现。这一进程以县域为范围,以县城为载体,重构了整个县域社会。县城的性质也发生了根本性转变,而扎根型城镇化即发生在这一场域中。

2. 渐行渐远的枝叶与深扎村庄的根系

　　我们中国人对代际传承的重视似乎已经深入到了血脉之中，自己没能抵达之处皆可由子孙代为完成。而游子无论行至何方，都难舍乡根。在以宗族为主要社会秩序规范的古源村，村民尤其强调"根"的观念。村民们通过在村内兼业、出席仪式活动等频繁往返于县城与村庄之间，再加之在村外频繁的互助联结，原有的血缘地缘纽带得以不断延续、拓展，并持续地深埋入村庄社会之中。可见在扎根型城镇化村庄中，个体在精神层面的情感联系、道德层面的伦理约束、组织层面的集体活动及资源层面进行着城乡的双向流动，宗族等血缘纽带作为维系个体与村庄关系的黏合剂弥合了地缘上的分离。最终整个村庄内部形成了山下大姓与山上小姓"插花"居住和耕作的混合居住形态，村民在代际的拉扯中总体呈现由山上到山下、到周边乡镇再到县城的迁移趋势。

◎ 拉扯的子代

在打工潮与城镇化的双重催化下，古源村青年一代经历着往返于家乡和城镇的拉扯。我国农村地区青少年的流动主要是被优质的教育资源所驱动，并且这样的驱动力并不随经济条件的降低而下降。反而有研究表明，由于社会教育与家庭教育具有互补性与替代性，欠发达地区子代教育的家庭投入比例比社会投入比例更高。[1] 与此同时，农村地区的教育资源平衡问题仍处于解决的进程之中，即便国家出台了诸多政策来确保乡村的师资水平，但研究表明学校与县城的距离，教师的工作压力、教学效能、职业倦怠对其有显著的负向影响。配偶跨县工作、男性、毕业于省属普通本科及以上层次院校、参加过市级及以上级别培训的乡村青年教师的留任意愿更低。[2]

古源村同样如此，初中时期进入县城或者乡镇读书成为越

---

[1] 姜恒，刘李俪，张永林. 家庭教育投入结构与代际人力资本成长. 中央财经大学学报，2023（4）.

[2] 付昌奎，曾文婧. 乡村青年教师何以留任：基于全国18省35县调查数据的回归分析. 教师教育研究，2019，31（3）.

来越多孩子的选择。因为古源村去茶乡和去宁县距离接近，大部分家庭希望子女直接进入宁县的学校，例如李霞大女儿初中便考虑去宁县就读。2021 年，古源村的乡村小学共有 9 名六年级同学，其中 7 人去了县城，2 人去了茶乡。实际上，古源村小学的教学成绩一度在乡镇处于领先地位，六七年前古源村小学英语考试曾经排到全镇第二名。后期优质师资力量被调到了茶乡的学校，乡里和村里的学校因为争夺老师发生过矛盾，目前古源村的师资缺口主要依靠实习教师来填补。在教育资源的城乡与区域差距之下，乡村家庭教育的缺失、村庄教育环境的消失表现出教育的"离土性"困境。①

在乡村教育衰落的同时，县城私立教育的规模也开始收缩。从 2022 年开始，宁县要求所有私立学校转为公立。不需要户口就可以读的县城私立学校"海琴中学"2022 年取消了高中部。公立中学宁县一中的分数线因此被推到了 700 分，海琴中学的分数线则降到了 570 分。与此同时，宁县新建了几所职业院校，并扩大了职业院校的招生规模。学生进入县城公立学校就读需要根据户口就近入学，户口不在县城的家庭则需要出示房产证明，辅以水、电、气的缴费票据；做生意的家庭要提交营业执照；在公司上班的职工要依靠工作单位出具的工作证明。学校试图通过以上途径规避留守儿童独自进城求学的责任。

---

① 董国礼，瓦伦廷，石伟. 场域缺失：农村义务教育实践的空间分离与离土困境. 华东理工大学学报（社会科学版），2022，37（1）.

张清和的儿子今年 9 岁，在古源村上小学。现在古源村小学的孩子越来越少，张清和也准备将孩子转到宁县县城去。但张清和没有在宁县县城买房子，也没有在宁县县城工作、生活，张清和的父亲在宁县县城找了很多关系都未能帮孩子成功转学："今年宁县出了一些事情，查得特别严，没有人敢收钱办事。"由此可见，教育的城镇化与进城求职和购房行为密切相关、互相促进。目前，宁县县城的房价在每平方米 3 000 元左右。虽然古源村大部分村民的收入难以负担县城房价，但据村民估计，已有 70% 的家庭在县城购置了房产，其中 30% 都是通过借贷完成的购房。

古源村民进入县城购房的趋势与全国的整体形势相符。子代在职中或者高中完成学业后，往往经历一段时期的外出务工。如果留在村庄则只能在周边打零工，从事诸如砌墙、刷墙、水电工等工作。但当面临婚姻时，外出的年轻人也会被期望回到宁县生活、工作，尽量在本村周边择偶。

古源村 27 组刘某（长期在温州务工）的大女儿，因为在温州受到校园霸凌而辍学。刘某前往上海学习美容美发，中途短暂回到宁县，后期又跟母亲一起去往安徽，如今在安徽美容美发店工作。刘某明确表示希望女儿回宁县择偶结婚："两三千元的工资太低，以后嫁人就要嫁到宁县，这样大家都方便，跟这边亲家也是很亲的关系。现在

(女儿) 23 岁了,过两年就该嫁人了。"

有研究表明,青年农民工在从务工城市返回本地县城之后,往往面临文化融入问题,表现为既不认同家乡的文化,也不认同务工城市的本地文化,呈现出一种双向疏离的文化认同谱系。与此同时,这些农村青年又具有文化的自主性,他们有时会学习本地文化,也有可能在某些情境中强调对家乡文化的呈现,甚至还有基于两地的文化创新以及对第三方更具现代性文化的借用等,最终呈现出来的主要是两种文化互相嵌入而非同化或并存的状态。[1]古源村的子代与之不同,其文化认同更多地与家乡捆绑在一起,而传统村庄的文化体系的向心力更强,即便依靠学缘的本地社会网络已经松散,其也仍然共同嵌入于更大的社会结构和共同的文化体系中。这种向心力也是我国以儒家思想为底色的传统伦理所具备的共同特征。[2]

◎ 分离的父辈

由于农村劳动力岗位的不稳定性往往较高,夫妻分离是进城务工人员的常态。有研究指出,我国农村外出务工的夫妻占 25%,其中 48% 是丈夫单方外出,45% 是夫妻双方均外出,

---

[1] 朱涛,郭星华. 双向疏离与文化互嵌:青年农民工在县域城市的文化融入. 中国青年研究,2023(3).
[2] 李玉君,何博. 从金朝法制伦理化构建看儒家文化的向心力. 江汉论坛,2016(3).

只有极少数是妻子单方外出。夫妻分离的外出安排仍是一种主要模式，家户分离的局面仍普遍存在。[1]古源村夫妻分离的形态有三种：第一，诸多夫妻各自在不同的城市务工；第二，丈夫进城工作，妻子留守照顾家庭，这种情况最多，案例比比皆是；第三，也有少量丈夫返乡、妻子外出务工的情况。

例如，古源村3组的一位男性在工地上务工，需要经常更换城市，一次去广东汕头时把妻子带了过去，妻子在超市上班。后来丈夫在工程结束要换到其他城市，妻子则因为待久了不想换，两人就此异地。27组一位自温州返乡的男性，1974年出生，初中毕业，2018年已在本村所属的县城购房，后受新型冠状病毒疫情影响加之身体状况较差，2020年回乡给小儿子陪读，妻子则与大女儿一起在安徽务工。李霞作为返乡女性，其生活经历和心路历程都极具代表性：

  李霞1990年出生，籍贯湖南岳阳，家中还有一个姐姐。父母在温州务工多年，没有在温州买房，姐姐在武汉读大学后留在了武汉。2005年左右李霞利用初中暑假去温州找父母打短工。考虑到在温州做鞋子一年能挣几万元，她自此辍学没有继续读书。李霞与丈夫在温州相识并恋爱，2011年结婚。

对于农村青年女性而言，进入婚姻并不意味着流动的转

---

[1] 李代，张春泥. 外出还是留守？：农村夫妻外出安排的经验研究. 社会学研究，2016, 31（5）.

向，婚后夫妻二人往往仍会保持继续在外务工的状态。但是结婚后随之而来的生育会是一个分水岭，无论是社会期待、家庭分工、母性驱动，均给成为母亲的青年女性造成了强大的返乡拉力。

李霞婚后大女儿出生，于是将大女儿送回古源村给婆婆照料，夫妻二人继续在外务工。大女儿因为被奶奶带大跟奶奶更亲，让李霞有些不能接受，如自己带女儿出去玩时，女儿想的都是回去找奶奶。2013年，李霞因希望亲自照顾孩子而回到了古源村。2018年李霞的二女儿出生，由她一手抚养。2021年，李霞在换届选举中进入村班子担任妇女主任，重新获得了社会身份。

并非所有的中年人都是被动返乡。古源村也有个例：宝姐的纠结为我们揭开了父辈群体在责任与发展、城市与乡村之间摇摆的一面，这其中又掺杂了几多性别的因素。宝姐老家本来在古源村山上，不过从小时候起她就和父母在城里住，后来遇到同乡老公，就嫁回了古源村。

宝姐表示：在农村待着很舒服，在城里太讲究，出个门还得捯饬捯饬，串门也不方便，在老家可以随便串门，打打牌也不错。而且人到了城里也就不太想去人家串门了。不理解大家为什么喜欢去城里，可能是在城里挣钱多以及为了小孩。但自己还是会向往城市生活，因为同龄人几乎都在城市，小孩上学也需要去城市。只是老公不同意，坚持让我在家干活、带小孩。

宝姐之所以在一定程度上能够接受乡村生活，是因为如今回归乡村也并不代表着完全摒弃城镇化的生活方式，而是产生了一种融合式的生活样态。宝姐表示在村里过得很舒服，买日用品都很方便。家中的旧灶台也基本弃置不太使用，用政府补贴搭建的现代化灶台，上面都是自己家里的电饭煲、煤气锅等现代厨房用具。家里有一台空调，安在自己房间里。只是购买建筑材料和就医不够便利。

总之，父辈群体作为家庭中的主要劳动力和具有主导权的一代，其去留既决定着家庭生计模式和收入水平，也影响着整个家庭的分布结构。在古源村扎根型城镇化之下，父辈以地理上的分离换取了家庭资源配置收益的最大化，他们在将城市务工所得汇回家乡的同时，也感受着家乡及祖辈的支持。

◎ 回归的祖辈

有研究指出，虽然我国老年农民工的人力资本明显弱于青壮年农民工，但老年农民工累积了更多的城乡社会资本，在以退出劳动力市场为前提的返乡意愿上，那些流出地社会资本越多、流入地社会资本越少的农民工的返乡意愿越强烈。乡土社会所具有的社会关系格局和落叶归根情结，对老年农民工从城市永久返乡有着强烈的吸引力。[①]

　　古源村60岁以上的老人多抱有回乡的长期预期。究其原因，除了落叶归根的传统乡土观念之外，返乡对于老人的日常生活还会有三类理性的助益。第一，返乡后生活成本大为降低。对于缺少独立收入的老年群体，自产蔬菜肉蛋是一条重要的降低开支的途径："条件好的要回来，条件不好的更要回来。条件好的在农村建房，回乡养老，为了叶落归根。条件不好的，承担不了城市生活的高成本，回来种点田、种点菜，养点鸡、鸭、猪，基本生活有保障。"除了古源村老年人的返乡潮，邻村整体搬迁的移民也在陆续返乡。"都是老人回来，有建新房子的，有的即使搭个帐篷也要回来。在县城没工作，菜也要买，猪也没地方养，过不下去了。在家里没钱也能过，在外面不行。虽然房子拆了，但是电线还可以重新拉，找负责电路的人就行。"

　　有研究指出，随着我国农民工开始经历从务工城市回流返乡的浪潮，部分返乡农民工因没有农地而失去在农村最基本的生活保障的问题逐渐显现，加之返乡时绝大多数地区的基本养老、医疗等保险关系不能转移接续，返乡农民工的养老保障进一步缺失。[②]此时国家和各级政府理应承担返乡老年农民工的生存和养老责任，而古源村紧密的代际关系与村庄社会关系，也为返乡老年人增添了一份家庭保障。

---

　　① 杨舸.留城务工或永久返乡：人力资本、社会资本对老年农民工抉择的影响.江西社会科学，2020，40（2）.
　　② 刘玉侠.农地保障还是社会保障：返乡农民工保障缺失问题探析.经济问题探索，2009（5）.

这构成了古源村老年群体返乡的第二个理由——可以获得更为有力的舆论支持。与之相对，进城之后老人受到的社会性保护会变弱："如果是在村里，尽管有的长辈确实言行上有欠缺，但一般来说人们都是会责备晚辈，要求晚辈忍让，而不会责怪父母。父母假如在城里儿子那里暂住，如果儿子对他们不好，侄子以及别的亲戚就会知道，可能会劝说或指责他们的儿子，而且消息也会传到村里。不过客观上，在乡下，如果发生子女不孝顺的事情，亲戚和邻里都会来干涉，都会对这些子女形成一个生活评价。但是老人彻底进了城之后，这种事可能就只有亲戚才会知道。这对那种没有侄子、亲戚少的人来说就很不利。"

　　老年群体返乡的第三个原因，是该群体在青少年时期积累的关系网络扎根于乡村，不同于其子女在进入县城之后仍然可以从职业场域或子女教育情景中积累新的较为稳固的社会资本，即便是进城照料孙辈的老人，也很少对在子女家养老抱有预期："大部分老人能帮子女带小孩的尽量帮，不用子女负担自己的费用，不给子女添负担。"由此，进城照料孙辈的老人群体流动性较大，其自主时间被照料任务挤占，难以形成稳固的社交圈。加之城市本就原子化的社会结构，进城老人多感到了"虽门对门，但都不认识，没人打招呼"的寂寞，"住楼房又不能串门，不习惯，年纪大的人也不会开车。在乡下米、水、蔬菜都不要钱，熟人更多，更自在"。

　　无论是在生活与精神上主动寻求故乡的庇护，还是被动地排斥于城市劳动力市场和保障体系，古源村祖辈的回归都是一个普遍现象。祖辈回归的影响有二：

第一，对已经走出古源村的壮年子女形成返乡的拉力——"生活不能自理的（老人），子女会回来。邻里只能偶尔搭把手，能帮则帮，但不长久"。26 组在祖屋居住的女大学生对自己未来生活的规划是："我希望以后在沿海城市工作，比如姐姐就在上海打工。在外打工是必须要抽时间回来的，以后也会经常回来。空巢老人如果身体健康还可以；如果身体不太行了，子女必须得回来，至少也要轮流照顾父母。如果可以的话也想把父母接到身边，当然这也要看父母是否愿意。"

第二，对家乡房屋和宅基地形成需求，经济能力强者可以回乡建房，经济能力弱者则要在扶贫搬迁的政策下想出路，设法保全老宅。古源村一位贫困户原本跟着大女儿和二女儿生活，在 2018 年享受扶贫政策搬迁进城后本来应该把老房子拆掉，不过大女儿让老人搬回老房子住，借此将老房子保留了下来。

回归后的祖辈在生活空间、道德舆论上继续得到了古源村的保护，子代与其紧密的联结也为其大病就医等重大事项以及水电费缴纳等现代化生活技能提供了保障。因此，不同于我国城镇化进程激烈的地区老人自杀的现象，古源村即便人口外流也未使得农村家庭结构的完整性受到过大冲击，研究中的离散型家庭并未在古源村表现出其典型的困境。①

---

① 徐京波.农村劳动力外流背景下的家庭离散与老人自杀问题透视.西北农林科技大学学报（社会科学版），2017，17（2）.

总之，扎根型城镇化既不同于西方人口分布、土地形态、产业形态单向度的城市化进程，也不同于现有研究中我国"离土不离乡"的城镇化模式，而是指农村居民在不斩断与村庄联系的前提下向城镇的流动。

◎ 人口城镇化的村庄全景

如上所述，同一家庭内部不同代际在扎根型城镇化中的流动方向存在着互补性与互相影响，本节将描述在代际枝叶伸向城镇的过程中，村庄这整棵大树的样貌。已有研究指出，我国的城镇化并非城乡二元流动，而是在变动的过程中呈现马赛克的形态。[①] 我国农村家庭的进城路径分为"一步城镇化"和"分步城镇化"两种模式，后者是村庄中的中间阶层和贫弱阶层的主要选择，是一种曲折渐进的城乡之间的双向流动。[②]

同全国的趋势一样，古源村的城镇化也呈现出农民到县城购房的形态。20 世纪 90 年代"边界经济"和"打工经济"使得农民的收入增加。经过集体化时期充分的社会融合，加之国家的宅基地政策和执法的松动，在村庄内部土地和房屋交易开始产生，古源村的居住格局发生了重大变化。

古源村搬迁的第一步是由山上到山下，农民的房屋开始从

[①] 陆兵哲.社会空间的继替与共存：一个郊区村庄城镇化的社会学研究.社会学研究，2023，38（2）.

[②] 朱牧文，朱介鸣.欠发达地区农村家庭城镇化的时空演进：基于社会行动理论.城市发展研究，2022，29（12）.

山坡向平原及公路沿线移动，小而散的自然村逐渐破败，村民向山下聚居区移居，同时村民在古源周边乡镇买房的情况也比较普遍地出现。村庄内部的搬迁亦可获得国家的补贴，从而进一步促进了农民居住的集中化。尤其是对山上未进城的村民来说，"山上没伴了"，因此多选择搬到山下。搬迁并未造成古源村村民之间互助网络的断裂：

> 青松村的光棍张某2019年从山上搬到山下，建房花了十几万元，一层130平方米，政府补贴了4万元。12组的老奶奶1953年出生，邻居是同房的一位叔叔。这个叔叔原本住在更高的山上，生病时上面不方便，考虑到这里方便所以就下山住。结果叔叔的老屋又塌了，老奶奶家就让叔叔在自己家旁边建房子，把那块宅基地送给了他。平时，宅基地一般要买，还不一定有人卖。叔叔建房花了5万多元，国家出了2.2万元，自己出了3万多元。
>
> 村民董彦文居住于山上的15组，2012年因为小孩生病不便于走远路上学而搬到小学旁边住。建房子花了十多万元。建新房所用的地基原来是旱田，当时花了两万多元买了两块宅基地，隔壁的一块以一万多元卖给了仙湖村的人。
>
> 8组的贫困户70岁的张金花2009年搬到山下住，主要是为了带孙子。山下一户人家的老房子空着，是土房，房子很大。房主让张金花一家免费住，还不时拿菜、拿肉给

张金花，因为她搬下来之后就没有田种了。两家考虑到只是本村的熟悉关系，就没有走人情。2018年，张金花一家搬迁到移民点。

离开村庄迁移到乡镇还只是城镇化的第一步，后来古源村村民在国家政策和市场经济的双重推动下，开始了向县城迁移的步伐。县域城镇化的发展动力可以分为市场机制和政府机制两种，市场与国家力量往往相互交织，共同作用于村庄。市场力量在现有的研究中得到了更为充分的关注，如劳动密集型产业向县城的转移对县域城镇化的作用[1]，打工经济对农民返乡购房的支撑作用[2]，等等。基于市场动力的县域城镇化研究指出，缺乏产业支撑的县域城镇化发展模式，无法为半工半耕的农民提供稳定和充分的非农就业机会，在县域购房仅仅是增加了进城农民的就业和家庭消费的负担，并没有提高农民家庭生活的完整性。[3]

古源村为我们提供了在国家移民搬迁政策之下村民向县城迁移的一个村庄样本。目前，山上多个小组基本上都已是人去山空，这些人中一部分在县城买房，大多数则是依靠移民政策进入了县城。8组、9组整组移民，13组除2户在宁县县城买

---

[1] 朱战辉.产业转移背景下中西部县域经济发展路径.山西农业大学学报（社会科学版），2023，22（2）.

[2] 许加明.新生代农民工返乡购房的动力机制及其社会影响.山东青年政治学院学报，2022，38（3）.

[3] 朱战辉.欠发达地区县域城镇化对农民家庭生计的影响机制研究.华中农业大学学报（社会科学版），2021（6）.

房外也是全部移民。在村居住者有14组2户、15组3户、17组2户、19组2户、22组1户。零星几户还在村居住者或是极端贫困者，或有极其特殊的原因。如22组共11户，其中10户村民搬迁进城，仅有宋某一家因在集体搬迁到县城之前刚刚在山下买了宅基地准备自行修建房屋，故而未搬迁。

但张姓聚居的小组鲜有移民者。26、27两组一共40多户，搬到安置点的有2～3户，基本未移民，住在山上不下来的只有六七户，但村民亦多在县城购房。如27组的张某，排行老四，之前五兄弟都住在祖屋。他儿子介绍说，2015年或2016年，大伯在祖屋去世了；五六年前，三伯去县城定居了；两年前二伯也搬去了县城。现在我们这代人都在外打工，叔叔也在装修房子。叔叔伯伯清明、中元节、过年都会回来，一般是当天来回。

国家鼓励的异地搬迁不仅限于乡—城迁徙，古源村也建了移民点。古源村的移民点共有48户。建移民点占用的是1组五六户人家的三十多亩地，每亩作价一万多元卖的。移民的方向并不一定就是离开村庄。例如1组的张某，2002年出去打工，2012年回来，因为1组的老房子没了，就在小津住了两年，后来按政策搬到了移民点。古源村2组的张明加的故事更让人唏嘘：

> 古源村2组的张明加生于1955年，目前是低保户，居住于移民点。张明加本姓黄，生于宁县上杭乡，因过继

给舅舅而来到古源并改姓张。其目前育有两子,有三个孙辈,两子皆在外打工。20世纪30年代,为了躲避国民党抓壮丁,张明加的外婆带着舅舅、母亲躲到上杭乡的一座寺庙里。后来母亲就嫁到了上杭乡黄姓人家,生有三子,张明加排行老三。因二舅是盲人,三岁半时,张明加由外婆做主过继给了二舅。但后来大舅也没有后代,所以也是张明加为其养老。张明加的两个儿子一个承嗣大舅,一个承嗣二舅。当时这种过继的情况比较普遍,张明加称比自己大一辈的2组小孩有十几个都是过继给光棍或者由光棍买来的,自己这辈有两三个也是这样的。自己的二哥即被卖到了邻村,卖了300斤薯丝,外加300元钱。

张明加读完小学三年级就没再读书了,在家干了几年农活后,经上杭乡那边的老乡介绍进了砖厂打工。此后他基本都带着老婆和孩子住在砖厂,过年要么在砖厂,要么在上杭乡,因为那边打工更方便。2014年张明加为了给儿子结婚,在上杭乡建了新房,花了20多万元,房子盖在亲哥哥的地皮上,和哥哥家房子在一起。2018年,张明加又到古源移民点建房,自己花了11万多元,其中7万元是跟亲兄弟和两个侄子借的,计一分息,政府补了6.8万元。位于2组的老房子因移民被征收推掉了。

张明加的户口一直在古源村,他不舍得迁走,一则是舅舅的坟在这边,要人照看,"母舅将我养大,不能坏了良心"——这里的人都要有守后的人,要让人家看着自家手下有一伙人;二则即便迁到上杭乡也是一个空户,分不到什么利益。"小时候我没有去那边走亲戚,最多偶尔去玩几天。在那生不在那养,那边也看不起我,在这里好一些,这里做得起人。之前那边发大水冲了房子,别人都有补贴,我没有。"

已有学者指出整体移民搬迁会造成村庄社会的解体与重构[1],但在古源村扎根型城镇化中这种重构过程则并不明显,村民小组作为一个社会单位依然发挥着重要作用。以古源村13组为例,13组有20多户70多人,以前从山上下来要1个多小时。现在在村里的只有3户:谢某一家、移民点一家和向启瑞一家。13组修私路,组内自己出钱自己出力,每户出了3 000元左右。

总之,在国家力量与市场力量的双重作用下,古源村正经历着代际纠缠交错、村庄整体流动拉扯的扎根型城镇化。在这一过程中,没有任何一股力量在单向度地发挥作用,市场在吸引村民外出务工的同时,又提供了村民返乡在县城购房的资金来源。国家移民政策在促使村民搬离山上甚至村庄的同时,也为许多在打工经济中逐渐脱离乡村社会的村民提供了重新"扎根"的机会。无论如何,古源村的城镇化都没有带来乡村社会网络的解体,而是在变动中保存了原始的根系。

---

[1] 陈业强.乡村振兴背景下少数民族易地搬迁村落的秩序重构.山东社会科学,2022(3).

第三章

扎根型城镇化下村庄的生产与消费

村庄的生产与消费，是两枚重要的探针，能够相对清晰地呈现出村庄日常生活的变迁。改革开放以来，特别是以90年代外出务工潮为重要界线，古源村的生产与消费发生了革命性的变化。这种变化不仅发生于物质层面，也不仅是现代性、外部性催生的结果，还深深地嵌入地域社会的关系与文化网络当中。

面对生计模式的快速变迁，村庄的生产并没分崩离析，而是以新的形式获得再组织。面对城市消费的下渗，村庄的消费文化在城乡生活方式的不断碰撞中重构出不同于"大城市＋原子化家庭"的新形式，成为乡土社会拥抱现代性的重要一维。

本章将重点探讨生产与消费的变迁过程，并分别考察生产、消费与社会关系结构之间的互动与形塑，为读者呈现内嵌于村庄社会的生产和消费在城乡之际拉扯、磨合的景象，并最终描绘出经济与社会互嵌、互构的生动图景。

1. 村庄生产的韧性

伴随着人口流动政策的变化和市场机制作用的发挥，古源村的生产形态、生计模式已发生了巨大变化，外出务工、经商已成为生计的主要来源。村庄的规模化农业得到了一定程度的发展，打铁、油坊等一些传统产业已渐消失，传统的村庄农业生产者也出现了较大的职化分化，这些都是现代性、外部性催生的结果。

然而，现代性、外部性的影响在造成一些传统产业衰亡时，村庄生产并未分崩离析，传统农业并没随之消失，而是以新的形式得以维持。大家相互帮助进行耕种管理，在内部低租金或无租金流转土地。这种互助与支持促进了生产以较低的成本进行，使村庄生产以新的形式获得再组织，表现出了极大的韧性。在巨大的外部力量与村庄内部力量的交织作用中，村庄生产的整体扩展与个体的发展深深嵌入地域社会关系的网络，进一步推动了城镇化下的扎根生产。

这种嵌入从生产过程延续至销售环节，使其销售体系还始终依托于原有的社会结构得以维持，这也成为古源村独具特色的村庄生产形态。在农副业的生产与经营上，面对村内市场，以内部互助销售猪肉为典型，村民以高于市场价格的销售价格和丰厚的社会资本依托维持了村庄的猪肉生产与互助往来；面对外部市场，以牛肉、蜂蜜等山林经济产品为典型，虽然产品销往村外，然而销售渠道的打通却是以村庄社会关系网为中心，不断向外扩大，从而形成了一个产业链条。相反，在嵌入性的对立面，脱离村庄社会独立在市场中闯荡（如网上开店等）却收效甚微，这进一步深化了个人对地域社会的融入，强化了个人对其社会关系的维持和巩固，推动了城镇化扎根于乡土。

◎ 生产门类：传统坚守中的新生

位于山村的古源土地绝大多数为山坡地，且难以连成片，山下沿河的坝区则是水田。新中国成立前，山上、山下的田地是分开的，卖地优先卖给家族内的人，五服之内没人买才能卖给外面的人。山上有钱人买到山下的田地后，开始有土地"插花"的现象。土改之后，国家对土地资源进行了分配，山下田地的40%分给了山上村民。山上村民到山下种田不方便，需要很早起床，一次干一整天。土改之后，大部分家庭同时拥有水田、旱地、山地和林地。林权改革使得山林全都分到户了，但木材不能砍，所以经济效益不高。传统的农业生产以种植红薯、水稻、油菜为主。规模化的手工业有造纸业，至2000年前后，持续了两百年，形成了传统工艺。造纸需要碾碎的毛竹，所以村里几乎家家户户都养牛。养牛不但能支持造纸业，还能在种田时发挥巨大的畜力作用。这样长期以来古源形成了以农业为主，以造纸业为辅，"农工相辅""以工补农"的生计模式。根据日常生活需要，古源村民阶段性地会带着油菜到20公里外的茶乡榨油，这算是日常生活半径较远的地方。

在城市化、市场化的推动下，我国从20世纪90年代中后期开始加快农业现代化进程，大量农村人口非农化导致日益严重的村庄空心化，村庄空心化成为农村土地利用中的主要问题之一[1]，这必然会从根本上冲击原来的农业体系。在此番浪潮下，古源村在土地使用方式、生产结构、生产方式上都发生了一些变化。

1994年后，古源村民开始了成规模外出务工的历程。最初大多是"人带人"，去浙江温州和广东广州等地务工。2013

---

[1] 宋伟, 陈百明, 张英. 中国村庄宅基地空心化评价及其影响因素. 地理研究, 2013, 32(1).

年前后，古源村的青壮年劳动力已外出到江西、湖北、江苏、北京、广东、福建等经济较好的城市区域务工。这些青壮年劳动力犹如放出去的风筝，越飞越远。务工收入成了家里的主要收入来源，传统农村"农工相辅""以工补农"的生计模式被打破，农忙时回家收种或老人在家务农的收入成了补充收入。目前，村内消费所需来自村内生产的比例已越来越少。就最基本的米粮来说，买粮吃的农民占了一半左右，几乎所有的农户多多少少都要向外买油吃。这是在土地使用方面从传统依赖到现代土地产出仅作为家庭补充的巨大变化。

在生产结构方面，青壮年劳动力大量外出务工后，土地在一定程度上开始抛荒。因生计模式的改变，原有自给自足的农业生产也开始分化，部分生产开始面向市场。对于种植业，大部分农户种植水稻、红薯等作物主要是供自己消费，或作为养殖猪、牛的饲料；部分农户将余粮卖给商贩或养殖大户。在自家消费的一端，村民们更加追求家庭优质生活，对种植管理有了更高的要求——有机生态，即用杂草制作肥料，使用农家肥，很少打除草剂，不打其他农药，宁愿少收点也要这么做。养猪不用饲料或少用饲料，以保证土猪的品质。在蔬菜种植方面，村民种的菜规模小，主要供自己消费，很少对外出售。对于养殖业，大部分农户养两头猪，过年宰杀一头、卖一头，但成一定规模养猪、养牛全供市场消费的也不在少数。至2022年，特别是肉牛养殖，一般规模大多为五六头、十来头，成规模养殖的有两个大户，分别养殖100多头、60多头。

从生产方式来看，由于土地的细碎，规模化的机械耕种不切实际，但农机使用程度越来越高。村内摩托车、三轮车几乎家家都有，村民们骑着机动车往返于田间地头。村民们使用小拖拉机耕地，使用油锯除草锯枝、修剪茶树。

26 组和 27 组是连在一起的两个小组，有 120 多亩水田，是全村人均水田最多的组。董灵保在家种了 4 亩田，用打田机耕地，三四年前未买打田机时用牛耕地。村里养牛的很多，自己单养或共养，3 家养一头、5 家养一头的都有。一头牛可耕种 10 亩多田。70% 的村民会选择两三户共养一头牛。现在养牛户越来越少了。

随着农业生产体系的嬗变，村庄手工业不断衰落甚至消亡。用毛竹造纸是古源村的传统产业。现今，村内还有毛竹林地 3 000 余亩，是县林业局挂牌成立的毛竹林基地之一。造纸技术流传于古源村已有几百年历史，该地造纸技术久负盛名，一般是男操女叠，采用传统工艺，有"麻一烂、拥百万"之称。村里现仍保留有石碾、纸槽、将军柱等一系列造纸工具。2000 年前后，在现代生产技术和外部市场的巨大冲击下，传统造纸业很快衰落并走向消亡。除此之外，在机器化的成品衣服生产的冲击下，村内的裁缝在 20 世纪 90 年代失业了。同时本地铁匠打造的农具虽然比较符合当地村民的使用习惯，但从外部市场过来的更便宜些，所以光顾本地铁匠的人少了，也自然支撑不起铁匠、铜匠再存续下去。传统的榨油要村民带着原料到几十公里外的茶乡去榨，现在直接购买成品食用油更方便些，油坊也就衰落了。商场里的家具更时尚，款式也更多，木匠的市场也在不断萎缩。就连村里的理发店，现在也只有老年人和很小的小孩光顾，大一点的孩子、年轻人都在县城理发。

　　传统手工业的衰落与消亡是现代化的外部性催生的，是卷入市场消费后的必然结果，我们将在本章第二节中继续探讨这个问题。但从上文中我们看到，传统的消亡是伴随着新生的。传统种植、养殖业一直坚韧地保留着，同时还出现面向市场的规模化生产模式。为什么会出现这样的局面呢？在本部分，我们通过聚焦于物质条件与土地观念两方面来考察这个问题。

　　在外部力量的注入下，村庄的基础设施呈现欣欣向荣的发展趋势，生产生活面貌焕然一新。2006年全面取消农业税后，国家在从农业提取资源方面出现了巨大转向。特别是在国家精准扶贫工作推出后，各项生产要素资源呈现相反的流动方向。驻村工作队、帮扶干部等人力资源和扶贫资金注入村庄，村里基础设施建设明显提升，至村到组全部通硬化路，电力设施升级，光纤网络也覆盖到了各小组。在住房有保障的脱贫政策下，农户危房改造、易地搬迁等住房提升工程也得到大量公共资金的支持，古源村的面貌发生了巨大改变。据接受调查的假期回乡大学生介绍，"这几年村里变化最大的是基础设施，水泥路、路灯、绿化都是初中以后才有的"。村里至县城的道路2009年修了一次，精准扶贫后又得到了提升。如今古源村从村至乡镇、至县城的道路，甚至古源村部至各小组的道路已全是水泥路，道路通行条件大为改善。

古源村道路条件的大幅提升，使得至宁县县城的时间大幅缩短。当时县城蜿蜒崎岖 60 余公里的路程在以往特别是 20 世纪 90 年代是那么遥远。2009 年古源至县城需要 3～4 小时，而今仅需一个半小时，快一点儿的话甚至只要 1 个小时。一些关注城镇化议题的学者指出，近年来县域内出现的大量农民家庭迁居县城的现象与交通机动化、通勤便利化紧密相关。[1] 随着道路条件和农村家庭经济条件的提升，机动车几乎已是古源村家家户户出行的必备。村里机动车保有量很大，每家每户至少有一辆机动车，没有小汽车的人家也会有一辆摩托车。修摩托车是张大金重要的家庭收入来源，修摩托车一个月能挣三四千元，按时间收入工费，一天最多可以挣 500 元。收售二手摩托车，每月有一千元到几千元不等的收入。疫情前的近几年，购买小汽车呈爆发式增长，拥有小汽车和预计能买小汽车的现实深刻改变了人们对村庄至县城之间距离的想象。汪处安家里有车，经常有事无事就去宁县县城一趟，路过茶乡时，还常帮村里人从快递站带快递。张某的儿子儿媳在宁县打工，他和老伴则在家里带还在上幼儿园的孙辈。儿子儿媳周末就开车回村，忙时一般也不会超过两周回村一趟。村里互联网、4G 手机网络已实现农户全覆盖，这正悄然改变村庄的生活。通信技术的发展带来虚拟空间的"共同在场"[2]，这使得分居城乡两

---

[1] 李强, 陈振华, 张莹. 就近城镇化与就地城镇化. 广东社会科学, 2015 (1).
[2] 白美妃. 撑开在城乡之间的家：基础设施、时空经验与县域城乡关系再认识. 社会学研究, 2021, 36 (6).

地的家庭成员可以在一定程度上超越不可分离的肉身的限制，便捷地在虚拟空间中"共同在场"，实现情感交流[1]。此外这还推动了生活物料特别是农产品的传递。例如张某的儿子儿媳在宁县打工，十天回来一次，每次回来都顺带捎一些家里的新鲜蔬菜回城。

基础设施、交通、通信一系列生产生活条件的改变，便捷地支持了面向城乡间家庭内自我消费的村内农业生产，提高了村内农业生产面向城市消费市场的供给能力，同时也有助于保留在村的传统农业的再生产。

在乡下，占据最高地位的无疑是土地，"土地"是农民的命根，直接靠农业谋生的人是黏在土地上的。[2] 随着人们谋生方式的转变、市场机制的进入，传统的生产互助合作也表现得越来越弱。人们在世代依附的生计来源即土地方面出现了巨大松绑。特别是一家几个劳力都在外务工的家庭，传统的分家分地已只注重实际的分家，各自形成单独的会计单位。27组的温州务工返乡人员张某，1974年出生，初中毕业，常年在温州打工，疫情后返乡。家有弟兄七人，自己在家排行老五，老大、老二、老三分家时是分地的，老四以后没分地，现在老四、老五、老六、老七的地是在一块的。老四结婚时约为20世纪90年代中期。分家后，人情往来由各弟兄各自承担。土

---

[1] STEVEN V, CHEAP C. The social glue of migrant transnationalism, *Global Networks*, 2004（2）.

[2] 费孝通.乡土中国.武汉：长江文艺出版社，2019：5.

地的松绑不但表现在家庭内的分家问题上，在耕种上也一度出现山地抛荒的情况。据村干部介绍，村组基本上失去了人口管理和土地管理的职能，山上土地抛荒很多，估算下来，村里800多亩山地荒了一半。

但对古源人来说，年老要返乡。"条件好的要回来，条件不好的更要回来。条件好的在农村建房，回乡养老，为了叶落归根。条件不好的，承担不了城市生活的高成本，回来种点田、种点菜，养点鸡、鸭、猪，基本生活有保障。"山地荒了成了"荒山"，"荒山"之外还有山林。对于山林，自己不知道别人家的是哪片，但自己家的，父辈会告知自己。甚至对于"绝户"，山林"可以荒，但不能动"。如果遇到动其山林的情况，"绝户"的亲属会出来制止，虽没有法定的权利关系，但实际上就能管。如今，除规模化的种植和养殖外，能常年在家从事农业生产的主要是一些受各方面条件限制（如身体、照管子女、父母）的中年人和大多身体还算可以的老年人。他们回村除了为减轻子女的城镇化生活成本，与对土地的执念也不无关系。出于纯粹的理性，今天在村里种地真不划算，但土地的分配、世代耕作与农民种地的天职观还深深地影响着这些中老年人。他们坚守传统，不抛荒土地，自己能干的就种点主粮、养头猪，身体不好但能动的也在附近种点菜、养两只鸡。这既是勤劳朴实品德的体现，也是在尽力帮衬一下子女，还反映了一种在传统土地观念下的天职观。

◎ 生产过程：生产分化下的再组织

分化

农民聚村而居，因每家所耕土地的面积小，所以一般是聚在一起住，住房和农场不会离得过分远。同时，在一起住，水利合作方便，容易保卫。[①] 20世纪60年代初，国家实行了"四固定"政策，对农村集体所有的土地、牲畜、农具、劳动力进行统一调整和固定。由于土地都已经充了公，各个生产大队、生产队的情况是直接由领导研究决定的。自此之后，本片区的人地关系格局稳定了下来，生产队作为一个整体性的单位确立了下来。为所有东西定一个界限后，农民逐渐实现了定居化，粮食作物方面主产红薯、稻谷。在集体化时期，农业生产、分配是按生产队集体组织进行的，大家高度联结在一起。随着家庭联产承包责任制的实施，生产队这一集体逐渐退出，农户家庭分化为生产的主要载体。至此阶段，人们的日常生活还依附于这片土地，粮、肉、蔬菜、食用油基本能满足家庭内消费。外出务工后，村民谋生的方式发生了根本转变，因水利进行的合作及生产资料互助的需求不断减少，合作联结也逐渐减弱。

村民在外出务工的时间上存在明显的先后顺序。早出去闯荡的往往抢占先机，发展较其他人较好，甚至有人已经发展成包工头，并经常给其他本村村民提供工作机会。这种分化使得

---

① 费孝通. 乡土中国. 武汉：长江文艺出版社，2019：8-9.

他们相对紧密的互动圈也发生了变化。在工作以外，这种分化体现得尤为明显。最早出去的尤运财目前已经成了大包工头，这些人的核心家庭大多移到了惠安的城中村。像尤运财这样的包工头很少和老乡民工们在一起打牌娱乐，尤运财有自己固定的圈子，往往是至亲或关系非常要好的老乡。当然，如果有老乡求助来他这里找活，力所能及时他还是会要的，毕竟尤运财的母亲还住在村里，仍要给乡亲们面子。

随着外出务工人员财富的积累，他们已逐渐分化为村庄中经济实力相对处于上层的群体。2020年，古源村想翻修门球场。考虑到此前翻修门球场挨家挨户筹资的困难，对于此次翻修牵头人颇费了点脑筋。他请了9个人一起吃饭，选择吃饭人的基本条件是对方要有经济实力、在地方上说话有分量、要有点荣誉和面子。牵头人先征求他们的意见，并希望他们带头捐款，再请他们互相帮忙拉人，然后在微信群里发布捐款信息。一系列操作之后，牵头人果然筹到了6万元。这9个人的具体情况见表3-1。据调查，他们的经济状况均处于村庄中上水平。

表3-1 捐款人员具体情况

姓名	年龄	职业	组别	与牵头人的关系
张绪民	47	在家包工地	3	一个房头的侄子
张绪荣	48	在宁县包水电	3	一个房头，但出了五服
张明好	46	包工地	2	不同房头的兄弟
文秋明	52	务农+做小生意	不知道	朋友
张绪军	42	做小生意	1	一个房头，但出了五服

续表

姓名	年龄	职业	组别	与牵头人的关系
张明梅	44	在宁县包水电	2	正好五服
张斌	42	在深圳开车	3	一个房头但出了五服的侄子
黄家丰	60	做小生意	7	朋友，远房姻亲
尤亮杰	60	做小生意	不知道	朋友

对比传统农村富农、中农、贫农等的划分，或者土地承包到户后外出务工前相对均质的村内情况，古源村农业生产者的职业已出现了较大分化，出现了以包工头、打工者、经商者等为主要收入来源的职业分化；在家从事农业生产的，也分为规模种养大户、小农户、务农＋做小生意等不同的分化。这些职业分化在不断地切割着原有的社会关系，村庄已然早已不是从前那个均质的乡村社会了。那么村庄共同体正在走向解体吗？齐美尔认为，群体的扩展会导致个体性的发展，而个体要素的分化，也是群体扩展的必要条件。[①] 古源村的状况其实是群体扩展与个体发展互动的结果。并且，在分化的过程中，村庄的土地管理、生产管理、社会资本的组织形态支撑了村庄生产的再组织。

再组织

首先，是土地管理的互助。农业生产受到了外部力量的影响和制约，同时也是生态环境、特定社会文化塑造的结果。

---

① 成伯清.格奥尔格·齐美尔：现代性的诊断.杭州：杭州大学出版社，1999：67.

2008年出台的《中共中央推进关于农村改革发展若干重大问题的决定》推动了农民以转包、出租、互换、转让、股份合作等形式流转土地承包经营权。据李静松对西南山区土地使用的追踪研究，2019年的调查发现，64%的受访农户正在流转土地，其中47%的农户已将土地转出。转出土地的主要原因包括国家征地、公司包地、合作社入股，以及农户间交易。流转通过正式合同或口头约定发生。① 在古源村，青壮年劳动力大量外出务工后，许多土地开始抛荒。对在村从事农业的人来说，产业化发展是增加农户收入、提高市场博弈能力的重要手段。而土地流转是实现农地资源优化配置的必然途径，是推进农业现代化和产业化的有效选择。然而，古源地理位置的封闭性使得外来的土地流转主体望而却步，机会只能让位给内部的流转主体。

2组的张某流转了1组和2组20户人家山上的荒地，土地流转协议期为30年，没有约定具体租金，只是提了按照政府找这些村民租地的价格来给付。张某使用了十来年，到目前还没给过租金，也没有人找他要。他常会叫这些人（20户）到山上免费采些茶带回家，或给予优先安排打零工作为补偿。大家知道，其实张某种茶没赚到什么钱。出租的人也理解他的处境，知道他并不是那么富裕，只是能维持基本的生活。

---

① 李静松.流变与坚守：中国西南山区农业变迁追踪研究.开放时代，2023（1）.

土地村内流转在加强了抛荒土地利用的同时，也强化了村民间的合作。相比于山地，即使劳动力外流，也很难看到水田抛荒的情况。一些不在家或身体不太好的村民，或无偿或低价将田地交由邻里种植管理。水田相比旱地，更要求精细化种植管理。古源的水田完全是插花式分布的，在规模化农业发展的大趋势之下，耕作成本很高。水田得以保留（没变为旱地）并得以继续耕种，一方面得益于在村劳动力的保有，另一方面得益于邻里互助的维持。土地荒着野草和灌木就会狂长，渐渐就没法种了，只能流转过来种茶，顺便养养地。

其次，是生产管理的互助。古源村外向型生产以一定规模的种植养殖业为主。一些种养大户以种茶、养牛、养蜂等为主，进行规模化种养管理。两个种茶大户各有茶园 50～60 亩，茶叶采摘、日常管理均需阶段性雇人，若从宁县专门雇人要考虑吃住等问题，成本更高。他们找工一般就近优先安排茶园土地流转流出户，这是对使用土地的一种补偿，用工与用地间或村民间是互惠互利的，这同时也促进了规模化茶叶种植能够以较低的成本进行。养牛的大户多些。村内肉牛养殖农户的养殖规模大多为五六头、十来头，成规模养殖的有两个大户，分别养殖 100 多头、60 多头。在青草季节，大家的牛长期养在村庄对面山顶的草场上，草场位于江西与湖北的交界地。村内养牛人长期将牛放养于山上，大家有个互助合作群，在群内交流经验，互通养牛管牛信息，看见彼此的牛跑了、摔了会互相通知。前几年村里养蜂的最多时有 9 家，现在只剩 2 家。我们看到载着蜜蜂的数十上百的蜂箱就摆放在开阔的山野间，甚至为便于管理，在沿山间道路上直接摆放。村民们白天需上山管蜂，晚上回村休息。要知道，数十上百箱蜂已是市场价值上万元，一箱蜂（含外箱体及内部的6片蜂巢，加上蜜蜂）价高时要值600多元，现在也有400元左右。

5组董彦文：土牛要长三四年，卖8000元；良种牛长得快，好则两年，而且大，能卖15000元。但是良种牛不适应这里的气候，很容易死。以前与江西和湖北的关系不好，那时养牛不放心，现在关系搞好了，养牛就放心了。牛的耳朵上都有标记，养牛户也互相留了电话号码。现在如果牛跑到对方的地界，那边的人看见了会把牛赶过来，看到牛摔下山崖或有什么事情也会互相打电话通知。

社会资本的弥合作用促进了生产合作以较低成本进行，并依托于社会关系网络，以村庄为生产原点和基点，不断向外延展。社会学、经济学相关领域的研究表明，社会资本积累在协调农民合作方面具有积极作用。在古源村，我们在看到农业组织分化与市场机制冲击村庄的生产联结的同时，也发现了社会资本的弥合作用，"乡土社会里从熟悉中得到信任"[1]，信任在村庄内促使生产合作以较低成本进行。在"空心化"或"原子化"的村庄，很难想象成群的牛羊常年放养在野外的场景。对农户来说，一头牛的价值低至小牛的每头数千元，高至壮牛的

---

[1] 费孝通.乡土中国.武汉：长江文艺出版社，2019：8.

每头两三万元，养殖成本极高，一旦发生偷盗或投毒事件，对养殖家庭将是毁灭性的打击。这样的互助合作网络极大减轻了单户养殖的管理成本，他们可以腾挪出更多时间和精力从事其他生产活动。

◎ 生产面向：地域社会网络的支持

如前文所述，古源村的生产模式独有的特点是职业分化不断切割原有的社会关系，但扎根村庄的组织形态又支撑了生产过程的再组织。在本部分中我们将看到，销售环节分为面向村内和村外两个市场，但其销售体系还始终依托于原有的社会结构得以维持。

  古源村有其独特的猪肉市场。一般村民会养两头猪。新年杀一头猪，摆杀猪宴，全家一起团聚，吃不完的会腌成腊肉，送给亲戚朋友。另外一头在年中或年尾的时候杀了卖掉以填补养猪成本。

  比起规模化的养猪产业，村民养猪的成本更高，相应地，猪肉的售价也比同期县城的猪肉价格高 5 元 / 千克。例如，宁县县城的猪肉价格是 25 元 / 千克，而村里养的猪会卖 30 元 / 千克。

  每次杀猪，养猪的人家都会在朋友圈和村民群里通知时间和地点，有需要的人家一般都会提前联系。一般地，养猪的人家会把猪头、猪脖子自己留下，把剩下的猪肉切好，分成三四斤、四五斤若干份，肥瘦不分，一刀切，"没得挑"，把每份都用袋子装好，里面放上纸条写上重量和价格。在分完预订的肉后，还没卖出去的，杀猪的人家只能挨家挨户去卖，因为肉不便储存。一般来说，提前订购的和挨家挨户卖的数量各占50%。

而挨家挨户卖猪肉具有一定的"强买强卖"性质。"但凡你上门卖猪肉，家里多多少少都会买一点，除非最近杀猪的人太多了，你说吃不完。只要买得起，一般都会买。"因此，杀猪的人家上门卖猪肉也有一定的选择性，首先是五保户家不会去。"我去了他肯定会买，但是会给人家造成巨大的经济负担。"为了避免这些人情交易给经济困难人群带来更大的负担，村民们会选择主动回避这一人群。其次，家里有猪的人是首要的销售对象，因为"都是家里养猪的，要相互支持"。家里有猪的家户考虑到自己的猪到时候也需要卖，会有求于他人，所以更不好意思拒绝上门卖猪肉的。如果不买的话，别人可能会背后议论"你不吃我家的猪肉，回头你家的猪肉只能你自己吃"。对家里养猪的人来说，不到万不得已是不能拒绝这一交易的。看似是背后议论的闲话，本质上是猪肉市场对破坏互惠模式的人的一种惩戒机制。一旦破坏了这种互惠模式，也等于退出了猪肉市场，也放弃了猪肉市场给予自身的便利与利益。最后，如果家里有猪的也分完了，则优先找自己的亲戚朋友、邻居去卖。古源村村民总结说,"都是看面子买"。

卖猪肉最重要的影响因素还是地理位置,一般就近就能卖完。卖肉的人通常不会给居住在同一片的村民去送肉,而是会通知他们来自己家拿。对于提前订购的住得比较远的村民,卖肉的人会去送,但通常总数不会超过 20 户。山下的不会卖到山上去,一般在山下就卖完了;山上的会送到山下卖,因为山上人家太少,这么多肉分不掉。别人上门来卖猪肉时,户主通常不好拒绝。金玉宇家地处古源和青松村的交界处,两个村的人都会到他家卖猪肉,所以他经常不得不买很多猪肉。村里经常有人接连几天杀猪,甚至同一天就有几个人杀猪,有时一天会有三家来金玉宇家卖猪肉,这种时候他不得不拒绝,这说明前面已经有两家来过了,实在是冰箱放不下,也吃不了,这样对方也能接受。但一般情况下金玉宇都碍于面子,不好意思拒绝。在内部互助销售猪肉的案例中,村内其实是以较高的销售价格在进行交易,相互的社会资本依托维持了村庄猪肉的生产与互助往来。按市场价格(低于相互间售卖猪肉的价格)出售土猪肉,对村民来说是不经济的,维持再生产的成本也会更高。

在面向城市消费市场的一端,村里的中老年人会在多元化的山林经济中相互帮助。山林经济包括笋、药材等的采摘和销售。笋可卖新鲜的,也可晒成笋干卖,还可卖腌笋。竹笋在农历三四月份采摘,估算下来,全村每年光笋的产值就有 100 多万元。清明前 8 斤笋可晒 1 斤干,清明后 10 斤笋可晒 1 斤干,笋的生长季接近结束时十几斤笋可晒1斤干。博落回是一种中药，也可以用来杀虫，多长在新挖的土中。现在村里采博落回的都是去仙湖山上风力发电站的旁边，那里有很多野生的博落回，大家各采各的。所采博落回，有人会来村里统一收购，再卖给制药厂。山林经济是对在村劳动力的充分利用，所得收入是对家庭收入的季节性补充。而作为生产供应的主体，村庄分散的生产主要面向村内消费的一端。所以，尽管山林经济的市场主要是面向村外，但组织网络还是以村庄社会为依托而不断向外扩展。只有市场机制发挥作用的情况下，弱势小农与成熟市场脱节。但在强大的社会资本的作用下，小农也可在几乎无交流成本和管理成本的情况下，形成组合，聚成更大力量，参与市场博弈过程。在以博落回为代表的山林经济中，也能看到同样的互助逻辑，即有人了解到市场行情后，立即与其他村民分享信息，大家迅速结成联盟，共同参与市场博弈。

有人会来村里统一收购博落回，再卖给制药厂。一村民在惠农网上查看了这一平台上其他地区博落回的报价，基本上都是25元/斤，高一点的28元/斤，低一点的也有13元/斤。而去年他们村的收购价只有10元/斤。他说他要把这个收购价告诉乡亲们，让他们不要被收购商骗了，并打算和收购商谈一谈收购价。大家都是一起卖，不会单独卖、偷偷卖，要么全卖，要么不卖。因为每个人采的量并没有很大，多的也只有几百斤（400～600斤）。

因为量少，所以不会在网上卖。

20世纪90年代后，随着市场机制作用的发挥，弱势小农与成熟市场开始脱节。市场经济越发达，经济发展越自由，小农的这种弱势地位越突显。[①] 销售环节出现的这一情况会作用于生产环节。分散的小农与市场信息不对称，因此难以面对外部市场。然而，在古源村，我们看到，社会网络却支撑起了市场的延展。养殖户宰牛时，会提前在微信朋友圈或村民微信群内预告，使大家可以便捷地提前预订需要的数量和部位。村民的直接购买只是其中的一小部分，大部分肉是城里朋友、熟人看到微信朋友圈的信息后买走的。

与种茶、养牛、养猪相比，蜜蜂养殖有其特殊性，因此从日常管理到蜂蜜销售，关系网扩散得更广更远。

李霞家从2008年开始养蜂，与赶蜜（随花期流动养蜂）的湖北人交流后扩大了养殖规模。在花期他们会拉着蜂箱在临近的湖北、湖南等地养殖。他们有一个养蜂的圈子，建有一个微信群，有什么事情或不同季节哪里的植物开花，都是打电话或者发微信联系交流。村里相互介绍购买的蜂蜜，占总销量的10%左右。蜂蜜的销售以宁县城为辐射网，销售人员在外，主要市场在外。村内的蜂蜜销量虽少，但其销售却以村庄为中心，以微信朋友圈为推广平台，通过亲戚、熟人推荐，以不断

---

① 刘家成，徐志刚，钟甫宁. 村庄和谐治理与农户分散生产的集体协调：来自中国水稻种植户生产环节外包的证据. 南京大学学报（哲学·人文科学·社会科学），2019，56（4）.

扩大的社会关系网，支撑起销售市场，形成产业链条。

李霞家一共养了 200 多箱蜜蜂。一年采两次蜜，时间是 6 月和 10 月。一箱蜂一年产蜜平均不低于 4 斤，200 余箱共产 800 来斤，按当前的 50 元一斤的价格，一年收入三四万元。2017—2018 年，蜂蜜产量高，价格也好，是家里收入以养蜂为主的高峰期，每年家里收入八九万元。前几年在产蜜高峰期卖蜜时，家里通过亲戚、熟人推荐，招募了一些在家带孩子的妇女，她们通过微信朋友圈、熟人卖蜜，李霞按一瓶蜂蜜 10 元支付酬金。本村人很少有买的，通过联系方式联系购买的陌生人买的多。李霞曾两次在拼多多上开店，但效果不好，目前以自己的朋友圈推广为主。

在调研中我们发现，对于自己生产或从山林中采摘的农产品，村民也在努力通过各类新平台对外销售。李霞两次在拼多多开店卖蜂蜜，但效果不好，销售量极少。种茶大户张某在网上卖出去的茶叶也很少。他介绍说："网上要便宜茶叶，在网上买的人都是比较贪便宜的，不懂这个茶的好。"尝试失败后，大家对网上销售的一腔热情也淡了。脱离村庄的社会资本独立在市场中闯荡，目前来看收效甚微，这进一步深化了农民对地域社会的嵌入，也强化了对其社会关系的维持和巩固。波兰尼提出，"人类通常都潜藏在人类的社会关系之中"[①]。在此基础上，格兰诺维特强调经济行动者不仅会嵌入经济主体的个人关系之中，甚至许多行动者还会嵌入更大范围的社会关系网络之中[②]。在古源村，值得特别指出的是，村庄生产的整体扩展与个体发展是深深嵌入地域社会关系网络之中的，并通过依附于社会关系网络才得以维持。

---

① POLANYI K.The great transformation: the political and economic origins of our time. Boston: Beacon Press, 1944.

② GRANOVERTTER M. Economic action and social structure: the problem of embeddedness, *American Journal of Sociology*, 1985.

2. 物欲潮流中的主体性消费

　　经济的发展、开放和快速的城市化成就了现代社会的物质文明，这种文明必然由城市向广大欠发达地区辐射，进而改造传统农村，这是一个经济学家津津乐道许久的预言。如果您是一位外乡人，40年前到过古源村，一定会惊讶于这些年来此地物质生活的巨变：从簸箕、铁锅等手制家具，到冰箱、空调等品牌家电；从锄头、爬犁等传统农具，到喷雾器、汽油锯等现代化农业器械；从以红薯、干菜等果腹简食为主的粮菜短缺，到米粉、新鲜蔬菜和水果的充分供应，再到方便面、蛋糕、炸鸡等已多见于城市居民消费的食品形态的普及……古源村民的日常消费已经由底线生存转向生活丰裕，并不断向现代城市生活靠拢。这时，您恐怕会惊呼：城市已经彻底改变了传统农村，经济学家的预言竟如此真切地实现了！

然而，如果我们走进每个古源家庭的客厅，看看四周的摆设，听农民工们谈谈过去几十年的经历和当下的生活，便不难发现一些有趣的消费景象：作为牛肉产地，村民却大多不吃牛肉；老人坚守着土产的菜干和咸茶，却不吝为孙辈购买新潮的蛋糕、炸鸡、方便面；网购和快递虽已铺开，但仍要仰赖邻里间的传播、互助，才能克服信息与交通的不便，覆盖山区的偏僻角落。你会发现，对于城市消费的下渗，村民总是选择性地接受，并结合自身和村庄的文化观念、社会关系，创生出乡村特有的消费实践。

不能将农村居民简化为城市物质文明传播、改造的被动受众，而应将其视作现代经济发展与消费变迁的参与者和实践者。正如玛丽·道格拉斯的断言："消费者最根本的目的是通过其选择的物品建构可以理解的世界"。[1] 本节将在宗族型地区的"扎根"背景下，探讨经济上捉襟见肘的农民群体是如何在城市物质文明向农村辐射的过程中，基于自身与家庭的需要，结合乡土社会的文化观念与社会关系，组织家庭生活中的物质消费的。我们将发现，村民不是逐物质享受而动的生物

---

[1] MARY D, BARON I. The world of goods: towards an anthropology of consumption. London, Routledge, 1996.

人，传统也绝不只是变迁的原点或受改造的对象。新的消费内容何以被村民接受，新的消费渠道何以在村庄立足，新的消费观念何以在村庄中传播……都离不开乡土性的社会文化和社会关系的有机影响。

◎ 城乡融合下的消费升级

  1995 年冬，张明凤 44 岁。那一年他刚从外地回来，咀嚼着好久没尝过的家里储存的过冬菜干。就在这一年，他辞去了村支书的职务，只身前往广州打工。这位吃着需要赶一天一夜山路背来的油盐长大，在土地里摸爬一生的山区农民相信，再干几年，家人就再不用为一日三餐发愁，孩子们可以经常吃到肉，甚至能用米粉当早点。让他做梦也没想到的是，今天的年轻人早已看不上土气的米粉了。他们只需打开美团，动动手指，新鲜的蔬菜、水果、面包、牛奶就会送到每家每户的门前。

古源村于 1994 年迎来自己的务工潮（见本章第一节），大批和张明凤一样的农民远赴他乡，赚取现金以改善家庭生活。时过境迁，物质生活的水平、方式如今已远远超出他的预料。我们不禁好奇，这位土里长大，城里讨食，先成家立业，后扶养儿孙的老人，这些年是为了哪些人、哪些事而消费？在消费方式和消费文化剧变的浪潮中，作为个体的他又是如何找到自己位置的？

苦难和贫瘠的记忆是这一代人的起点。作为"隙地"，古源村交通历来不便，自身难以形成稳定的集市，距塘城、路口、白岩等乡镇市场的路程也都在 3 个小时以上。因此，在漫长的传统经济时期，此地村民难以通过市场获取生活物资，只能依靠自给自足的山区农林业勉强糊口。他们以红薯粉和少量稻米为主食，辅以少量山区自产的肉食，每年有一个季节吃不到新鲜蔬菜，只能吃预先晒好的菜干。粮食匮乏、饮食结构单一，更谈不上其他零副食品的补充。各类生活必需品要么依靠铁匠、皮匠等村内兼业自给，要么就得耗费一天一夜走山路挑担买回。

改革开放后，市场的逐步放开给了村民改善家庭物质生活的希望，他们为了家庭、子代而消费。游走于邻近村镇的货郎带来了水果、海带、鱼虾、豆豉等辅食，鲜肉、油豆腐也能不时通过村内的交易或交换得到供应，村民的餐桌也因此丰富起来。物美价廉的外来百货也迅速占领市场。从 1982 年到 1989 年，村民黄丰年每年都从 15 公里外的湖北白岩挑货到古源片贩卖。除了少量副食品，衣服、针线、剪刀等日用百货也受到村民的欢迎，尤其是湖北特产的"襄阳罐"：可以用来煮汤，而且其因土质特殊，品质胜过本地产品而受到村民的追捧。

在诸多消费中，儿童消费尤其受到重视。20 世纪 80 年代后期货郎们就发现"孩子的生意最好做"。不少货郎投各家小孩所好，带着零食、玩具到门前叫卖。这些小玩意儿既便于携带、储存，又单价不高，因此受众广泛。家长们耐不住孩子的哭闹和恳求，往往只得慷慨解囊，以"破财消灾"。90年代后，这已经成为本地货郎最为主营的业务。26组的22岁女大学生至今仍记得，记事起她每天都和伙伴们盼望货郎为他们带来水果、零食、玩具等新奇事物的日子。

市场的初步打开给村民带来了更多的消费选择，然而山区经济的贫瘠现状并没有改变。除去日益高企的教育经费与农业税费，村民实际上并没有多少余钱来改善家庭的物质生活。为改变这一窘迫处境，张明秋们选择搁置家乡的职业身份和社会交往，放弃对家庭的照料，而远赴他乡，从事艰辛的体力劳动。此时，他们具备一种清教徒般的"新教伦理"，只是物质财富的积累不是面向上帝，而是要改善家人的物质生活。

外出务工带来了更多的现金收入，也带来了更多样的消费品，大米、米粉的普及是一个标志性事件。张明室清晰地记得，自家就是1991年自己外出务工后才实现米粉自由的。

第一，物质的充裕带来了报复性消费。以食用油为例，过去村民没钱买油，只能用产量很低的茶油和猪油。有时一顿饭的油要用好几天，有时则是用肥肉擦擦锅底，有点油味就行。一坨肥油用到变得漆黑都不舍得扔掉。90年代后，村民有钱购买瓶装的色拉油，开始在各色菜肴中报复性地猛加色拉油。据小卖部老板张明室估计，村里常住400多人，在开了3家小卖部且有网购的当下，他家店里每年也能卖出去400多瓶5公斤的大瓶色拉油。从我们得到的餐食来看，村民们多数炒菜时都会加入占餐盘容积70%以上的油。贫瘠年代的记忆转化到当下的行为与社会关系中，成为报复性消费的动机。加过量的油，首先是要享受过去难得的荤腥，其次也是对家人、子代营养充足的期望，最后则是对来往客人盛情招待的象征。这不仅适用于食用油，也适用于添加物不断丰富的本地咸茶，或者家家户户迎来送往的硬糖、干果和宴席。

第二，物质充裕之外，消费市场也进一步打开。进城务工不仅提高了收入，也带来了新的消费内容、消费观念。首先，一些不够实惠、不够时髦的村庄消费逐渐被外来消费方式所取代，例如村里的铁匠、剃头匠都在90年代逐渐没落。其次是电视、空调、洗衣机等大型耐用家电变得极为重要，它们的意义远远超越了居家必需的物质资料，成为家庭的财富积累与勤劳品质的象征。一位62岁的老人自豪地向我们夸耀：家里每个房间都装了空调，这在村里也没几户。

大型家电的购买象征了舒适的现代生活，更与家庭的面子与地位、子代找对象和子代的婚姻大事深度绑定。如77岁的张明加在六合彩中了几万元后对奖金的分配就非常说明问题：他花5000元给孙子装了两台空调，又给自己买了一部998元的手机和一辆7400元的三轮电瓶车，最后用剩下的28000元为自己和老伴修缮了坟茔。除去修坟的28000元，所有钱都被用于购买家用电器等耐用品。大家电象征了现代的舒适生活，但这种舒适不是为了自己（老人常常因费电而不开空调），而是寄托了长辈、家庭对子代的关心与期望。

第三是消遣经济的出现。对候鸟式的打工者而言，村庄在很大程度上已经不是劳动生产和获取收入的主要场所。许久未回到家中，一旦回来，他们更愿意参与村庄的传统礼俗与娱乐生活，开展消遣性的活动。于是麻将、六合彩等赌博活动日益风靡，最高峰时，古源村的麻将馆发展到十几家之多。其他具有争议甚至违法的消费活动，例如女性抽烟、男性嫖娼等，都开始在村庄中出现。这体现了城市风行的满足个体欲望的消费观念与村庄传统道德间的冲突，在一定程度上冲击了村庄的传统观念与公序良俗，随之带来的是老一辈人与年轻人之间的隔阂与代沟。老人常常感叹："（坏习惯）开始还有人说，多起来你也没法说了。"

2013年以来，古源村的城镇化程度快速加深，数字经济也不断在村庄下渗。这时，村庄的消费进一步受到城市的影响，并且其形式和内容已经远远超出张明凤这代人当初的设想。然而我们将看到，人们在物质消费中寄托的情感与社会关系也保持了与以往的延续性。

首先是饮食消费的剧变，这带来了城乡消费观念在日常生活中的直接碰撞。例如，美团的到来使每天吃到新鲜蔬菜真正成为可能。不少村民热情拥抱不吃菜干的生活："现在一顿饭一个菜哪够，三四个菜才行，不吃菜干了，要吃新鲜的蔬菜。"但张明凤这样的老人依然习惯每年做菜干、吃菜干。这既是出于习惯和省钱，也是出于对美团的不信任："退货很麻烦，蔬菜水果也可能变质。"又如，张明凤这代人视米粉、米饭为珍宝，可年轻人却将其视作土气的食物，面包、牛奶、鸡翅、蛋糕、方便面等副食品开始流行。李霞，这位年轻媳妇的观念更为激进：由于担心不好消化，她几乎不让孩子吃肉，而是买大量面包、牛奶等食品给孩子补充营养，她每月在这方面的开销就超过了 2 000 元。

其次是新型电子产品消费的兴起，这象征着城市消费品与消费观念的进一步下渗。年轻人在外出务工的过程中接触到了各式的新款手机，逐渐接受了数字产品的消费概念。对他们来说，手机不仅是一种时髦的消费品，更是一种必要的工具，可以拉近与家人的空间距离，帮助家乡的父母、弟妹了解现代生活。例如 26 组的女大学生，这位高中以前都没离开过县城的"90 后"女生的人生第一部手机、第一部 iPad 都是外出打工的姐姐给她买的。

再次是网购的铺开，这得益于最近十年交通条件的改善。不少村民开始网购新式冰箱、洗衣机等电器，因为在网上退货方便，质量也更有保证。村民间口耳相传的推荐是网购得以广泛传播的重要条件。例如 2 组的张浦生网购了一台物美价廉的新款电风扇，村里人觉得好用，已经有 5 人拜托张浦生帮自己在网上下单。网购已成为公共生活与社会交往的新领域、新议题。

最后是旅游等文化产品的兴起。以老人协会为中介，不少有钱有闲的老人开始参加商业的旅行团,外出旅游。此类消费与老人在本地较高的社会地位与较好的养老条件有关。关于外出旅行费用,既有自己出钱的,也有子女帮父母出钱的,这在不少子代城镇化负担沉重、代际纽带松散、养老责任松懈的地区是难以想象的。

总结近几十年来古源村民的消费史,我们会发现:尽管消费的内容、渠道、观念都已经远远超出老一辈人的想象,然而人们进行消费的动机,在消费中在意、借助的社会关系却保持了相当程度的稳定性。在最贫瘠的年代,父母也愿意出些小钱给孩子买零食、买玩具;面对时髦的城市食品、数码产品,老一辈尽管自己舍不得用,也愿意尽可能地提供给下一代。张明凤这样的老一辈农民工远走他乡是为了改善家庭的物质生活。今天的古源村民,在更现代、更城市化的消费观念下,也在为改善家庭的物质生活而努力。从小孩的零食玩具、营养教育,到老人的衣食住行、旅游娱乐,人们更愿意为子代、为老人消费,而不是片面接受城市消费主义的冲刷。中国农民可能正是在这一逻辑下组织生产与消费,铺展自己的现代生活。

◎ 扎根乡土的消费渠道扩张

若将小山村比作细胞,那各式的消费渠道便是血管,将其与广阔的外部市场相联系。例如费孝通先生曾在《江村经济》中记述江村村民是如何通过航船与外部市场相联系的。古源村民日常消费品的变迁过程与其购物渠道的演进有着密切联系。从各家到村外挑回生活物资，到货郎、小卖部、外出务工，再到网购，每一种新兴购物渠道的引入，都能够拓展村庄所嵌入的消费市场，为村民的消费升级创造条件。

我们将发现，在"扎根"的发展模式下，不同消费渠道并非野蛮生长，而是在特定历史时期，基于特定的物质与社会条件而产生和变化的，且在实践中各具优势和劣势。无一例外，主导这些消费渠道运转的并非唯利是图的资本主义精神，而是以乡土社会的文化观念、社会关系为基础，伴随着城镇化的推进而逐步走向开放和重构。

首先是由村庄传统手工业向货郎、小卖部的转变。改革开放以来，外部市场的开放逐步冲击了村庄的传统手工业，导致村庄传统手工业的不断衰落。铁匠、木匠、补鞋匠等副业均于20世纪90年代消亡。作为替代，货郎与小卖部得以发展。货郎游走于邻近县镇，从宁县县城、月塘镇，乃至仙湖山对面的湖北白岩县进货，在古源片内贩售。小卖部亦与之相似：小卖部店主用小板车到特定县镇进货，并于村内店面贩卖。两者的产生扩大了村民嵌入的消费市场，带来自足经济下紧缺的零副食以及日用杂货，从而改善了村民的日常生活。

货郎与小卖部的经营也深深嵌入在村庄社会关系与地域文化的网络之中。以黄丰年为代表的货郎虽然具有一定的流动性，但其经营范围依然集中于古源片区。而小卖部更是扎根于村庄空间当中。一方面，货郎与小卖部店主在经营过程中必须遵循村庄社会中差序格局的关系原则，不能横行欺诈。另一方面，他们要时刻关注村民的日用需求，及时更新经营范围。例如黄丰年开始以日用杂货，尤其是襄阳罐为主要业务，后来就转向儿童零食与玩具。市场经济的灵活性与乡土社会的充分熟识此时得到了良好的契合。因此，相较于铁匠、木匠等村庄传统手工业，货郎、小卖部的经营更多是扩展了市场交易的范围，二者在实际的经营过程与交易逻辑中并没有脱离村庄的社会关系与伦理规范。

货郎与小卖部的生意极具韧性：它们既能够基于村民的消费能力与消费需要及时更新货品，也能够基于交通条件的改善及时更新自身的设备，以提高效率。两者的进货方式一步步由步行肩挑升级到小推车、摩托车或电动三轮，乃至最后的小货车。进货方式也由实地了解、经验预测发展到可以通过电话实时预定。因此，自从20世纪八九十年代两者兴起以来，它们都能够在村庄长期生存，甚至在最近几年作为物流节点为网购的推广铺开奠定了基础。

20世纪90年代中期的务工潮后，村民可以直接从城市购物。务工人员的"候鸟式迁移"客观上将城市的一些商品要素带回了农村，改变了村民的日常生活。以村民谢淑华为例，由于村里小卖部商品不全，她每隔一段时间就会到宁县县城采购日用品，并托在武汉打工的女儿采购大家电和县城缺少的其他商品。人口流动既增强了村民的消费能力，也扩展了村民所卷入的市场范围。外部大市场虽然还未直接进入村庄，但是以外出打工者为联结纽带与村民的生活建立了隐形的联系，客观上将城市的消费理念、消费需要输入村庄，同时也增加了村民的消费需求。

当然，这种形式的消费在 2013 年以前只能作为补充，因为虽然不少村民外出务工，但他们家里的老人、孩子甚至妻子都留在村内，外出务工的村民不超过总人口的 1/3。村民所追求的城市消费品主要集中于大型耐用家电，而衣食住行等日用消费受到的影响并不大。小卖部老板张明室说，2013 年以前，村民外出务工并未对自家生意产生负面影响，营业额反而因为村民的现金收入增加而有所提高。总的来说，在大规模城镇化开启前的很长一段时间里，村民的日用消费依然受到传统消费习惯和村庄交通条件的限制，他们并不能方便快捷地获得零食、日用百货等城市消费品。

其次是 2012 年以来城镇化的加速以及网购的快速普及。随着不少村民整家搬至县城工作、生活，小卖部生意才开始下滑。据小卖部老板张明室估计，目前周边 5 个村的常住人口加起来还不到 1 000 人，自己的生意因此受到很大的影响。网购的铺开进一步冲击了村庄的市场结构。在某网购 APP 的代理点工作的尤老板估计，目前村里使用该 APP 进行网购的 60% 都是年轻人，还有 40% 是 60 岁以上的老年人。网购在各个年龄层都已经在相当程度上普及了。对比相对简陋的货郎、小卖部，网购具有很多方面的优势。26 组的女大学生认为网购的商品种类更多、品质更好，只是价格会更高。60 岁的张某指出，他选择网购的原因是小卖部经营不规范，食品常常是过期的，而网购APP上的食品不会过期，不想要的话还可以选择退货。

网购能够铺开有四方面的前提：首先是交通条件的改善使得汽车可以方便地进入村里。其次是数字设备的普及。古源村于2012—2017年普及了手机和互联网。再次是村庄互助网络的支持。村民之间能够基于熟人社会的信任与互助传统形成帮忙拿快递的日常互助机制，使交通相对不便的山上村民也能够使用美团订购商品。最后是消费观念的转变。城市生活在衣食住行等方面的消费观念通过媒体、市场、学校、现实社会关系等渠道在村庄传播、扩散，比如村民现在已普遍接受面包等城市人群喜爱的食品。总体来说，网购的铺开既需要基本的物质条件，也需要社会支持的补充以及消费观念的转变。

总之，古源村民购物渠道的拓展同样扎根于乡土社会的关系结构与传统文化之中。从货郎、小卖部在商品经济冲击下的衍生与旺盛的生命力，到外出消费、网购等消费方式的拓展，每一种新兴购物渠道的引入，都拓展了村庄嵌入的消费市场。这既为村民的消费升级创造了条件，也深深地嵌入于村庄的社会关系与地域文化的网络当中。货郎、小卖部在经营消费渠道时不仅要时刻关注村民的日用需求，及时更新经营范围，更要遵循村庄的关系原则与伦理规范，不能唯利是图、横行欺诈。在外出务工与网购铺开的过程中，村民之间也能基于熟人社会的信任与互助传统形成帮忙代购、帮忙取快递等日常互助机制，为消费渠道的铺开提供了社会支持。

◎ 主体性的消费文化

如前所述，在过去 40 年里，古源村民的日常消费经历了翻天覆地的变化：新的消费品不断涌现，并得到推广。古源村由一个闭塞的山区边缘市场，逐步卷入县域、城市，乃至全国的消费市场。对于上述变迁的发生，物质条件的改善功不可没。更高的现金收入，更便利的交通与信息手段，更多样的城市消费品……一系列客观条件构成了村民消费升级的前提条件。

然而，上述变化所导向的，并不是一个"拔根"的、物欲肆意横流、城市消费完全侵占农村市场的结局。正如阎云翔在东北农村所看到的：年轻一辈的新兴消费观念打破了村庄的守旧观念，导致了代际关系的松解。[①]当然，这是一种极端情况。而在长辈权威、宗族观念、地方文化传统较强的江西省，新型消费模式将更立体地嵌入于村庄社会关系与传统观念当中，表现为一种消费过程中的"主体性"：既不排斥现代消费品带来的便利，也不过度追求城市主义的符号消费，进而贬抑、排斥土产的传统消费品。以家为本，量力而为，将消费的符号价值寓于家庭和村庄共同体，在兼容并包中拥抱农村生活的现

---

① 阎云翔.私人生活的变革.上海：上海人民出版社，2017.

代化。

　　一种简单化的观点认为，城市消费品向农村的下渗完全是因为物美价廉、新鲜时髦等物质层面的因素。这一解释预设了村民的工具理性，适用于现实中的多数情况。例如张明秋很快就接受了美团买菜，因为新鲜蔬菜显然能带来更高的生活品质："现在一顿饭一个菜哪够，三四个菜才行，不吃菜干了，要吃新鲜的蔬菜。"又如，2组的张浦生很快发现网购货品更多、更便宜，且退货方便，因此也很快投入网购的怀抱。

　　然而，现实生活中并非没有其他观念与纯粹商业的物质理性相抗衡，尤其是在选择模棱两可、新选择不构成新鲜蔬菜相对于菜干这种绝对优势的情况下。例如，近年来古源不少村民都通过养牛提高了收入，不少村民都掌握了牛肉加工技能，并了解了基本的烹调方法。然而据养牛户宝姐所说，牛肉主要还是销往县城，在村子里完全打不开销路，因为大多数家庭并没有吃牛肉的习惯。又如，接受网购的2组张浦生却并不愿意在网上购买蔬菜水果，因为价格差不了多少，而且现场选购更能保证品质。张浦生称自己前年在网上买了3个萝卜，结果送到家都坏掉了。此后他不仅自己不再在网上买吃的，也经常劝自己的家人、朋友一定要现场选购。可以看到，习惯、文化、尝鲜时的失败体验及邻里间传播的坏名声等原因都可能导致人们不接受某种新的消费品或消费渠道。

　　由此可见，无论在乡土中国还是在城乡中国，古源村民消费文化的主体性都得到了保持与延续。这意味着他们不会任由物欲肆意横流，使城市消费完全侵占农村市场。那么，为何这种消费过程中的主体性能够在古源村维系呢？

首先是消费的家庭化，即古源村民的消费以家庭为本位，而不是以个人享受为本位。他们重视家庭的现实条件与内部调配，并且在宗族文化圈内得到了社会的支持与价值的强化。这具体表现为两个方面。一方面，本地人对儿童消费非常重视。经历了贫瘠年代，对子代满怀期望的长辈更希望尽己所能地给子代提供更好的物质生活。据26组女大学生估计，村里人的网购有2/3都是在给小孩买东西，包括水果、零食、玩具、日用品等。一位老人抱怨，现在的孩子越来越难带。以前的孩子有什么就吃什么，吃一顿米粉能高兴好几天。现在的小孩都不爱吃米粉，也不爱吃家里的菜，只爱吃美团上买的早点和零食。不少家长担心孩子的营养情况，看到自家小孩挑食也会主动给孩子买爱吃的东西。儿童消费在日常消费中占到了大头。另一方面，老人消费在古源村也非常突出。不少老年人不愿进城居住，在孙子长大后也不再给子代提供更多支持，而是更愿意回到家乡，平时打牌休闲，有机会就参加旅游团外出观光。村里的老人协会联系了外面的旅行团，经常组织老人旅游，每人每次花费两三千元。刚开始参加的人不多，后来不少老人参加后体验较好便也乐于参加。比较而言，在不少原子化地区，老人不仅要为城镇化过程中的子代工作到老，并且完全无法掌握消费资金，在家中的话语权也极低。总之，老人消费是其在地域社会与代际关系中话语权较大的体现。

当消费面向家庭，面向子代或老人，个人就既要基于物质理性衡量商品的性价比，也要基于价值理性进行消费规划。抚育子代、赡养老人的义务感，照顾家庭的责任感，外部所界定的抚育与赡养消费文化，都可能左右个人的消费选择。一个重要的佐证就是，本地的光棍就没有类似的负担。他们更倾向于自我的享受与消费，例如吃更多水果。此时，他们的消费就更注重性价比和自身的体验，就更接近前述的工具理性。

其次是消费的社会化，即对消费品的传播、评价嵌入于村庄社会的关系结构与文化结构之中，邻里间密切的往来互动为新兴消费品的传播提供了良好契机。我们曾在前文谈到2组张浦生的例子：他网购了一台物美价廉的新款电风扇放在家里，其他村民串门时看到觉得很好用，但又不懂如何网购，于是便拜托张浦生帮他们在网上购买，自己直接付现金给他。到调研时已经有5位村民托张浦生下单。事实上，近年来相互帮取快递的互助规则也在很大程度上解决了快递送达的"最后一公里"问题，使得更多村民能够被卷入网购消费中。老年人多不懂得如何网购，但是他们从邻居那里看到网购的好处，便会请其他村民帮忙下单或者教自己下单。

同时，村民对网购货品的选择也高度依赖熟人推荐。据在美团点工作的张明室介绍，自己虽然每天会在古源村的美团群里发几十条美团公司推的广告，但多数村民并不会看这些广告。他们多是通过亲戚、邻里、熟人的推荐在网上选购货品。村庄的谅解机制也在此发挥了作用：当推荐的货品质量不好，或者帮取快递结果弄丢了时，村民间并不会因此大动干戈。因为长期以来本地村民就非常重视长期关系的维系，不会因为一些小事去破坏良好的社会关系，这也是互助机制能够建立的重要条件。

基于上述两重逻辑，我们可以看到除去围绕商品本身的纯粹工具理性，村民的价值观念、社会关系都可能在新兴消费模式的传播过程中发挥重要作用，使村民对新兴消费品的接纳具备主体性：既不排斥现代，也不贬抑传统。总结而言，村民能够基于自身的能力与需要，结合社区型的文化观念，既接受实惠、实用的城市消费，也不贬抑确有其文化传统与实用优势的传统消费；充分平衡物质理性与价值理性，在邻里和熟人的推荐、互助下接纳新的商品与消费方式，实现消费变迁的"扎根"。

第四章

宗族社区中的个体与家庭

中国式现代化的扎根，首先应当是家庭的扎根，即家庭嵌入城乡社区，在社会、文化的双重保障下，维续自身的功能完整性与文化主体性。就古源村的例子而言，家庭和宗族似乎并没有顺应现代性话语下的解体预言，而是在城乡两栖的经济形态与生活空间下，重新编织个体与家庭的命运之系。

在乡土社会，家庭这一占有共同的财产，拥有共同的收支预算，通过劳动分工过着共同生活的基本社会群体[1]，往往就是个体社会生活的起点。人们以家庭为单位参与生产生活、社会交往和礼俗活动，与家人共享喜怒哀乐、盛衰荣辱。家庭亦是社会伦理关系的起点，"吾人亲切相关之情，发乎天伦骨肉"，而"伦理关系，即是情谊关系"，于是便"举整个社会各种关系而一概家庭化之，务使其情益亲，其义益重"，由此谓之"伦理本位"。[2]传统中国正是以"亲亲""尊尊"为基本原则，从家族延伸到政治，进而形成了政治与社会的基本框架。[3]

就社会学的问题意识而言，上述概括仍需深入阐明：既然家庭如此重要，那么家庭又当如何维续？在不同历史时期与自然、社会的结构性条件，以及天灾人祸的挑战下，个体应如何调整自身的家庭理想？应为之付出怎样的努力？社会性的文化传统、支持体系又该如何支撑起家庭的完整性，并将其整合到"伦理本位"的规范结构当中？

宗族社会提供了一种"个体—家庭—社会"有机关联的理想类型。它既依循上述原则，又在实践中形成了家庭—宗族的功能分化。"家庭是一个有共同生活和生产消费的经济活动单位，宗族则是一个有共同利害关系的社会活动群体。有无共同

---

[1] 费孝通. 江村经济. 南京：江苏人民出版社，1986：21.
[2] 梁漱溟. 中国文化要义. 上海：上海世纪出版集团，2005：72-73.
[3] 阎云翔. 差序格局与中国文化的等级观. 社会学研究，2006（4）；周飞舟. 差序格局和伦理本位 从丧服制度看中国社会结构的基本原则. 社会，2015，35（1）.

的经济职能,是家与族的分界线。"在此基础上,宗族这一社会层面的组织以"敬宗收族"的理念凝聚家庭,以宗族权力系统和宗规家法管理家庭,以宗族教育和日常互助支持家长,进而维护家庭。① 这些讨论提供了宗族制度对"个体—家庭—社会"关系的理想设计。然而,在面对结构性困难或天灾人祸的挑战时,宗族制度、宗族文化又该如何在实践中支持个人、保护家庭,这是本章希望探讨的第一个问题。

在探明第一个问题的基础上,我们将引入扎根型城镇化的视角。显然,城镇化已经极大地改变了农村家庭的生产生活方式,使城市成为村庄外的重要生活场所。我们认为,中国式现代化的扎根,首先应当是家庭的扎根,即家庭嵌入于城乡社区,在社会、文化的双重保障下,维续自身的功能完整性与文化主体性。

本章试图探讨的第二个问题,即在扎根型城镇化进程中,古源村这一宗族型地区的强家族文化,将如何在城乡之际维系"个体—家庭—社会"的互构关联。面对城镇化的压力以及流动社会的不确定性,作为社会资本的宗族又该如何重构观念与认同上的牵引,将乡土社会的关系、伦理得以拓展到城乡社会,并在迈向城镇化的过程中,为家庭提供社会支持与伦理保障,为个体提供价值规范与文化滋养。就古源村的例子而言,家庭和宗族似乎并没有顺应现代性话语下的解体预言,而是在城乡两栖的经济形态与生活空间下,重新编织个体与家庭的命运之系。

---

① 冯尔康.中国宗族史.上海:上海人民出版社,2009:379-391.

1. 乡土中国的个体、家庭与宗族

  1938年出生的楚老太至今仍记得当年嫁到张家的场面。

  初到夫家,映入眼帘的便是宗祠。宗祠虽已有些年头,但可以看出一直有人在维护、打理。丈夫一家与其族亲在宗祠西面联排而居,田地也彼此相连。婆婆早早地向她强调延续香火的重要性——"这是媳妇的首要职责"。宗族最重视的就是延续血脉,但丈夫家这一支一直很弱,数代单传,到丈夫这一代甚至无嗣。她丈夫是公公从艾侯镇购买,抱养回家的,长大后成了楚老太的丈夫。这种情况在新中国成立前非常普遍:多子家庭出卖儿子维持生计,少子家庭则买儿以避免绝嗣。可见,比起生物性的"血脉",社会学的"血脉"是更为根本的。

新婚之后,宗族的规矩也无处不在。楚老太每天都在婆婆严苛的管教下进行劳作,稍有不慎,就会遭到训斥与殴打。工作的分配并不公正,但她必须服从婆婆的安排,独自承担各种累活重活。甚至在生孩子时,剪脐带、"打爆竹"也只能靠自己,全程婆婆都没帮忙。在很长一段时间内,她始终都处在家里的最底层,家中事情无论大小都没有发声的资格。

然而,当时的楚老太再委屈难过,也始终没想过逃跑或是反抗。因为此前,她经历的是更为悲惨的家庭破碎、颠沛流离、食不果腹、寄人篱下。她的母亲早早过世,父亲被抓去当兵。奶奶去世后,她转而投奔70岁的姑姑。在险些饿死的时候,育婴会救济的一点谷子让她勉强活了下来。14岁时,她作为家庭的负累,被贱卖到了夫家。夫家是本村最强势的宗族,虽对个人进行严厉的控制,但也提供了生存庇护。因此,年轻的楚老太并没有多少反抗余地。

楚老太的故事实际上也是乡土中国中宗族女性命运的缩

影——以父权为代表的宗族组织起家庭与婚姻生活，子代与女性被整合于其中，同时依附于宗族。劳动生产的组织、伦理秩序的维持、日常生活的规训，均由宗族主导并得以实现。而宗族在整合个人的同时，也在动荡的社会中保护族人、支持家庭。当面临经济匮乏以及家庭破碎时，个体、家庭与宗族勉力维持家庭的完整形态，尽可能延续香火，正如张家的抱养孩子、买媳妇等行为。这正是本节所要关注的问题——在乡土中国的古源村中，宗族与家庭如何整合个体，又如何应对生存条件的变化与挑战；在离散、匮乏的威胁下如何弥合家庭，又如何避免香火断绝、家人离散。而在这一过程中，古源村的代际关系与婚姻制度又呈现为何种样态？

◎ 整合社会的代际关系

在本书的第一章中我们已经看到，在缺乏流动的古源村中，人们基于宗族血缘和地缘纽带形成互助单位，并在日复一日的合作往来中形成亲密社群与事业组织。宗族的观念文化也渗透进人们的社会行动中，人们以血缘关系互相确认社会关系，基于宗族伦理进行社会交往，在此基础上形成了强村庄社会关联的样态[1]，即整合社会。

在这种整合社会与强宗族的背景之下，古源村的家庭生活

---

[1] 贺雪峰，仝志辉. 论村庄社会关联：兼论村庄秩序的社会基础. 中国社会科学，2002（3）.

同样遵循其宗族的伦理秩序，使此地的家庭与婚姻生活在整合社会下维持稳定的一般形态。

强有力的父系家庭

家庭在整合社会上的首要特征便是父系纽带的强大，纵向的父子轴压倒了其他关系。

在乡土中国，古源村的生计模式以传统农业为主，兼有基于山林经济的其他副业。这种生计模式相对稳定、封闭，带来了社区人口的低流动性以及社区文化的传统性。在生产生活中，老人的经验起到了重要作用，子代的知识技能均来自父代的传授。同时，父辈也占据了生产资料，在经济上处于主导地位。加之传统伦理对长幼有序的强调，老人的权威无论在生产中抑或在生活中，始终扮演着重要角色，父代对子代拥有较强的控制力。正如费孝通所指出的，家是个绵续性的事业社群。因为事业的需要而重视效率，得讲纪律、排斥私情，故而中国的家庭里有家法，亲子间讲究负责和服从。[①] 因而在生产生活中，代际、合作也是以父代占据主导位置为基础，子代完全服从父代的安排。这种代际关系能够有效地以合力来应对生产生活事务，在生产力低下的传统社会，对于降低社会成本具有重要意义。[②]

另外，古源村由于在文化、制度上嵌入于地域性的宗族社

[①] 费孝通.乡土中国 生育制度.北京：北京大学出版社，1998：37-43.
[②] 贺雪峰.农村家庭代际关系的变动及其影响.江海学刊，2008（4）.

会,因此延续了后者的强宗族、强家庭传统。尽管在古源宗族的结构可能因贫困而难以维持,因战争而遭受破坏,但在相当长的时间里,此地都是一个强大的地域性宗族文化区的分支,因此在观念、制度等层面保持了相对稳定的宗族形态。在这样的背景下,宗族对人们的生活起着统摄性作用,同时整合了个体与家庭,形成了以父子轴为基础的宗族制度与传统伦理。在宗族内部,有一套基于传统宗族长老权威的秩序,"亲亲尊尊""长幼有序"也是必须遵循的规范。基于此,父代在家庭中有着绝对的主导权。甚至这种强大的父子轴时至今日还在发挥重要作用。家乡情结成为在外务工的老人重要的返乡理由,而养老是儿子义不容辞的义务,不孝会被视为严重问题,会受到村庄的谴责。强有力的父子轴由此可见一斑。

婆媳关系也可作为这种强父子轴的佐证。在楚老太的故事中我们就可以看到,古源村的婆婆始终占据权威地位,在家庭生活中极为强势,而媳妇则完全听从于婆婆的安排。

在子代结婚后,古源村的家庭类型会经历由主干家庭到核心家庭的变化。这也意味着媳妇在结婚之后、分家之前,有一段时间都是在大家庭中共同生活。在这个阶段,媳妇必须受到婆婆的管教,婆婆打媳妇是很常见的事情。据吴姓老太回忆,自己1973年结婚后便时常遭到婆婆的打骂。婆婆有时甚至不让自己吃饭,以此作为惩戒。她大儿子出生后,直接被婆婆领走带大。婆婆还不让自己和大儿子见面。在诸多婆婆压迫儿媳的案例中,儿子始终是缺位的。

在许多地区，小家庭会通过分家试图脱离父（母）辈的控制。而在古源村，分家长期以来都是由婆婆主导的，这是为了老人自己的家庭规划和生活的便利：

> 3组组长一家，在20世纪70年代是结婚后就分家。这一安排是婆婆的意思。以前媳妇不可能提分家，因为当家的都是婆婆。
>
> 张金花，8组人，今年70岁。这边基本上是生一个孩子就分家，不分家的是极少数。丈夫是家中独子，20世纪70年代只有极少数独子分家。自己当时不想分家，是婆婆要分的。

可以看到，不管是分家还是不分家、是早分还是晚分、以什么方式分，分家的主导权都掌握在婆婆等长辈手中，年轻的儿子、媳妇则缺乏话语权。在这种强势的父（母）辈权威之下，父子轴完全压制了夫妻轴，晚辈夫妻听命并从属于父（母）辈。

宗族和家庭控制、规训着个人，但也在日常生活中为个人提供支持与保护。无论是面对动荡不安、冲突频发的时局，还是在资源紧缺、偏远闭塞的山村谋求生活，都需要父系的兄弟、房支、宗族间紧密合作，以对抗风险。村民唯有兄弟团结才能不受欺压，才能在地方社会中获取更多的物质资源与话语权。正如村民张明秋总结的，"有威望的人主要看辈分、兄弟人数、有没有钱和权。兄弟多的，别人即使有理也是没理。在村中还是兄弟多、人多势众最好"。

"人多势众"在村庄生活中大致表现为如下三个方面。

首先是紧急情况下的一致对外。在传统时期,本地人和湖北人、山上人和山下人之间冲突频发。当个人或小家庭陷入冲突,自家兄弟必然要前去援助,兄弟越多,战斗力也就越强。过去,湖北人、塘城人常来此地偷树、偷采金矿。因为没办法罚外地人的钱,村民通常会采取暴力手段解决问题——兄弟齐上阵,和他们打架。对此,张某总结道:"外来的人30人以下来这边我们都不怕。"新中国成立后,冲突虽然减少了,但兄弟间仍然团结,遇到事情无分对错,都会无条件地出来帮忙:

> 在20世纪80年代,古源村有个姓张的小伙子要结婚,他找月塘镇一户专门放高利贷的吴姓人家借钱。到了时间,小伙子没还钱,债主上门讨债。结果张某不仅赖账,还和自己的兄弟一起打了债主,逼他下跪。对此,村里人评价这户人家"兄弟多,会打人,都帮自己的兄弟,很乱"。
>
> 而到20世纪90年代,村长张明荣到一人家里收提留款,对方态度强硬,不肯交,表示"有钱都不给",还和自己的两个亲兄弟合伙打张明荣。不过最后他们打输了,于是便乖乖交了提留款。

在生存环境恶劣、本地冲突多发的情况下,唯有兄弟多且抱团的家族才能不受欺负。故而,为了更好地生存,各个家族的兄弟都得团结起来,至少在紧急情况下能发挥合力,保护自家人。但这种团结也逐渐演变为无条件地为自己的兄弟撑腰，哪怕自己的兄弟并不占理。

其次是日常救济。当因结婚、买房子、生病等问题面临经济困难时，亲兄弟都是处于借钱的第一顺位。甚至兄弟在得知自己遇到困难后，会主动借钱给自己，不用等自己开口。找亲兄弟借钱是理所应当的，找完亲兄弟之后，才会去找其他朋友借。张明文和我们分享了他借钱时的思考：

> 张明文和兄弟的关系属于比较亲的。他借钱的顺序是先找亲戚，再找朋友。借钱的首要标准是信得过。即使对方钱再多，张明文如果知道对方不会借，就不会开口。张明文估计如果哥哥有10万元，自己大概能借出一两万元。朋友的话，这个比例会更小些。

在借钱的问题上，张明文考虑的重点是对方愿不愿意借。"是否愿意"与双方的交情、亲密程度密切相关。亲兄弟在关系的亲密程度上通常高于朋友，位于日常救济的第一顺位。也正是因为如此，即便是身边还有其他有钱的朋友，如果知道对方不会借，那就不会开口，而会选择愿意借钱给自己的亲兄弟。同时，兄弟之间借钱也是不收利息的。如张明凤在建房的时候，自己的积蓄只有8万元，所以又找兄弟借了8万元，没有利息。

张明文的例子并非个案。在古源村，兄弟之间借贷绝对不会收利息。如果收了亲兄弟的利息，会被视为"过分，不会做人"。相比之下，向五服之外的亲戚要利息就完全没有问题。简言之，兄弟关系可谓是最紧密的社会关系，亲兄弟有着义不容辞的救济责任，理应在兄弟遭遇经济困难时提供支持，而这种支持是不求回报的。

最后是"自己人"的伦理责任。除了陷入困难后的救济，兄弟之间在日常互动中也将彼此视为自己人，并且承担起一部分责任。在由"父子一体"衍生出的"兄弟一体"的伦理的作用下，兄弟的孩子也如同自己的孩子一般。叔叔伯伯教训侄子，甚至动手打侄子都是很正常的事情。家中的女人们也不会反对。"自己人怕什么？"也因为这种自己人的责任，村民目睹兄弟遭遇偷窃，哪怕得罪人也必须要告诉兄弟，而看到和自己无关的人被偷，则通常不会说，以免得罪人。倘若有人打了光棍，其他兄弟会照顾他，侄子也会为叔伯养老送终。

不管是在日常救济中还是在生产生活中，以兄弟关系为代表的族亲关系都起着重要作用，甚至大过小家庭的夫妻关系。兄弟关系是强宗族制度的第一步：它意味着两个已然分离的小家庭能在多大程度上以宗族和父权制的意识形态紧密联结。

而在这种紧密的兄弟关系背后，强有力的宗族在族人的日常生活中也起到了维持日常秩序的作用。从个人到小家庭，都需要服从其刚性的制度规范。对个人来说，宗族维持着内部的道德秩序，也起着协调冲突的作用。如发生偷东西的情况，按照族规，偷盗者需要被浸猪笼，且家里不能去收尸。对小家庭来说，分家、过继这类事情均属于宗族管辖的事务。分家需要宗族内的权威来主持，以维持公平，一旦不公平非常容易闹意见。而族内过继则需要请来宗族的长辈写下契约，共同见证，才具有效力。倘若日后发生冲突，宗族也会进行调节和控制。对于家庭与家庭之间，宗族也需要协调其矛盾冲突，维持族群内部的和谐与稳定。当医疗事故发生在宗族内部时，宗族长辈需要协调双方私下解决，以避免矛盾冲突进一步激化、升级。

总的来说，父系家庭的强大是古源村整合社会之下家庭形态的首要特征。强父子轴指向的是父代对子代的控制与日常生活上的主导安排。强兄弟关系则在横向上将各个小家庭联结起来，发挥着互助合作与救济的作用。在此基础之上，宗族整合了个人与家庭，维持着宗族内部的日常秩序，且对破坏秩序者予以惩戒。

匮乏下的分中有合

然而，这种强大的父系家庭也会因现实情境而调整其组织方式。古源村在很长的一段时间里都经历着经济匮乏的现实危机。面对经济上的贫苦，家庭做出的另一个妥协是不选择宗族文化倡导的大家庭模式，而是选择尽早分家，各谋生路。但分家后各家仍保持密切的互助合作，呈现出"分中有合"的特点。

古源村村民往往在结婚后就分家或生了一个孩子后就分家。结一个分一个，子女多的也可能等前两个结婚了再分，即系列分家。如果遇上家里有人去世，也会尽快分家，而不管孩子们是否已经结婚成家。在经济条件较为困难的时期，这种分家方式也是匮乏经济下维持生存的重要手段。例如张金花刚嫁到古源村时，夫家一年只能割几百斤谷子，野猪多，没什么收成，只能吃红薯丝，还要交公粮。当时她的丈夫有两个姐姐和两个妹妹，丈夫是家中唯一的儿子。当时极少有独子分家，张金花不想分，但婆婆主张分家，目的就是让张金花夫妻自行承担养育子代的责任，这样公公婆婆的负担可以适当减轻。

因为这一时期大多数人家都经济拮据，并没有太多家产，所以分家的时候如果有两件东西就一家一件，如果只有一件就两家共用。除了分家产，家中有债务的还需要分债。分债的时候，常以债务的主要责任主体来进行划分。如结婚欠的债，新人承担，不是结婚欠的钱，则老人承担。分家后，各家负责各家的人情往来。

在这种匮乏经济之下，分家也被赋予了承担责任的意涵。在分家之前，在代际关系紧密的家庭中，子代即便结婚仍需要听从父代的安排，自主性和独立性较低。结了婚、有了孩子，自己出来单过才能真正承担起责任，否则就会产生不分家就会懒的情况。

> 两个儿子结了婚生了孩子才分家，"要有了负担才分家"，不懂事不能分家。四儿子、五儿子还是单身，所以一直没有和他们分家。袱包也是自己帮忙写，分家以后才需要他们自己写。（楚老太）

> 家不分不发，胡椒不细就不辣。一结婚就分家，不分就会懒。（张明室）

费孝通指出，家庭抚育作用的基本目的是养成和实现独立的社会分子，以实现社会继替。[①]而从受到父母的荫庇到成熟独立，需要子代心理层面的转变。在古源村，"分家"被视为孩子有了负担、该"懂事"的重要节点，即社会性断乳的成年仪式。从整体来看，在分家这一过程中，两代之间的责任会产生变化。在经济较为困难的年代，结婚分家、让核心家庭从主干家庭中早早独立出去，也意味着让子代更早承担小家庭的责任，从而减轻主干家庭的压力。从整体来看，结婚后分家也能够更好地满足全家人对生存需求的选择。也因为如此，分家对父代来说，并不是子代挑战父代权威的行为，而是父代主动选择核心家庭的结果。

　　但分家早并不意味着兄弟关系和代际关系的松散。与此相反，古源村在分家之后，兄弟之间虽然在经济上彼此独立，但彼此之间仍然保持密切的关系，以家庭为单位进行互助合作，即分中有合[②]。各个小家庭之间、子代和父代之间互动仍然频繁，兄弟依旧被当作自己人。兄弟们也会把赡养老人视为理所应当的事情，也不会彼此算得很清，谁家能照顾就照顾，能出多少钱就出多少钱。各个家庭借此获得能力范围内的社会支持，这同样是基于生存理性的选择，也是匮乏经济下宗族文化倡导的大家庭理想的表现。

---

　　① 费孝通.生育制度.北京：群言出版社，2016：141.
　　② 麻国庆.分家：分中有继也有合：中国分家制度研究.中国社会科学，1999（1）.

这种分中有合首先表现为核心家庭间仍是联结紧密的合作单元。在生产生活中，兄弟之间的互助合作频繁，且通常是合作的第一顺位。在第三章中，我们也看到，从传统时期到2000年前，牛在田地耕作和造纸业中都发挥着至关重要的作用，也因为如此，几乎家家户户都需要用到牛。在自家无法单独养一头牛的情况下，兄弟合作养牛是一种最为常见的选择。

除了生产生活中的合作，兄弟之间的相互救济也十分常见。在动荡、破碎与经济匮乏之下，倘若一个兄弟身亡，其他兄弟就需要承担起抚育兄弟遗孤的责任。如果嫂子或者弟媳还能抚养侄子、侄女，兄弟会在其他方面出力，例如帮忙做事或出钱，且无须偿还人情和财物。如果侄子、侄女无人抚养，兄弟则会把孩子直接接到自己家里。张明室父亲的经历就是如此。他的父亲8岁失去了双亲，一直跟着叔叔婶婶生活。他的叔叔婶婶也有自己的孩子，当时给他吃两样饭。张明室父亲一直念自己叔叔的好，在叔叔去世时痛哭，非常伤心。

可以看到，兄弟之间情同手足，是最为亲密的存在。兄友弟恭的人伦秩序也规范了兄弟之间的伦理责任。自己在遇到困难时，也是首先向自己的兄弟寻求帮助。而当兄弟陷入困难时，自己也必然有提供帮助的义务，否则就会受到非议。即便在匮乏的经济状况之下，古源村强有力的父子轴发生了一些变形，呈现出尽早分家的特点，但"父子一体、兄弟一体"仍然是日常生活中实践着的伦理。

总的来说，分中有合在尽早分家的方式中，表现为家庭为应对匮乏经济，而采取偏离常态的小家庭形式以维持更高层面的家庭整合。分家仅作为经济资源有限的情况下延续家庭的选择，其内核是对家庭伦理和责任义务的强调，让子代更早承担小家庭的责任，从而减轻主干家庭的压力。分家后，各个小家庭只是在经济上作为独立结算单位，但在社会层面，强有力的宗族伦理仍将小家庭整合在了一起。兄弟间仍保持着密切联系，以家庭为单位在生产生活中进行互助合作。

可以看到，面对各式各样的现实困境，基于共同的家庭理想，人们能够灵活把握不同层次的家庭与宗族关系，尽可能地维系家庭存续，组织日常生活。而日常生活的组织则是基于宗族文化以及父子、兄弟、族亲的核心关系圈层进行的。作为"外人"的年轻媳妇则成为村庄政治、经济、社会层面的边缘人，并在伦理纲常的指导下成为遭受控制、规训的主要对象。

◎ 强宗族下的婚姻形态

宗族底色之下，古源村的婚姻形态在整合社会中也呈现出嵌入地方社会和宗族制度的特点。从婚姻缔结到婚姻关系的维持，宗族在其中都扮演着重要作用。而相较于代际关系强调家庭内部的纵向关系，婚姻关系则是在两个宗族之间建立横向的联系，在此基础上组织起地方社会。

婚姻缔结：世系绵延的必要

乡土中国式的古源村虽呈现出整合社会的样态，但也经历着社会动荡。

一位 20 世纪初出生的古源村农民，其前半生会不可避免地受到家国时局的裹挟和倾轧。古源村地处江西、湖南、湖北三省交界，山高路远，"红白"交杂。从井冈山时期到抗日战争、解放战争，这里都成为多方角逐的游击战场。连续的纷争破坏了生产，造成了人口的离散与凋零。人们必须设法在战乱、饥荒、贫困中保全性命，维系家庭的繁衍，使那根绵延的"香火"永续不断。此时的"家庭"其结构与功能虽发生缺损，但依然在观念与社会层面，为乱世下惶惑的个人指引了方向。宗族的强大传统在这种现实危机面前也在发挥着整合作用。而延续香火的第一步便是缔结婚姻。故而，即便是在动乱年代，各家也会勉力为子代安排好婚事，以实现传宗接代的目标。即使因为现实困境面临绝户，族人也会设法为其寻求合适的配偶，以保证支脉不断。

20 世纪 30 年代的某天，一场阴谋正在酝酿。在山下张姓的引路下，国民党武装闯入古源村，将山上刘姓"下房头"的男性全部杀害。如果您阅览过前两章就会知道，山上与山下、张姓与杂姓的不均衡结构是此地长期冲突的主轴所在。张姓大多亲近平原地带的国民党与强宗大族，杂姓则更愿意为共产党提供帮助。刘姓分上、下两个房头，两者的人丁在新中国成立前几乎都加入了共产党。山上山下、大姓小姓的矛盾与国共间的武装斗争纠结在了一起，造就了复杂混乱的局势，导致暴力事件与杀戮不断发生。

"下房头不能绝户"，剩余的刘姓族人对此达成了共识。最终，上刘家的一位男丁娶了下刘家的遗孀，将生下的两个孩子过继到了下刘家，使下刘家的香火得以延续。我们正是从这两个孩子的后代口中听到这段往事的。

弱小的宗族在尽自己所能维系破损的家庭，飘零的个人也希望通过建立家庭来落地生根，重新组织自己的生活。张三政的父亲就是这样，带着4岁的孩子和老母亲从湖南宁乡逃荒到了古源村。靠打零工过活了一段时间后，老母亲去世了，张三政的父亲便将其葬在古源村人迹罕至的山顶。张三政的父亲知道，在混乱的时局下，自己一个带着孩子的外乡人将举步维艰，他必须设法让自己和孩子融入地方关系中。而建立婚姻关系是融入本地生活的重要手段，所以他选择到15公里外的塘城镇做了上门女婿，同时将张三政过继给了古源村的一户张姓人家——他家同样因战乱绝嗣。今天，张三政和他的父亲已经各自在古源村和塘城镇落地生根。只要有空，他还会到不远的荒山上为自己的亲奶奶扫墓祭奠。

无论是宗族还是个人，在混乱局势下都保持了维系小家庭的理想，因为只有缔结婚姻、建立家庭，才能组织起男耕女织式的家庭经济，才能传宗接代，个人才能融入宗族性的地方社会。在这里，我们可以看到，古源村乡土中国式婚姻关系的重点在于延续后代，这也与宗族实现世袭绵延的目标相一致。当遭遇家庭破碎与经济匮乏的现实危机，或面临社会动荡与不确定性时，保证香火不断依然是古源村家庭努力的目标。各个家庭寻求不同方式，勉力缔结以生育为目的的婚姻，维持家庭的完整形态，在破碎中弥合。在这个过程中，宗族也会提供帮助，保证宗族成员都可以成家，甚至采用入赘、童养媳等特殊的婚姻与家庭组织模式来应对危机。

古源村童养媳的婚姻模式也是匮乏经济下为实现传宗接代而诞生的产物，这一婚姻模式已经嵌入于当地大小姓的宗族结构中。这种变形的婚姻模式的背后仍是宗族的实践逻辑。对于娘家和夫家来说，最重要的目标还是维系父系血脉，而童养媳就是匮乏状态下实现这一目标的方式之一。古源村的童养媳多来自小姓家庭。很多家庭因为贫困无力抚养孩子，而且很多小姓宗族无法为条件困难的家庭提供足够的支持，所以这些家庭便在女儿十四五岁时就将她们早早嫁出，以减轻家庭的经济负担，以便更好地养育儿子。娶童养媳的则以张姓这一大姓为主。对大姓宗族来说，娶童养媳这一方式能够以低成本缔结婚姻、延续家族血脉，同时在父权的控制下，童养媳完全服从婆婆的管教，作为廉价的家庭劳动力而存在。

这些童养媳在十四五岁就来到了夫家。但在18岁以前，她们只能和婆婆睡在一起，由婆婆进行管教。在长达三四年的日子里，她们每天都在婆婆的监督下学习各种家务，如砍柴、端茶、做鞋子等。这里的"管教"并不是简单地教学，而是掺杂了大量虐待行为，甚至到了许多童养媳无法忍受的地步。也正因为如此，在新中国的《婚姻法》颁布以后，大量本地的童养媳纷纷提出了离婚。

事实上，对古源村的宗族来说，延续香火的重点是使家族的社会性生命得以延续，也即维持世系关系。因而，在面对绝嗣这样的特殊情况时，如果无法以入赘或童养媳的方式缔结婚姻，古源村的村民也会普遍采用过继这一特殊方式来应对。据张明加回忆，在他所在的一个不超过20户的生产队中，20世纪40年代出生的孩子中有十几个都是过继或者买来的，占了2组家庭的绝大多数。而随着经济条件和医疗水平的提高，因家庭破碎而不得不选择过继的情况也有所改善。在我们收集到的过继的具体案例中，只有1例发生于20世纪70年代，4例发生于20世纪50年代，3例发生于新中国成立前。20世纪60年代以后生活条件变好，饿死人和因为贫困打光棍的情况变少，绝后的压力减轻，本地的过继现象也就相对减少了。

钱杭指出，决定宗族存在与否的基本要素是世系关系，而非血缘关系，也非组织和功能。这种世系关系的关键在于"在一种推定的系谱关系上"明确共同认定的祖先，故而可以基于血缘，也因婚姻、立后等安排而超越血缘，其实现则视具体条件而定，不必拘泥。[①]换言之，对古源村的宗族来说，个人只是家庭和家族中的符号，重要的是宗族的世系关系在每个节点上都能够完整，宗族的根系永不断裂。不论是过继，抑或是入赘、童养媳，只要能够实现世系绵延，均可采用。在这

---

① 钱杭.宗族建构过程中的血缘与世系.历史研究，2009（4）.

一过程中，古源村的宗族也会提供支持，为绝嗣的家庭从其他房支中寻找过继人选，以尽可能保证宗族下的每个小家庭都得以实现社会继替。在宗族成员遭遇生存危机时，宗族会提供基本的救助，使个体在晚年能够入土为安。当成员被迫离散在外时，一旦有可能，宗族也会帮助其回归社区。

但这样说，仿佛个人和宗族在家庭的问题上总能保持一致。然而我们不难发现其中的裂痕：一方面，混乱的时局促使个人背井离乡，人们通过人口流动来避难、求生，因此不得不离开宗族；另一方面，宗族要在保持自身结构完整的前提下实现流动却不是一件容易的事。这时，人们要如何处理自身与家庭、宗族之间的关系呢？我们可以具体看看张明加的例子。

张明加是在距古源村50公里外的上杭乡出生的。新中国成立前，为躲避战乱和国民党抓壮丁，外婆带着张明加的母亲和舅舅躲避到50公里外上杭乡的一座寺庙中。为求谋生，外婆将母亲嫁在了上杭。战争平息后，外婆和舅舅回到了古源村，母亲没有一起回来。兵过如梳，回到家乡的外婆和舅舅依然贫困，舅舅根本无力娶妻。于是外婆只得联系母亲，将张明加过继给了二舅（因大舅也没有后代，张明加也要给他养老），未来张明加的两个儿子分别为大舅、二舅延续香火。

张明加能够过继回来的前提，是他还有两个弟弟在上杭，为那边接续香火。这里我们可以看到两种流动：一种是在外部条件的胁迫下，个体脱离了宗族，在外地建立家庭；一种是同样在外部条件的推动下，个体基于宗族文化的香火观念和过继制度，从外地回到家乡。这反映了动荡局势下个人和宗族应对现实情况的弹性：当家乡生活难以持续时，个人和小家庭可以离开宗族，个人可以在外地建立家庭。但是，一旦条件允许，尤其是在小家庭还相对完整（外婆带着两个舅舅）的情况下，人们还是要尽量回归宗族，落叶归根。

然而，回归家乡的家庭仍然要面对经济贫困、香火断绝的困境，这时人们也可以向飘零在外的家庭成员寻求帮助。而张明加的母亲，基于宗族型地区延续香火的共识，基于对娘家的同情，基于自己有三个儿子的现实条件，同意将张明加这一个人从小家庭中分离出去，使其回归到娘家的宗族当中。

所以我们看到，即便是在面对战乱、灾荒以及贫困带来的人口减损和家庭破碎时，古源村的个体仍勉力维持自身与小家庭的生存，尽可能地保证子代成家，以延续宗族与房支的血脉。个人始终抱着家庭完整的愿景，并为此不断努力。而宗族必须延续的世系关系也要求家庭中的个体采用特殊的家庭组织模式来应对绝嗣等情况。同时，强有力的宗族也在发挥整合作用，为小家庭提供支持，从而使其不至于真正破碎，以实现世系绵延这一目标。

婚姻维持：宗族制度的整合

古源村乡土中国式婚姻的缔结与宗族世系绵延的目标相一致。而在社区层面的婚姻实践上，婚姻圈也嵌入于本地的宗族结构中，与大小姓的势力结构及宗族文化圈同构。稳定的通婚圈的形成需要以日常经济和社会生活中的密切互动为基础。而在古源村，宗族文化则为这种日常互动划定了认同的边界，这一边界的划定进而影响着婚姻制度。

在新中国成立前，古源片多陷入人口离散、家庭破碎的困难情境。同时，古源片被多个市场与社会生活圈所分割。在物质匮乏的情况下，强势的宗族导向的是以宗族为单位的矛盾与冲突，地域性宗族关系紧张。这种宗族文化及宗族关系也直接影响了古源村的婚姻形态。新中国成立前，山下张姓与山上的杂姓之间因为关系非常紧张，开亲被村民认为是无法想象的。

而在新中国成立后，当社会秩序趋于安定，宗族间的矛盾与隔阂逐渐消除，地域性宗族文化圈的整合力量就再次彰显出来——宗族文化作为共享的文化认同，为地域社会确立了边界。古源村的小农获得了土地，离散在外的村民也有机会迁回原籍。宗族成员纷纷回归，人们很快在家乡重新组织起日常的经济生产与社会生活。

同时，正如第二章所述，在国家主导的社会整合下，古源片的地域社会得到了重建。随着区划调整、集体劳动、学校制度及新的市场体系的建立，古源片的村民在生产生活中频繁互动，以生产队为基础的地缘关系开始发育。姓氏、地域、族群的矛盾在一定程度上也逐渐消弭。在地域性宗族文化的牵引下，村民的日常交往圈子重新归拢到了古源片的地域社会。此时，古源村民终于有机会依照宗族文化下的家庭理想重建村庄的婚姻家庭制度。

在古源片日常经济和社会生活密切互动的基础上，一个相对稳定且集中的地域性通婚圈逐渐形成，且与宗族文化圈同构。图 4-1 统计了古源村既有个案在 1990 年以前的通婚范围。

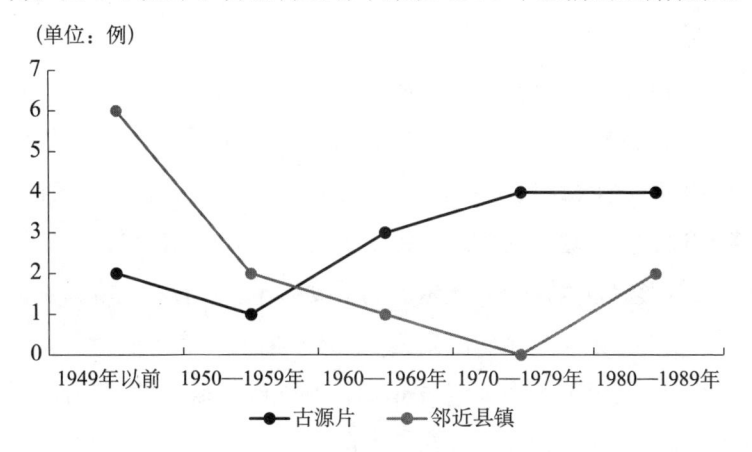

图 4-1　古源村既有个案在 1990 年以前的通婚范围

可以看到，从新中国成立前到新中国成立后，古源村的通婚范围经历了从邻近县镇向古源片集中的明显变化。在 1949 年以前的 8 个案例中，仅有 2 例为古源片内部通婚，比例仅占 25%。另外 6 例的婚配对象则分散于周边的不同县镇，其中 2 例为湖北白岩人，1 例为宁县人，另外 3 例分别为邻近但不属于古源片的塘城镇人、洋泾村人、云坑村人。可以看到，这基本符合新中国成立前古源片日常经济活动所分属的几个不同板块。而在新中国成立后，两者的比例发生了逆转。1950—1989 年，古源片内的通婚数量保持了稳步上升的态势，且在除 1950—1959 年这一过渡时期外的所有时间段均高于邻近县镇的通婚数量。最终，在1950—1989年的总共17个案例中，12例为古源片内通婚，仅有5例为邻近县镇通婚，古源片内的比例超过70%。这与新中国成立前古源片内通婚仅25%的格局形成了巨大的差异。

据刘秋藩的回忆，正是从20世纪60年代起，张姓才开始与小姓通婚。刘秋藩自己的三儿媳妇就是山下的张姓，她则于70年代初嫁到山上刘家。在集体化时期这一改变仍然有限。刘秋藩指出，这一时期虽然打破了过去互不开亲的惯例，但一直没有形成较大规模的通婚。到了改革开放以后，经济条件进一步改善，山上与山下的宗族之间不再存在生存上的竞争，关系更为缓和，日常互动往来增多，开亲的规模才进一步扩大。时至今日，山上山下之分已经不再是年青一代择偶时需要考虑的重要因素。

在古源村通婚圈的变化中，我们可以看到宗族底色在其中发挥的决定性作用。在新中国成立前物质匮乏的生活中，宗族间日常冲突频发，这种宗族间的关系也直接决定了通婚的范围。而在新中国成立后，国家主导的社会整合消弭了族群间的矛盾后，宗族则重新发挥其作为文化认同的地域整合功能。共享的宗族文化认同为人们的日常互动划定了边界。在这一文化圈内，一套共识性的婚俗规范与婚姻市场基于日常密切的互动交往而产生，进而以姻亲为纽带，以婚俗为情境，强化了人们的社会交往以及对社会文化的共识。姻亲的往来也进一步提升了地域社会内不同村庄间的社会交往密度，进而提高了其社会规范的共识性以及社会整合的水平。

而在这一地域通婚圈内，婚姻实践也都被强有力的宗族整合，从而服膺于一套共享的宗族伦理秩序。宗族自身的发展与稳定，及其为族人提供的支持与庇护，是以对个体的高度整合与控制为前提的。麻国庆将宗族功能概括为控制宗族成员和控制其他宗族，以此达到控制地方事务的目的。[①] 在宗族中，每个宗族成员都有一套制度化关系明确的义务需要履行。宗族成员必须为了满足宗族发展的需要而恪尽职守。长老权威和宗族始终具有统摄性作用，有权对宗族成员的逾矩行为进行惩戒。

具体到每个家庭中，每个家庭成员都需要遵循由丧服制度衍生出的"父子一体、兄弟一体、夫妻一体"的伦理责任[②]，父子之间父慈子孝，夫妻之间相敬如宾，兄弟之间兄友弟恭。其中，兄弟一体、夫妻一体的家庭伦理关系是在父子一体的基础上派生的，故而完全依附于父子一体的伦理，使得父母与儿子的关系压倒了其他关系。正如费孝通所总结的，家是个绵续性的事业社群，主轴在父子之间，在婆媳之间是纵的不是横的。[③] 婆婆的权威源于"父慈子孝"中"孝"的名义所确立的长辈权威。这种长辈权威也体现在婆婆对新媳妇社会化、习得规矩的教导之中。

这种整合与控制首先基于女性需要严格遵循的规范以及

---

① 麻国庆. 家与中国社会结构. 北京：文物出版社，1999：72.

② 周飞舟. 差序格局和伦理本位 从丧服制度看中国社会结构的基本原则. 社会，2015，35（1）.

③ 费孝通. 乡土中国. 上海：上海人民出版社，2013：39.

背后的观念文化得以实现。从丧服制演化出来的服从关系要求女性"三从",即出嫁前"从父",出嫁后"从夫",夫死后"从子"。①出嫁从夫也体现在"从夫居"的制度上,女性婚后进入丈夫的血缘亲属团体,在获得新的社会身份的同时,也需要履行一系列的责任义务,遵守一套相应的社会规范,如生儿育女、侍奉公婆、参与家务劳动等。

传统家庭内部男女之间有明确的分工,通常是男主外,女主内。女性除了完成绵续香火这一首要任务之外,也要负责家庭事务的管理。过去,这些事务由婆婆负责。基于在家务操持中所建立的权威以及长辈权威两者的结合,婆婆对新媳妇有着不容置疑的教导权与控制权。年轻女性始终处于家庭中的被支配地位。

尽管宗族和家庭在某种程度上也为妇女提供庇护,正如本节开头楚老太故事中呈现的那样,然而,其前提是女性接受并且服从这一系列的安排,且履行了自己的义务和职责。结婚的主要目的是传宗接代,女性在生育孩子之后,才在社会中真正具有"成员权"。只有伴随其年龄的增长,作为母亲与婆婆的她获得了父权的加持,才能在家庭和社会中具有更高的话语权。然而,这也意味着新一轮的婆婆压迫媳妇的开始。

那么,娘家为何不支持嫁出去的女儿呢?

古源村乡土中国式的婚姻嵌入于稳定的农耕社会中,婚姻

---

① 金一虹. 中国新农村性别结构变迁研究: 流动的父权. 南京: 南京师范大学出版社, 2015: 83.

并不是夫妻双方个人的事情，而是两个家族之间缔结的契约关系。姻亲关系起到了黏合两个家族的作用，将普通人家与更有权威的宗族联系起来，从而他们可以更接近乡村社会中的资源。① 而婚姻关系的破损也会影响家族之间的关系，故而娘家与夫家的家族成员也会将维护婚姻关系的稳定视为自己的义务。

父代对子代的支配也是宗族型地区的共识，婆婆对儿媳的控制与欺压是娘家默许的。如前文提到的婆媳矛盾等冲突只要不是太过分，娘家并不会出面支持女儿，甚至会帮助婆家一起教训不守规矩的媳妇，以维持姻亲关系的稳定。

当然，娘家势力的强弱也会影响其出面干预的可能性，来自强宗大族的媳妇更可能从娘家获得支持。但大多数媳妇，尤其是童养媳，通常都是从贫穷的家庭嫁到如张姓这样的强宗大族中的。对这些贫穷家庭来说，父系外婚法则和婚后从夫居的模式意味着女儿终究要嫁出去，所以人们通常认为女儿是负累。例如古源村的魏氏在 15 岁被嫁到张家的时候，只因家里养不活自己，觉得自己是个负累。在匮乏经济的情况下，家中有限的经济资源都留给了负责传宗接代、保证香火绵续的儿子，嫁出去的女儿是泼出去的水，不会受到重视。而由于娘家的财力和势力远弱于婆家，维持姻亲关系的稳定对他们来说远比女儿的生活境况来得重要。

同时，女儿虽然嫁到夫家，但先赋性的家族身份仍然存

---

① 杜赞奇. 文化、权力与国家. 南京：江苏人民出版社，2003：15.

在。离婚、出轨等越轨行为的发生也会给娘家的宗族女性带来麻烦，败坏未出嫁的姐妹与嫂子、弟媳的名声。所以娘家宗族必须捍卫宗族文化下的秩序规范，对其进行控制。女性在婆家遭到压制只能认命，在娘家根本得不到同情，这一地区性家族制度的形成与维持是以牺牲女性利益为代价的。当婚姻中女性发生越轨行为时，夫家会与其进行切割，直接将其赶走或交由娘家进行管教。如20世纪80年代和20世纪90年代，当村里发生通奸事件时，老干部调解时会带几百人"打人命"，即到第三者家把东西吃光砸光。"打人命"针对的都是出轨的男方家，而犯错的女性则由娘家的父亲和哥哥进行教育。"没听说过打女方的。"犯错的女性会被婆家人带着去找娘家的父亲、哥哥教育。

  在这种共同的宗族文化下，女性在婚姻中遭受的剥削与压迫也绝非个例，而是宗族文化圈内的普遍现象。夫妻关系通常是宗族制度中的不确定因素：妯娌间的矛盾、媳妇对婆婆的反抗都使得年轻媳妇希望将小家庭与大家庭剥离开来。但面对这种分化，宗族文化强有力的整合控制将女性牢牢地束缚在家庭内部合适的位置上。当然，这种整合控制也有松动的空间。宗族的松动也往往从后天建构的夫妻关系开始，而非兄弟、父子这些先赋性的血缘关系。但是在乡土中国时期，此地的宗族势力强大，婚姻中多方全方位地压制女性，因而这种松动的空间十分有限。童养媳的离婚潮可视为对这种婚姻制度的一种反抗，但其结果并未产生大的改变。

在新中国的《婚姻法》颁布后,古源村的童养媳纷纷提出离婚,想借此脱离水深火热的生活。《婚姻法》的出台在相当程度上释放了这种积怨,解决了历史所积累下来的问题,但依然无法彻底改造本地的婚姻与家庭。尤其是集体化制度成熟之后,强大的行政力量与父系宗族实现了一定程度的互嵌与合力,生产单位仍然与宗族同构。这在一定程度上恢复、建构了宗族文化下的婚姻与家庭理想。在第一次离婚潮后的整个集体化时期,本地几乎没有再出现离婚现象,直到20世纪90年代有了外地媳妇,本地才又有了离婚的案例。

我们重新回看古源村乡土中国式的婚姻家庭制度,就会发现它是与宗族制度紧密嵌套在一起的,且嵌入地方社会。婚姻关系服膺于宗族文化下的秩序规范,且与宗族发展的目标一致。宗族整合了个人与各个小家庭,同时也为其提供庇护。

但需要注意的是,整合社会家庭与婚姻制度的一般形态也会因现实困境进行调整,采取特殊的方式来应对。不管是尽早分家,抑或是童养媳,其实质都是分中有合,即家庭在面对匮乏经济之时,采取了偏离常态的分离重组方式以维持更高层面的家庭整合。一方面,在尽早分家和童养媳的制度中,兄弟关系和包括夫妻关系在内的姻亲关系看似偏离了正常轨道,呈现出"分"的样态,但其实质仍是遵循宗族逻辑。尽早分家虽然拆散了大家庭的理想样态,但在分家后,各个核心家庭仍是合作互助的单位,履行其应尽的义务。娘家将女儿早早嫁出去意味着有更多的资源投入到自家延续香火的男丁身上,夫家则以低成本获得了传宗接代的媳妇,并以强整合的方式压榨童养媳的劳动价值。而这一父系优先的逻辑竟是娘家与夫家彼此认同的。所以我们可以看到,家庭虽有分离、偏离正常形态的一面,但这一面也受到宗族的整合,转而在更上一层维系着紧密的关系,其目的与最终结果仍是"合"。

总的来说,在乡土社会时期,古源村的个人与家庭虽然也面临生存危机,濒临破碎,但宗族对其发挥了整合作用。个体作为宗族和家庭的成员而存在,奉献于家庭和宗族,根据宗族规定的伦理义务组织生活。需要认识到的是,在受到宗族整合、压制的同时,他们在一定程度上也获得了宗族的保护,从而得以在动荡不安、经济困难时维持个人的生活与家庭的存续。

2. 城乡中国的个体、家庭与宗族

2022年调研时，55岁的张顺仁说，这辈子的"人生大事"，他已超额完成了（一般是完成"三件大事"）：

第一件大事是娶妻生子，20岁时由父亲操办完成。

第二件大事是在老家盖新房，1994年以后边打工边回来盖，没几年便陆续建好。

第三件大事是儿子的婚事。2009年他出了3万元彩礼，又帮儿子起了房子，也是圆满完成了。

第四件大事,是自己父亲、祖父都不曾经历的,那就是带孙子。孙子2010年出生没多久孩子父母就出去打工了,孙子只能交给老人照料。孙子三年级前在村里,之后儿子在县城买了房,老两口就轮换着去县城照顾。如今孙子小学毕业,儿媳打算回来陪读,张顺仁和老伴也终于可以卸下担子了。

如今,张顺仁回到了村里,志得意满:平时和老伴种几亩田,养鸡、养花、养果树;时不时就带上土特产进城,不仅探望儿子一家,更兼探亲访友,与县城居住的亲戚老乡来往走动;有时还成为张氏及其他宗族活动的座上宾;偶尔还同村里的老人跟团旅游,2022年初到过长沙,过段时间还打算去上海逛逛。

回望张顺仁的四件大事,无一不以家庭为中心。千百年来,中国人正是以向上的祖先崇拜、寻"根"的意识和向下的香火观念作为信仰的一体两面,将个体的有限生命纳入家庭延续的无限意义当中。① 回溯张顺仁的一生,自改革开放以来,人们外出务工、村庄迈向城镇化的过程,都是以家庭——而非离散的个人作为基本单位的。个人通过外出务工改善家庭生活、帮助儿子成家;通过照料孙辈使儿子、儿媳能够外出务工,积累进城购房的资本。几十年来,中国农民正是通过这种"以代际分工为基础的半工半耕",在城乡流动和代际接力间实

---

① 董磊明.宋村的调解.北京:法律出版社,2008.

现了家庭的再生产与快速的城市化。①

现代性、城市性可能冲击传统的伦理观念，造成代际关系的松解。一种常见的、以西方现代化为一元模板的预言指出，现代性的到来必然削弱世系制度及父辈的权力，使家庭趋向核心化。②的确，现代性的生活方式往往促使子代在生活方式、行为模式、思想观念等方面挑战父辈，削弱代际权威，导向以子代家庭为主的、"孝而不顺"的"下行式家庭主义"。③父辈依然以子孙为生活意义，子辈却不再以父辈、祖先为重，代际交换出现失衡，进而造成老人的赡养困境以及代际关系中的伦理危机。④

然而，上述情形并未在古源村发生。例如完成人生大事的张顺仁，心满意足地回到家乡。现在的他，每天骑着人称"老头乐"的电动小三轮，往来于城乡之间，既可以帮衬儿子，也可以经营本地的社会关系，还可以通过抖音、旅游等活动过自己的小生活。这并不容易做到，相当一部分子女都希望祖辈一直在城里带孩子、做家务，不愿意放这个劳动力返乡，更不用说出钱让老人出去旅游了。对此，张顺仁的儿子为何没

---

① 夏柱智，贺雪峰.半工半耕与中国渐进城镇化模式.中国社会科学，2017（12）.
② 唐灿.家庭现代化理论及其发展的回顾与评述.社会学研究，2010，25（3）.
③ 阎云翔，杨雯琦.社会自我主义：中国式亲密关系：中国北方农村的代际亲密关系与下行式家庭主义.探索与争鸣，2017（7）.
④ 陈柏峰.代际关系变动与老年人自杀：对湖北京山农村的实证研究.社会学研究，2009，24（4）.

有意见呢？大体有两方面原因：一是要讲孝道，张顺仁自己也认同这一点，村里的、进城的老乡更是看重这一点；二是父亲还真有点"能量"，通过走亲访友、宗族活动认识了县、乡、村各级的不少人，在地方上有威望、吃得开。这很不简单，因为这在某种程度上意味着，拥抱现代性、跨越城乡的古源村能够依托特定的观念、关系、文化，弥合代际交换的失衡，使长辈权威、传统伦理在现代社会得到维系与重构。

若将视野拉向整个中国，便不难发现古源村的重要意义。显然，城镇化已经极大地改变了农村家庭的生产生活方式，使城市成为村庄外的重要生活场所。我们认为，中国式现代化的扎根，首先应当是家庭的扎根，家庭嵌入于城乡社区，在社会、文化的双重保障下，具备自身的功能完整性与文化主体性。在此背景下，古源村提供了一种典型情况，即在宗族这一地方性文化传统的牵引下，乡土社会的关系、伦理得以拓展到城乡社会。在迈向城镇化的过程中，宗族为家庭提供了社会支持与伦理保障，为个体提供了价值规范与文化滋养。

那么，在近40年来的巨变中，古源村民是如何应对外部观念的冲击？在城镇化过程中如何维系家庭伦理与结构的完整，并加以调试、重构，使之更适应现代社会和城乡社会？本节试围绕代际关系、婚姻形态两个维度加以探究。

◎ 代际关系：冲击与调试

古源村村民外出务工始于 1990 年前后。一开始是小部分人探路，1994 年开始大规模外出务工，从而使古源村民在传统农业和兼业之外又有了新的生计选择，为家庭带来了新的发展机遇。流动性与生计模式的变迁挑战了传统的观念与经验，进一步冲击了父辈的权威，并带来伦理规范的松绑。不孝的行为难以及时得到社区的监控与规训；外出务工带来的实用主义与市场逻辑挑战着代际的尊卑与规范；老人的经验在教育、饮食等方面落后于子代，使后者在家庭生活中更具话语权。

然而，在城镇化进程中，家庭依然为个体奋斗提供重要的动力与支持。在满足基本生活需要的前提下，古源村的家庭开始追求更高的家庭发展目标。人们必须形成力所能及的代际分工与合作，既通过"外出务工+村庄务工"提高收入、降低生活成本，也通过父母、祖辈进城陪读为子代提供更好的教育条件。在这一过程中，宗族型地区的文化传统为代际合作提供了稳固的价值基础，父代将自己置于整个家族的生命发展链条之中，作为联结祖先和子孙的重要环节担负起保证子女成家立户、繁衍后代的责任。新的家庭分工合作模式、权力关系、代际秩序在这一过程中逐渐形成。

伦理规范的松绑

在外出务工和城镇化的进程中，传统封闭的农村边界开始敞开，村庄开始和外部世界接轨，村庄外部的新兴事物随着外出务工人员的返乡以及县城到村庄的流动逐渐进入村庄生活。对村里的老人而言，他们最先感到不适的是称谓的变化。

在乡土社会，日常称谓是差序格局的显性标识，不断重复、强调着个人的身份，维系着村庄的长幼秩序。然而，这一规范已经越来越难以维持：

> 芳芳是26组的年轻姑娘，2022年上大三。她回忆，自己在大伯一脉有11个侄辈，6个比自己大，5个比自己小。自己上小学时，大小侄辈都会叫自己姑姑。后来，比自己大或者同龄的便不再叫自己姑姑，而是直呼大名，因为大家年龄本就相差不大。这种改变往往从村外开始，或者在学校，或者在打工地。刚开始，年轻人只有在私下才敢叫名字或绰号，在很多村里人在场的公共场合便不敢。但最近几年年轻人之间都已经不太在乎，在村里的正式场合直呼其名也无所谓了。如今，11个侄辈里只有两个十四五岁的还会叫自己姑姑，因为他们小自己很多。芳芳指出，自己父亲往上的老一辈就不同，他们私下虽会互称小名，但不敢在村里的正式场合乱来。

传统规范行之有效的基础是乡土社会的安土重迁，而在一个快速变迁的社会中，传统规范的效力难以保证。[①] 外出务工带来的流动降低了传统规范的约束力和控制范围，使父代对子

---

① 费孝通.乡土中国.北京：北京大学出版社，2016：87.

代缺乏身体在场的控制，无法进行时时监控。于是，不少老一辈坚持的称谓、礼节逐渐失效，或仅限于特定场域。

另外，外出务工遵循着一套不同于村庄社会的交往逻辑，其权威亦非长幼有序的传统伦理。外部世界的关系、观念结构迁移到村庄，亦对乡土社会造成了冲击。例如，经济经营遵循市场逻辑，个人的利益、能力便可能与伦理关系相错位。譬如打工者强调揽活至上，谁能揽到活，大家就听谁的。如果侄子是包工头，即便侄子辈分低，叔叔也应该听侄子的。这一观念得到了村民们的公认，并被迁移到了村庄的日常用工当中。当然，在这个过程中，侄子仍应该优待叔叔。如果抽取叔叔一部分介绍费，或是因为叔叔干活不好而开除叔叔，村里的人会私下议论这个人"只认钱，不认人"，但也仅此而已。即使是直接的利益冲突，例如侄子主动抢了叔叔的项目，叔叔即使再生气，也不会在打工地就翻脸，往往隐忍不发等到过年回村，等到在村庄中重拾昔日的传统权威后再来教训侄子。这种教训的效力与范围也与日俱减，如今仅限于嫡系的亲戚，因为"稍远一点的亲戚也不会听你的教训"。

总的来说，在村庄层面，传统的伦理规范在外出务工与城镇化的浪潮中也不断受到冲击。在流动的过程中，新的市场逻辑不断出现，晚辈可以凭借自己的能力获得更大的话语权。然而，这种交往逻辑的变化并不意味着全然推翻过去长幼有序的伦理规范，而是仍保留着并行的两套逻辑。在打工地的日常生活中，他们仍遵循着村庄中传统伦理规范的行事逻辑，如长辈在宴席中坐在主位，过年时给长辈拜年等。只是这套伦理规范不再是古源村民家庭生活中唯一的逻辑，务工中的逻辑也可能带回到家庭生活中。原有的秩序规范虽然还在发挥作用，但其影响力难以突破村庄的空间限制，对晚辈的约束力下降，呈现出松绑的状态。

家庭内部，父辈基于封闭村庄多年不变的知识经验越来越难以发挥作用，老人经验逐渐失效，熟悉城市生活和新兴事物的年轻人掌握了更多的知识和权威，子代在家庭中的决策地位不断上升。

现代社会生活日益复杂，分工细密，教育机构取代了很大一部分原属于家庭的教化职能。在培养孙辈的各项事务中，祖辈基于村中多年生活的经验已经完全不起作用了。孙辈的功课他们没办法教，也不敢教。对于孙辈的日常生活，其中也有诸多超出他们经验的部分。他们面对的是一个快速变化的新世界，网购、网课等一系列新兴事物不断出现，占据了主流，乡土社会的知识已经跟不上时代要求了。而子代作为一个深谙城市生活与新兴事务的人，在家庭生活中的相关事务中拥有了更多的话语权，处于主导地位，还会反过来帮助父辈。在家庭生活中，这些被外部世界入侵的领域所占的比例也越来越高，老人们只能逐渐让步。

学校同辈文化就是一个重要的传播机制。如上文所述，撤点并校后，优质教育资源越来越向乡镇和县城聚集。因此，古源村的家长大多会在孩子读小学高年级时将其从村小学转到县城小学就读。学校中同辈群体的城市消费模式也会在学校中影响着孩子，并被孩子带回到村庄中的家庭。

在日常饮食的选择中也可以看到子代的决策地位和影响力在上升。早餐的变化就是如此。在过去物质资源匮乏的时候，古源村的早餐同午餐、晚餐一样，都是红薯和饭掺半。20世纪90年代以后，生活条件改善，人们慢慢地早餐不吃米饭而改吃米粉了。对早餐，人们可以选择自己做，或者从别处购买。如今，村中的早餐中又出现了新的样态——泡面、面包、牛奶、零食、罐头等工业化食品。而这一变化主要是围绕孙辈发生的。对此孩子的母亲和爷爷、奶奶在消费观念上虽然可能有冲突，但爷爷、奶奶疼孩子，家里的购物很大程度上都是由孩子主导。

> 宝姐的儿子读幼儿园时需要早起赶8点的课，来不及吃早饭，家里人便在他书包里装上面包、牛奶或者泡面。他奶奶经常让他好好吃饭，唠叨填饱了肚子就不要吃带的那些零食，这么吃太麻烦。但这种唠叨并不能改变什么。老人们甚至会因为孩子的饮食偏好而主动选择新的购物方式和消费内容——"担心孩子吃得少，营养不好，不爱吃米粉，就买别的早点，家里的菜不爱吃就在美团上买孩子爱吃的"。他时不时就会想吃一些没有怎么吃过的水果，宝姐就在美团上买，比如小时候在外面吃过的草莓。

在对村中使用美团购物情况的统计过程中，我们发现，购买的主力都是有孩子的家庭，以年轻媳妇为主。购买的内容多是孩子吃的食品，包括零食、饼干、面包、烧卖、奶黄包、可乐、鸡翅等。使用美团购物的潮流，也是由在外打工回来的年轻媳妇引领的。周围的人看到这种手机下单、送货上门的购物方式，很是好奇，纷纷开始了解并尝试。这些都是超出父辈的生活经验的，但在日常生活中，他们也无法对此做出阻拦，只能顺应这种变化。

在如今的代际关系中，孙辈占据了重要的位置。当父母和爷爷奶奶在教育孩子、家庭消费等问题上持不同看法、存在矛盾时，最后的决定权更多是在孙辈手中，他们的偏好会影响最后的决策。因为对孙辈的疼爱，祖辈即便不认同儿子和儿媳的消费观念，也会为了孙辈在行为上做出让步，呈现出子代决策地位上升的样态。

城乡两栖的代际合作

传统的中国农村家庭将人生意义和家族血脉的延续相结合，并以传宗接代和祖先崇拜的形式表现出来，即香火观念。过去，父代将自己置于整个家族的生命发展链条之中。作为联结祖先和子孙的重要环节，父代需要保证子女成家立户、繁衍后代。也正因为如此，父代人生任务的真正完成实际上是以孙子出生为标志，即家族的延续有了根基。为完成这一任务，父代要为子代成家立户不断积累物质财富，例如在村中盖房等。

但当古源村的家庭被裹挟进城镇化的进程中后，家庭的发展目标就发生了变化。在满足基本生活需要的前提下，古源村的家庭开始追求更高的家庭发展目标。人们不仅要成家立户、繁衍后代，还要保证孩子在县城获得较高质量的教育，并将县域城镇化作为家庭的目标。撤点并校后，原有的一村一校的农村教育生态被打破，优质教育资源越来越向乡镇和县城聚集，呈现出一种"文字上移"的态势。① 在农村教育衰落的同时，家庭为了孩子教育的发展，只能选择进城接受更好的教育。但因为"不拔根"的羁绊，他们不会选择如打工地这样离家太远的地方，而是将离家近的县城学校视作孩子接受优质教育的理想选择。

　　近年来县城私立教育规模收缩，公立学校的就读规定也愈发严苛，原本存在的"找关系转学"的灰色空间也几乎被清除。农村家庭进城购房几乎成了子代进城读书的唯一途径，在县城购房因而成了核心家庭发展的目标。虽然古源村大部分村民的收入难以负担县城房款，但据村民估计，已有 70% 的家庭在县城购置了房产，其中 30% 都是通过借贷完成购房的。例如第二章提到的，村医金玉宇花了 20 多万元在县城买了别人的集中安置房，为此他欠了十几万元，主要就是考虑小孩要上学。对于生产生活重心都在村中的村民来说，他们尽管主要的生活面向和收入来源都还在村中，但出于对未来子女教育的

---

① 熊春文."文字上移"：20 世纪 90 年代末以来中国乡村教育的新趋向.社会学研究，2009，24（5）.

考虑还是会在县城买房，并为此攒钱。

在扎根型城镇化下，家庭发展的目标已经超出了村庄的范围。然而在宗族的底色下，城镇化生活这一核心家庭目标也成为大家庭的目标。对父代来说，他们也将子代核心家庭的城镇化生活发展目标视为自己的任务，并据此组织自己的生活。父辈延续家族血脉的代际伦理责任导向自己要为子代家庭实现县域城镇化生活提供力所能及的帮助。这种帮助一方面以照料孙子孙女、在村庄务农以提供资金的方式呈现，另一方面则表现为父母自己负担自己，即便帮不上什么忙，也至少在家自己种地、养猪。因而，古源村老人们的晚年生活呈现出"闲不下来"的特点。

村中80多岁的楚老太至今还养了5只小猪和12只鸡，还种了一些菜和红薯。她表示，老人们都是直到完全动不了了才会在各家轮流养老。村支书黄明的父亲也是如此，他认为能帮的尽量帮，至少不给子女带来负担。"上一代人闲不下来，总想着自己还能做点什么，不做就怕周围人说自己。"副书记金玉宇也表示，村里老人只要还有劳动能力，就都还是很忙。一半以上的老人认为自己身体还行，就应该能多做点就多做点，给子女减轻负担。几乎没有人会认为自己该享福了，甚至自己要有"干吗不对自己好点"的念头的话都会被旁人觉得是懒。他估计，村中能做事但不做而选择打麻将娱乐的老人的比例还不到30%。

换言之，村里的老人即便在儿子成家以后，也不会认为自己的人生任务已经完成了。就算无法直接助力子代生活的城镇化，他们也会通过降低子女给自己养老的成本的方式，来减轻子女的经济负担。需要注意的是，这种"减轻负担"和"帮助"并非基于利益的交换，而是父代依然遵循着传统伦理的结果，对子代的责任让他们觉得应该如此。

教育之外，宗族的底色还决定了家庭的发展策略。在城镇化的进程中，古源村中的大小姓也呈现出不同的家庭发展策略。上述"不拔根"的城镇化模式多出现在大姓中，少有的"拔根"模式均为小姓。

在传统时期，大姓因为势力强大，占据了更多山下平整的土地；而小姓则受到欺压，多居住在山上，山上不仅可供耕作的土地狭小，农耕收入低微，而且山上的小姓在村中需要小心做人，否则很难在村中生存。

> 小姓更加会做人，大姓人会不会做人没有太大的影响。假设我们几个都是姓张的，那么你再怎么胡搅蛮缠，我也会对你包容忍耐。但你要是一个小姓的话，你的所作所为会很引人注目，你要是不会做人的话就很难住下去。

小姓的生存空间不断受到挤压，尽管他们团结在一起但仍然势单力薄，无法获得大姓宗族那样强大的社会支持。故而，在外出务工的浪潮开始之时，小姓最早义无反顾地外出，向外谋求发展的机会。如向启沧的发展就是一个典型例子。

  古源村民整体都比较穷，大老板很少，13 组的向启沧就是其中之一。他出生于 1983 年，初中毕业后去湖北学医，后来去宁波的医院考了个助理证，在宁波找了个女朋友，后来又考了律师证，自己开了个律所。

  以向启沧为代表的向姓是一个小姓，本来在村中只有几户，如今总共就留了三口人在村里。他们多早早选择外出务工，在外完成家庭的再生产并实现生活的城镇化。独门独户的小姓没有足够强的社会纽带与村庄产生联结，更容易选择通过移民的方式离开，采取个体化的城镇化模式。

  大姓则因为更多地获得了宗族内部的社会支持，虽然也存在生存发展压力，但较小姓而言，这些压力可以被宗族内部的互助所缓解，其向外发展的动力较弱。同时，宗族与村庄始终是他们的意义世界。在大宗族理想的维持、人情往来的维系下，大姓家庭的发展呈现出一种不拔根的样态。他们会比小姓更频繁地返乡，也更倾向于就近城镇化。

  总的来说，我们可以看到在扎根型城镇化之下，古源村的各个核心家庭为了以子女教育为中心的生活城镇化家庭发展目标而奋斗，并采取了相应的策略。这一子代家庭的发展目标也成为父代人生任务的一部分。他们基于家族生命发展的伦理责任，勉力减轻子代的城镇化生活压力。强有力的宗族为他们提供了生命意义，让他们在外开枝散叶的同时，仍有宗族根系深扎于村庄。

在此背景下，古源村的父辈并未在城镇化进程中片面成为子代家庭的"剥削对象"，他们在家庭中依然受到尊重，能够自由地在城乡两端生活。代际关系在城镇化进程中并未走向个体化、工具化，而是在宗族文化、家庭观念下维系着稳固、和谐的纽带。古源村老人依然有着较强的意愿为子代的城镇化与城市生活提供力所能及的帮衬，无论是在村庄务农还是进城照料孙辈。父子关系的主要形式可能从传统农业时期基于父辈权威的指令、控制，更多地转变为城镇化过程中经济与家庭决策层面的密切合作。对于子代不孝的问题，老书记张明文有自己的观察：村庄舆论对子代言行与孝道有着迅速且相对严厉的规范能力。"即使长辈言行有缺，一般大家还是会要求儿子、儿媳忍让。"进城生活后，如果子代不孝，老人将不能即时得到亲戚、邻居的帮助。但是，由于县城距村庄并不遥远且往来密切，老人的不利处境"迟早也要传到村里"。这时亲戚、邻里同样拥有干涉的权力。张明文敏锐地指出，进城会导致与那些相对较远的亲戚、同乡的来往变少，因此老人干涉子代更多的是依靠兄弟、侄子等近亲。无论如何，宗族型村庄的父系纽带似乎并未伴随城镇化的推进走向消亡，而是摒除了保守的色彩，在城乡两栖的生活实践中不断重构出更具亲和性和支持性的新形态。

◎ 婚姻形态：收缩与和解

外出务工与流动性的增强带来了婚姻关系的不稳定。原先受到宗族社会整合、压制的年轻媳妇逐渐不愿接受自己的命运。外地媳妇因观念不合、难以融入而"逃离"，本地媳妇也可能因家庭贫困、丈夫恶习等原因选择离婚。然而，这并不意味着本地的婚姻制度濒临解体。年青一代并未完全背离父辈的家庭理想：在一个案例中，夫妻双方已然离婚，但并未告知父母，每年仍一同回村拜年，孝敬父母。

在父系家庭和年轻女性的双向选择下，古源村日益形成了县域范围内的"本地人"通婚圈，共享一套宗族文化下的家庭伦理。又如，在现代城市的生计模式与价值观念下，传统农村对女性的全面压制与规训在很大程度上解体，女性在家庭中的地位大大提高，婆媳关系亦趋于和缓。婆婆及其代表的父辈已然不在城市生活中具备话语优势，反而更愿意以家庭为本位，关心、理解媳妇。在宗族文化圈下成长的媳妇认同宗族文化下的家庭观念，因此不会走向过度的个体化，依然愿意尊重长辈，为家庭生活做贡献。总的来说，古源村民出于适应城市生活、维系家庭关系的综合考虑，而不断在实践中重构宗族型地区的婚姻家庭形态。

流动性与婚姻脆弱

（1）外地媳妇出逃。

如第一节中所述，在20世纪90年代外出务工之前，古源村的通婚圈虽有变化，但通婚范围基本集中在古源片，最远也不会超出宁县。张明室的姐姐便是一个典型的例子。她在20世纪80年代结婚时，夫家和娘家的距离只有三四里路。当时的通婚距离以父母病了能步行回家看望为最佳。

古源村地处山区，当时的交通仍不大便利，其交往范围也受到地形与交通的限制。在这一时期，当地人的生计模式仍然是以农业和山林经济为主，人们并无太多与外界流通往来的需求，活动范围和互动圈子也局限在本地，通婚圈也与这一生计模式相匹配。而在20世纪90年代外出务工潮兴起后，通婚圈也随着生计模式的改变与年轻人的外出开始发生变化。

通婚圈的第一次变化发生在20世纪90年代打工潮兴起后。在这一阶段，年轻人的生活重心转向了打工地，在外打工谈恋爱也成了普遍现象。子代有了独立收入，经济地位上升，又因为在外打工父母管不了，所以，这时自由恋爱婚姻取代了父母之命，通婚圈不再局限于本地，而是扩展到了外省，如湖南、云南、贵州、江苏等地。外地媳妇开始出现在古源村中。1960年到1990年的30年间，14个案例中仅有3例来自古源片的邻近县镇，没有一例来自外省（除距离极近的湖北，下同），古源片内部通婚占78.6%。而在整个20世纪90年代的4

个案例中，1 例来自古源片，其余 3 例来自外省，外省比例高达 75%。

"外地媳妇逃跑"现象就是在这一背景下发生的。据 1938 年出生的楚老太回忆，集体化时期没有离婚的。90 年代外地媳妇进入村庄，才出现新中国成立后《婚姻法》颁布引发的第一次离婚潮之后的第一例离婚案。"90 年代就有离婚的"也是当地人的普遍印象。这一阶段的离婚一般都由女方主动提出，常常"生完孩子就跑了"。张明加的两个儿媳都是如此。

张明加，1955 年生。他的大儿子在广东做家具，二儿子在上海送快递、拉死人。大儿媳没正式结婚，生完孩子就跑了。二儿媳是陕西的，结了婚，但前几年生完孩子也跑掉了。她在外面再婚又离了，后来想回来复合，张明加也希望媳妇能回来，但儿子就是负气不同意。

张明加儿子的例子并非个例，外地媳妇逃跑是一个普遍现象。据村支书黄明估计，外地媳妇留在这里的不到 10%，生了小孩的十有六七也会跑。楚老太则表示，"随便算算附近就有 10 多个外地媳妇跑了"。

外地媳妇逃跑代表了古源村中一种典型的跨省婚姻类型。这类婚姻多缔结于打工地，夫妻双方来自不同地方，为了家庭再生产在婚后回到古源村，这与外出务工的生计模式的转变紧密相关。伴随着生计模式的转变，古源村的婚姻都有一个共同特点：子代在外打工自己找对象，不经父母插手。在务工经济兴起后，古源村的代际关系与传统时期相比已经发生了一定变化，子代的自由度和独立性都得到了加强。孩子在外打工，家里也管不着。子代在婚恋问题上有了更多自由选择的余地，也可以自己拿主意。在打工地，夫妻双方婚姻的缔结并不需要考虑太多的因素，是自由恋爱的产物。

而在婚后，因面临家庭再生产的问题，返乡生子成为他们常见的选择。在打工地结婚后，如不考虑生育问题，他们完全可以继续婚前的生计模式。但当夫妻双方面临生育问题时，照料成本等因素都需要纳入考量，进而影响家庭下一阶段的生计模式与分工。相较于村中较低的生活开销以及婆家在照料方面能提供的支持，在打工地生育对夫妻来说成本过高。故而，外地媳妇在婚后即使留在外省务工，在生育前后还是会来到古源村，在婆婆的帮助下抚养孩子。丈夫则继续外出务工，作为家庭收入的主要来源。通过代际分工和性别分工降低家庭再生产的成本是农民城镇化进程中常见的家庭资源配置方式，古源村也是如此。所以即便是跨省缔结的婚姻，在家庭发展的压力之下，大多都有回归村庄的阶段。

那外地媳妇为何出逃？外地媳妇来到古源村后，首先面临的是融入问题。

古源村地处山区，交通不便，是一个较为封闭的村庄。长期以来，村里人的社交互动都局限于村内，与外界相对隔绝，村民形成了边界清晰、彼此熟悉的共同体，有着共享的文化传统、民俗和方言语汇。而语言不通、在本地没有依靠的外地媳妇初来乍到较难适应村庄生活。即便待在本地多年，也可能认识不了几个人。

在古源村的外地媳妇中，第三章提到的李霞已经是特别活跃、积极主动并适应古源村生活的典型例子。但即便在古源生活了近十年，她也未能完全真正融入当地社会，活动范围有限，对村庄情况不熟悉，对传统的民俗还未完全掌握。可以看出，外地媳妇要被这一自成边界的共同体完全接纳绝非易事。如李霞这样进入村庄近十年的活跃分子尚且无法做到，更遑论初来乍到的外地媳妇了。

其次，外地媳妇要面临的是与传统家庭伦理的冲突。年轻女性在流动与务工中接触了更多新鲜事物，也接受了现代观念，获得了更强的主体性。然而，进入婚姻就意味着她们要重新嵌入家庭和家庭关系中。村庄中的传统伦理和村庄共同体的意象在婚姻缔结前是缺位的。女方在婚前大多没去过古源村，也没见过男方家长，她们第一次到古源村也多是在关系确定后由男方直接"带回来"。进入古源村后，外地媳妇面对的是完全不同于打工地的另一套婚姻家庭伦理规范。在打工地的夫妻相处模式并不能直接复制到村庄生活中。正如第一章中指出的，古源村强大的宗族传统时至今日仍在发挥作用。城市生活与乡村生活存在分殊，需要遵循的规范、家庭中的权力关系也相差甚远，这使得习惯打工地生活的外地媳妇在适应上存在困难。她们面临重新嵌入家庭和家庭关系的要求，但又陷入无法被宗族地区强大的传统伦理所整合的困境之中。在两种伦理的冲突下，当无法忍受时，外地媳妇只能选择逃跑。这种传统伦理在一定程度上是为全村人所共享的。如前面提到的楚老太的例子，面对外地媳妇的"出逃"，家族成员和村民会共同站出来，尽可能帮夫家阻拦媳妇逃跑。

我们可以看到，在婚姻选择自主权增大的背后，强大的传统伦理在古源村仍保留完整，并且经由家庭、邻里、村庄中个人的实践发挥着作用。这种传统伦理指向的是家庭和婚姻的完整性，当遇到媳妇逃跑的情况时，村里各方第一反应都是要把媳妇追回来，或至少把孩子留下。

（2）本地婚姻不稳定。

事实上，这一时期的离婚并不局限于外地媳妇，本地婚姻同样也有破碎的情况，不过相比之下还是较为牢固的。前文所描述的作用于外地媳妇的传统伦理也同样作用于本地婚姻，且发挥着更强大的作用。同时，在双方父母都还在这里的情况下，夫妻双方不可能把父母丢掉。

一方面，双方父母都在本地，彼此知根知底，从而当地的社会规范对双方家庭都能产生影响。即便在婚姻中发生冲突，双方都会顾忌社会评价，从而更可能选择调解，周围的人家也可能会帮忙劝和。

> 张明秋1967年出生，2组组长。之前，邻居夫妻俩闹离婚，他亲自劝和。劝和的方式是让双方都冷静一下，让他们各自把婚姻中存在的问题和离婚的理由都给他说清

楚。然后他一一给他们分析劝说,最后劝和成功了。张明秋表示,只有村里较有威望的人去劝和,别人才会听。

而外地媳妇的父母不在这里,她们并没有什么牵挂,社会评价对她们的影响较小。

另一方面,"嫁在本地,如果在婆家受了委屈,要么自己就回娘家了,要么一个电话父母就过来了"。在这里,"父母在本地"还具有另一重意涵:娘家人可以成为家庭权力博弈中的另一支持力量,如果在婆家受委屈了,还可以向娘家寻求帮助。

外地媳妇在古源村既没有社会评价与社会规范的制约,又缺乏家庭生活中可借助的资源。当矛盾过大,日子过不下去了时,只能选择逃跑,这其中不存在太多博弈的空间。

总的来说,村庄传统的家庭婚姻伦理仍在发挥制约作用,且相较于外地媳妇,这一传统伦理对本地夫妻有着更强的约束力。但外出务工和跨省分居本身给婚姻带来的不确定性也不容忽视。在本地缔结的婚姻同样可能因为夫妻双方外出务工长期异地而面临问题。

本地离婚主要是近十年才开始增多,一般由女方提出。

首先,外出务工改变了夫妻双方的婚姻观念和生活作风,夫妻双方在打工地接触到了过去在村庄中少有的风气。例如夫妻双方变得开放,沾染上赌博等习惯,都可能成为离婚的导火索。

其次,在外出务工的模式下,夫妻双方经常长期不在一起。即便是两人同样前往同一个地方务工，也未必能找到合适的工作，最后也得分开住。

> 张江雪1994年去温州工厂打工，后来在全国到处跑，去过北京、湖北、江苏，哪里有活就去哪里。一次去广东汕头时他把妻子带了过去，妻子在超市上班。后来张江雪又要换去别的地方，妻子则待久了不想换，两人的工作就分开了。

张江雪的例子也是这一时期古源村在外务工夫妻的常见状态。分居两地也为夫妻关系的维持增添了阻碍。

此外，外出务工给古源村内部的经济带来了分化。随着贫富差距的拉大，婚恋市场对经济条件的要求也随之提高，村中挣钱少的男性在婚姻市场中处于劣势地位。部分人认为离婚率的提高也与此有关——女方因为男方收入少，心理不平衡，从而提出离婚。村中的光棍也随着女方择偶要求的提高而增多，如今村里大龄光棍有几十个之多。这些四五十岁、没读什么书、个人条件差又没有稳定收入的人，家里条件再差的，别人就更看不上。而女性在收入增多、经济地位上升的同时，在婚恋问题上也有了更多的话语权。村里现在有好几个年轻女性在外面，宣称自己以后不结婚，父母对此也干涉不了。

总的来看，在古源村的本地婚姻中，传统伦理依然发挥着"合"的作用，而外出务工与城镇化也带来了"分"的离心力。在这种"分"与"合"的张力下，村中还出现了离婚瞒着父母的现象。

  父母不知道子女离婚的案例很多。因为父母对儿子儿媳都很好，两人不想让长辈难过，加上女方还要回来看孩子，所以回家时仍旧扮演夫妻，女方照样叫前公婆爸妈。村里其他人都知道他们离婚了，只有父母自己不知道。

  这一状态颇值得玩味：城市生活与外出务工增大了离婚的可能性，但地域文化与长辈却不希望子代离婚。在宁县与古源村，长辈与上述传统伦理依然对子代具有"不完全"的影响力。其实质在于，城镇化带来的流动性、生活场所的分离使得父辈已经无力阻止子代离婚，甚至在日常生活中已经无从得知子代的婚姻状态。然而，代际关系实际上仍然是紧密的。同为本地人的年轻夫妻能够理解这一点，且愿意尊重、保护父辈的关心与担忧，同时"不可能把父母丢掉"的责任伦理也让夫妻双方离婚后继续扮演自己的社会角色，把离婚的事实"瞒着父母"，从而催生出了上述形态。

  可以看到，古源村的婚姻关系虽然在城镇化的进程中以及在外出务工带来的流动中不断受到冲击，但仍嵌入于传统伦理与代际纽带之间，受到这一向心力的影响。

婚姻收缩与婆媳和解

  近年来，古源村的通婚圈发生了又一次变化，作为本地人认同的县域范围通婚圈开始形成。在 2000 年以后的 6 个通婚案例中，古源片、邻近县镇、外省各占 2 例。外省减少较多，邻近县镇，即县域范围内的通婚开始增多。

发生上述变化的原因在于，较大的习俗、观念差异以及随之而来的较高的离婚率使得外地媳妇越来越成为当地人择偶过程中的次要选择。同时，伴随着越来越多的家庭生产、生活中心向县城转移，其社会关系也越来越由闭塞的村庄与古源片扩展到了县域。例如 27 组一返乡人员的父亲就认为，女儿以后嫁人一定要找一个宁县的，这样大家都方便，和亲家的关系也更亲。村中的张姓大学生对本地人的择偶要求进行了总结：

> 本村姑娘找男朋友，当地人关注的焦点是男孩子是哪儿的人，将来在哪儿发展，因为家里人不想让女儿离家太远。如果儿子忙，照顾不过来父母，还希望女儿来照顾，不然就白养了，还不如个邻居。

简言之，通婚半径的缩小能保证父代与子代的距离不至于太远，方便日常往来及子代承担养老责任。同时，在县域范围内的本地人共享一套相近的文化观念。相较于外地媳妇这样难以被村庄共同体接纳的外来人，本地人结成夫妻也可以减少家庭生活中的代际和夫妻摩擦。

总的来说，通婚圈的变化一方面与古源村从外出务工到县域城镇化的不同发展阶段相对应；另一方面，也可视为"分"与"合"张力的体现。从本地务农到外出务工这一生计模式的转变也带来了婚恋和择偶在范围和方式上的变化，在一定程度上也给婚姻带来了向心力。在外缔结的婚姻（如"外地媳妇"）面临融入共同体以及两种伦理冲突的问题。本地缔结的婚姻则受到务工地生活作风的冲击和跨省异地分居的影响。但与此同时，本地的传统伦理仍然强大，发挥着"合"的作用，并且影响着择偶的选择偏好。当务工带来的离心力达到一定程度时，传统伦理对婚姻家庭完整的保护倾向会使通婚圈发生收缩，使之重新回归县域范围。而通婚圈回归县域范围的现实基础则是近年出现的县域城镇化现象。在县域城镇化的进程之下，越来越多的家庭将一部分的生活重心和社会关系转移到了县城，在县城构建起自己的社会关系网，将县城的发展作为家庭奋斗和再生产的目标。在此背景下，通婚圈向县域范围的收缩也随之发生。

在通婚圈收缩的同时，女性在家庭中的地位不断提高，紧张的婆媳关系也得到缓和。在外出务工和城镇化的浪潮中，女性获得流动的合法性和机会。她们不再如传统农耕时期受宗族控制、被限制在家庭事务中，也挣脱了集体化时期生产队与宗族同构的整合。在外出务工的过程中，她们获取了独立的经济资源，经济收入增加，经济地位提高，也有了更强的自主性。在古源村中，如今甚至有在外打工的女性声称自己不结婚，父母也拿她们没办法。

儿媳妇的地位提高也来自子辈在家庭中地位的提升。这种地位的提升一方面是由于子辈在外出务工中经济收入逐渐超过父辈，另一方面则是由于家庭功能发生了转化。家庭作为生活单位的功能逐渐高于作为事业单位的功能，这一功能的转化也使家庭关系发生了变化，夫妻轴的重要性开始高于纵向的父子轴。大学生冷丽说：

> 现在没听说婆婆欺负媳妇的了。婆婆还经常要帮媳妇干活……本地媳妇跟婆婆的观念、习惯等方面都更容易合得来，关系也可能更容易处好。

由此我们可以看到，在城镇化的过程中媳妇的地位得到了较大提升，婆婆不再是媳妇的管制者，而是媳妇主持一家人的城市生活的帮衬者。同时，本地文化有可能在城市生活与当代婚姻中强化了婆媳间的认同，使两者在观念、生活习惯上更容易达成一致。这种基于地域文化的婆媳和解，与其他地区媳妇完全压倒婆婆的模式存在较大区别。

同时，女性在娘家的地位也发生了变化。女儿养老的现象也越来越普遍，女性也被视为独立的经济个体。传统时期，各家各户普遍经济困难，抚养孩子很是勉强，但又需要完成延续香火的任务，所以通常优先保证儿子的生存。女儿则不被重视，嫁出去的女儿更是被视作别人家的人。而如今，娘家也能成为本地媳妇在婆家的依靠，如前所述"嫁在本地，如果在婆家受了委屈，要么自己就回娘家了，要么一个电话父母就过来了"。娘家人开始成为女性在家庭权力博弈中的另一支持力量。双方父母都在本地，彼此知根知底，当地的社会规范和舆论评价对双方家庭都能发挥影响。

3. 宗族底色下的个体与家庭

在传统中国,家庭和宗族常常是相互依存、相互配合的。在漫长的传统时期,宗族都为作为经济单位的小家庭提供了重要的庇护与支持,使其得以抵御社会和自然的灾难。同时,从乡土中国到城乡中国,地域性的文化——对于古源即是宗族,依然为古源村民的婚姻家庭提供着制度上的保障与文化上的滋养。回溯古源村近百年来个体、家庭、宗族社会相互形塑、相互拉扯的历程,我们能够重新梳理三者间的关系。宗族社会既是一种笼罩性的社会文化,也能够建立起统一、严密的组织与制度结构。然而,个体依旧是宏观结构的实践者,个人可能在主观上认同或反抗宗族的家庭观念，但归根结底，他需要结合当时的物质条件、社会条件来组织自身的家庭实践。

当物质条件匮乏或人口流动、家庭成员的空间距离拉大，乃至家庭的完整性都难以维系时，宗族文化提供的家庭理想能够成为个人奋斗与自我实现的价值基础；宗族制度亦能在经济、社会、文化等方面为个体与家庭提供必要的支持，从而弥补家庭结构的缺损，弥合家庭关系中的矛盾与裂痕，使家庭在不利的外部条件下得以维系。

面对个体化以及个人主义的兴起，宗族文化能够通过个体教化以及个体在社会交往与公共生活中的实践表达，来整合那些自利的个人，从而既为个人提供稳固的意义世界，避免其在城镇化进程中迷失自我，亦能促使其承担起对家庭的责任，促进家庭成员间的相互理解、守望相助。

当个体与家庭都得到稳固后，宗族又能够将其引入更大圈层的文化认同与社会支持网络中，使这一文化认同与社会支持网络成为个人与家庭的日常生活与城镇化奋斗的重要依托，宗族文化也借此在城乡中国的变迁中重建其社会基础。此时，宗族不再是人们所归属的唯一的社会团体，人们往往可以向外寻求资源与精神上的归属感。以前的宗族归属感具有很强的"排外性"，而现在宗族的"精神属性"很大程度上被外在的社会团体所取代。通婚圈的扩大，女性地位在家庭内部的提升，"两头走"婚姻模式的逐渐兴起，姻亲团体在人们生活中的作用的提升，使得人们对宗族的归属感不再是一种非此即彼的团体归属性。只要愿意加入宗族物质外壳的建设、参与宗族的日常活动，即可纳入宗族之内，原先宗族活动所拥有的排外性随之被公开性所取代。

最终，面对城镇化的压力、流动社会的不确定性以及城乡两栖的空间格局，作为社会资本的宗族重新被人们所重视，宗族文化此时又重新成为一种观念与认同上的联系，重新组织起家庭生活与社会生活。

总结而言，在城乡融合的扎根型城镇化进程中，个体在经济、社会、文化上都与村庄保持了密切的联系。个人常常往返于城乡之间，保持、实践着乡土社会的伦理规范与行动逻辑，并在价值上将村庄视作归宿。在此背景下，家庭成员之间、家庭之间、家庭与村庄之间的关系也没有在城镇化进程中走向疏离。离开村庄的家庭依然要参与家庭间的人情往来以及村庄的公共生活。进城生活的同乡之间亦重视彼此的日常往来与必要时的守望相助。因此，宗族的文化观念、关系网络依然能为个体与家庭生活的城镇化进程提供必要的支持与保障，使得传统的家庭观念、家庭伦理能够契合于现代生活，从而实现城乡之间的跨越。

第五章

延展在城乡之间的社区

我们试图从一个古源村村民生命周期的角度出发研究古源村人口城镇化的形态。假设你正当壮年且外出务工，那么你的生命历程会被区分为过去、现在和将来，而这三个时间段分别被定格在不同的物理空间。你过去在古源村生活，在村庄社会中习得的是与传统乡土类似的生活习惯和行为模式；你现在正在发达城市务工，面对与古源村迥异的社会形态和生活方式，新生活与旧生活之间充满了矛盾，是抛弃过去拥抱现在，还是背负过去吸纳现在，你面临着选择；在新旧生活的调适中，你期盼将来可以进入城市实现城镇化，又期待可以叶落归根，面对这两种不同的希冀，是"拔根"还是"扎根"，你始终在挣扎。我们从绝大多数古源村村民的生命历程中看到，"现在"已经被吸纳进"过去"，村民成了打工地的"旅居客"；"过去"同样努力包容"将来"，村民变成了县城的"定居者"。

1. 打工地的"旅居客"：回望家乡

张明加在外务工长达 30 多年，辗转待过 17 个不同的砖厂，其中有 16 年带着老婆孩子住在砖厂，过年的时候也基本都在砖厂。就是这样一位在外流浪半生的老人，却在自己丧失劳动能力的时候选择回到古源为父亲、祖父守后。张明加在外勤勤恳恳地干活，沉默寡言、老实木讷是周边同事对他的评价。但是回到村庄，他迅速与幼时玩伴重新建立了联系，经常在门口与人一聊天就是一个下午，村庄的公共生活中也活跃着他的身影。

西方社会学家关于城市化的理论往往是将农村与城市理想类型化为传统社会与现代社会的分野，进而认为其生产生活、人际交往方式等社会形态均彼此对立。对现代城市社会来说，每一个个体都是陌生人，他们的过往与将来并不与所在城市绑定，而且来去自由。与其交往的人仅仅只能确定他此刻的成员身份，却无法将他作为同伴而与之产生社会关联。[1] 这与传统社会中的亲密社群、熟人社会等特征天差地别。因此，农民因务工进入城市，必然面临着过去与现实、传统与现代、农村与城市之间不可调和的矛盾。而在这些冲突中如何进行调适，则决定了农民的将来。而张明加的例子恰恰在向我们说明，对于村民来说，打工地不是归宿，而只是暂住地；家乡不是臆想，而是归途。村民们选择了背负传统、接纳现在，也就成了打工地的"旅居客"。

◎ "边缘人"与"旅居客"

从个体的角度来看，"拔根型城镇化"中的"拔根"不仅仅是农民离开农村并永远地进入城市，还有生活方式全方位地城市化。即农民将一种结合紧密的，以家庭为基础的传统文化抛到身后，进而去努力适应一个更为个人主义的、更具竞争性

---

[1] 杜月. 芝加哥舞女、中国洗衣工与北平囚犯：都市中的陌生人. 社会，2020，40（4）.

的世界。[1] 也正是由于城市定居者必须应对精神紧张刺激的强化[2]，为了避免被压制或不知所措，城市人很快比农村同辈变得更为世故、更有见识、更理性和更具计算性，在互动中理性占绝对优势、自私自利，甚至相互敌对，而并不考虑共同的利益[3]。因此，农村人进入城市后，会很快被都市文化以及相关的行为方式俘虏，由此完成从异质到同质的转变，与别人之间的联结方式也由机械的转为有机的。[4] 在从机械团结向有机团结的转型（滕尼斯称之为从共同体向社会的转型）中，农民原有的社会关系网络和社会规范逐步在生活中消失[5]，个人也就成为城市社会的"边缘人"。他们身处不可调和的文化冲突之中，时时刻刻面临撕裂的痛苦。

但与芝加哥学派所叙述的美国拔根型城镇化中所塑造的"边缘人"不同，中国人外出务工后成了另一种陌生人——"旅居客"。虽然和"边缘人"一样经历着新旧生命体验的冲突，"旅居客"在新旧自我之间的选择和组织自身生命的方式与"边缘人"并不相同：他并不试图在新的社会中寻求社会地位，在心理上他也并不愿意作为旅居社会的永久居住者来组织

---

[1] 托马斯, 兹纳涅茨基. 身处欧美的波兰农民. 南京：译林出版社, 2000.
[2] 齐美尔. 社会是如何可能的. 桂林：广西师范大学出版社, 2002：341-348.
[3] 滕尼斯. 共同体与社会：纯粹社会学的基本概念. 北京：商务印书馆, 2020.
[4] 涂尔干. 社会分工论. 北京：商务印书馆, 2020.
[5] 帕特南. 独自打保龄：美国社区的衰落与复兴. 北京：中国政法大学出版社, 2018.

自己的生活。虽然在新的社会世界已生活数十年，他却时时想要回到旧的世界，而他组织生活的原则也全部来自旧的生活世界，原本的生活不是进入新生活的拖累，而是面对新生活的种种艰难时最重要的支撑。① 但是对于《中国洗衣工》中提出的隐忧，即面对近代农村的衰败，村庄是否还能保持其支撑能力，时间给了这一问题最好的答案：中国现在正在进行着扎根型城镇化这一社会现实说明，农村并未衰落。一个个"旅居客"通过家庭生命周期的循环离开村庄、返回村庄，不仅为村庄社会注入了资源，还重新塑造了村庄的社会关系体系，庇护了一代代的"旅居客"们。他们像候鸟一样往返于城市、县城与农村，融合了城乡之间看似不可调和的矛盾，形成了"旅居客"与农村社会双向促进的良性循环。

反观古源村村民的具体社会实践，其与20世纪远赴重洋去美国务工的中国洗衣工何其相似，村民们外出务工时在面临传统与现代、农村与城市等多重拉扯时，原有的农村生活方式不是负累，更不是束缚，而是村民去适应甚至去改造城市社会环境的基础，从而调适村民所遇到的"陌生人"困境。具体来说，村民们在面临城市这种全新的生活组织方式时，往往试图以农村中的社会秩序和社会联结纽带去吸纳新的社会生活，而非抛弃原有的社会秩序，完全拥抱新的生活组织方式。

---

① 杜月.芝加哥舞女、中国洗衣工与北平囚犯：都市中的陌生人.社会，2020，40（4）.

张清和和丈夫在上海打工，喜欢跟别的省的人玩，不喜欢跟江西人玩。两人后来还跟河南的朋友合伙开了一个棋盘室，也基本上不招江西人来玩。张清和认为，江西人喜欢赌博，聚在一起就喜欢吹牛、说大话。

不可否认的是，农村自身的社会秩序和社会联结纽带同样在发生变化，因此村民们的这种尝试并不是一边倒的成功或失败，而是在尝试之中重新调整自己的行为模式，以达到平衡。如上述案例中的张清和努力成为城市中的"边缘人"，但张清和这种只是古源村的特例，更多的时候古源村的村民们成了"旅居客"。那么，村民们为什么选择成为大城市的"旅居客"而非"定居者"呢？这里面固然有城乡户籍壁垒、大城市城镇化成本过高等因素，但当我们进入古源村村民的生活世界中时，发现村民们也并不期待在大城市中做一个"定居者"或者"边缘人"。尽管其已经成为村民的一种事实上的选择，但我们也看到，大部分村民是主动选择成为打工地的"旅居客"的。

◎ 旅居在他乡

对个人来说，"旅居客"的特征表现为其在大城市中频繁地进行社会流动，既没有在大城市安家的计划，也没有与周边人长期交往的预期。2000年前古源村村民的受教育水平普遍偏低，大部分在外务工者只是从事低水平的体力劳动，专业化程度不高，加之古源村村民的外出务工经常会被家庭生命周期所切割，因此他们从事的工作具有极高的不稳定性。他们每年都辗转于不同的城市、职业、人群之中，对大城市和城市居民来说他们都是匆匆过客。

张江雪做小工时跑过北京、湖北、江苏等不同省份，一般是哪里有活就去哪里。他说，在不同地区可能会认识不同的人，虽然做同事的时候大家关系也很好，但是这些人基本不会进入自己的人情圈，自己换了地方之后就基本与他们不来往了。

作为村民群体，"旅居客"的特征则表现为村民尽管在大城市中务工，但其生活的主要圈层仍限制在原有的村庄社会关系网络之中，他们甚至将村庄社会原有的生活模式照搬进城市社会。古源村村民在外务工时，从家庭的角度来说是单个的青壮年劳动力外出，老人、儿童等需要照顾的家庭成员留在村庄；从社区的角度来说，则是青壮年劳动力借用原有的血缘地缘纽带，结伴外出务工，将原生的社会关系纽带和生活方式带入城市。他们尽管在不同的城市、职业之间流动，但是与其保持长期互动关系的、在其急需帮助的时候伸出援手的，始终是村庄中的人。

整个古源片有70多个人都在福建惠安那边打零工，其中本村人80%都来自16组，年龄普遍在40~50岁。以尤姓为主，里面有亲兄弟，但大多数都出了五服。他们的核心家庭基本都住在离零工市场不远的城中村。工人之间经常同工同吃同娱乐，喜欢像在村庄的时候一样吃完饭互相串门。日常生活中长辈在宴席中坐在主位，过年过节大家要给长辈拜年。

张江雪在外打工时和老乡互相帮忙，曾在老乡家里打地铺，有活没活先住着，长则几个月，短则几天，直到找到活干。最开始找工作全部靠介绍所，交几块钱或十几块钱介绍费就行。张江雪做小工时跑过北京、湖北、江苏，哪里有活去哪里，都是老乡介绍的。

在传统社会，在雇佣等经济行为和互动发生之前，就预先存在着血缘、地缘或其他种种社会关系，而这些预存的种种关系常决定雇佣等经济行为发不发生，以及发生之后如何互动。[1]但在理想的城市社会中，业缘等关系都是临时性、不固定的，劳动双方在这一关系发生前和发生后都没有任何关系存在，因此城市中的社会生活就只是专业者或职业者之间的互动。古源村村民在面对城市生活的不稳定及紧张的氛围时，选择了将原有的社会纽带带入城市，更重要的则是以原有的生活秩序去吸纳新的生活，甚至热衷于在城市过乡村生活。也正是在这个意义上，生于斯、长于斯的熟人社会所蕴含的生活方式、社会交往模式、社会关系网络等并不是城市生活的"包袱"，而恰恰

---

[1] 费孝通，张之毅. 云南三村. 北京：社会科学文献出版社，2006：278-279.

是村民在被系统整合进大国家、大市场，个体与家庭面临国家与市场时的底气与基础。

◎ 生活在家乡

农民进入城市后，城市与农村两种截然相反的生活组织方式必然发生激烈冲突，村民们将原有的血缘地缘纽带和生活模式带入城市的努力，并不一定会成功。如笔者之前调研的湖北村庄，村民们在打工伊始的时候也紧密抱团，但很快被城市生活方式重新组织，连同原先的村庄社会也受其影响而逐渐原子化。那么，为什么古源村村民却实现了原有生活组织方式对城市生活的吸纳呢？究其原因，笔者认为，古源村村民们虽然旅居在他乡，但是一直生活在家乡。

古源村村民带着原有的血缘地缘纽带和生活模式进入城市，并非完全实现了古源村在城市的"殖民"，而城市以业缘为主导的社会生活不可避免地影响了古源村村民的日常生活，甚至可以说实现了对村民原有生活模式的入侵。

由我们上文提到的"叔叔在外听侄子支配，却可以在村庄重拾权威"可以看出，村民在外务工构成了一定的权力支配关系，但会根据场域的不同随时调节自己的社会交往方式和行为模式：在村庄内部维持传统，在城市则奉行市场逻辑。因此，古源村在这一过程中呈现明显的"无主体熟人社会"[①]的特征。

---

① 吴重庆.无主体熟人社会.开放时代，2002（1）.

可即便如此，在农村与城市的两套逻辑之中，不同的场域并非随时切换，完全遵从理想中的农村或城市社会逻辑，且在现代化进程中，城市的交往逻辑愈发显示出其强势和主导作用。因为在村庄内形塑的传统权威无法被带入城市社区并完成再生产，而在城市社区中通过业缘、经济关系等建立的情感关系、权力支配关系等却在一定程度上进入了村庄社区，并通过代际传播、长时段务工的经验等不断完成再生产。但不可否认的是，从中我们仍然看到了村民们强烈的维持村庄社区原有规范的意愿。村民们这种强烈维持村庄社区原有规范的意愿，往往来自其"生活在家乡"的现实与未来憧憬。

从现实的角度来看，农民在社会意义上从未离开过村庄。农民并不是一个个个体，而是以核心家庭为单位的集合，当时的外出务工是为了整个家庭的发展与幸福以及应对社区中的竞争性压力[①]，因此，村民们往往偏向于以"家庭逻辑""社区逻辑"而非"经济逻辑"来考量自己的务工地和务工时间安排。对于从"家庭逻辑"出发考量家庭利益的村民，其外出务工并非整体性家庭搬迁，而是以家庭核心劳动力外出、其他家庭成员留守村庄为主要模式。这种模式虽然引发了留守儿童、留守老人等诸多社会问题，但却以家庭为单位形成了对外输出农民劳动力的拉力，使得农民更像是被村庄放出去的风筝，虽然务工地点不同，线轴却被一定程度上固定在了村庄社会中，村庄是其重要的情感寄托。古源村村庄社会的宗族底色，使得父辈

---

① 董磊明，李建民. 颓败的"农二代". 文化纵横，2022（2）.

权威仍在很大程度上存在，青壮年劳动力的外出并未造成村庄社会权威的塌陷，村庄社会传统的道德秩序得以留存。甚至以家庭为单位的资源输入，还改变了村庄存量博弈的资源紧张格局，重新激活了村庄社会。

如我们第二章提到的张大金频繁被打断的务工经历反映了众多古源村村民的生活轨迹。在这个村民们将根牢牢扎在村社之中，将人生意义寄托于家庭发展的小小村庄，人们在考虑外出务工时，很大程度上会受到父母、小孩、婚姻等的影响，而且并不会简单地强调家庭经济利益的最大化，而是会综合考量家庭的存续、对老人小孩的养育陪伴、家人团聚的需求等。父母孩子在哪里，哪里才是家，才是心灵归处。因此，古源村村民进入城市务工，从生计模式上来说挣脱了土地，从空间上来说离开了村庄，但从社会意义上来说却从未离开家乡。

从未来的规划来看，村庄不仅是村民"生于斯，长于斯"的地方，还是村民"老于斯"的归处。村庄对村民来说，是根，是祖祖辈辈生活奋斗过的地方，他们的生命从一开始就与村庄牢牢绑定，到结束亦会归于这片土地，最终成为"祖辈"中的一员。村民们外出务工之初最大的希望就是"荣归故里"，不只是自己丧失劳动能力之后回到村庄养老，更是自己死亡之后能够回归故土，入土为安。

对村民来说，"手上没人、手下没人"是世界上最令人绝望的事情，这意味着生前没人照顾，死后无人照应。这也就意味着，回村养老、死去，不仅是村民对自己未来生活的预期，更是对子代生活的期盼。回村养老,是宗族成员(或者说社会成员)完成崇高使命的最重要一环,是宗族命脉的延续,是承上启下的重要步骤:对上,是自己对父辈甚至祖先的承诺与回馈;对下,是自己对子代甚至子子孙孙的希冀与传承。在这个意义上,古源村村民对村庄社区的期待比一般的拔根型城镇化的村民要高得多,自然而然也愿意维系原有的村庄社会纽带和道德规范。

如果说西方村庄的城镇化是使村民像蒲公英一样随着现代化的风四处飘散,即"落地为兄弟,何必骨肉亲",风将其吹往何处其就在何处落地生根,那么古源村的城镇化则是将村民像风筝一样主动放飞,但"遥知兄弟登高处,遍插茱萸少一人",乡愁如影随形,风筝的线轴始终被固定在大山里。因此,古源村村民在背负着过去的农村生活经历进入城市去面对新的生活经历的过程中,虽然面临着是成为"边缘人"还是成为"旅居客",是抛掉过去重新开始,还是背负过去吸纳现实的人生选择,但在种种原因之下还是选择了成为一名在城镇生活的"旅居客":一边以自己原有的生活组织方式吸纳新的生活内容与生活面向,一边将自己的根脉深深扎进村庄。

2. 县城的"定居者"：复制家乡

在县城的古源村集中安置小区，楼下广场每天人来人往，带孙辈的老人经常交流村里的八卦信息。村民在广场上支个小桌子拉上几个朋友就能摆上棋局与人手谈，时不时还能引来过往路人的围观。杀到精彩处，村民们甚至将棋局里三层外三层团团围住，热火朝天地讨论下一步棋应该往哪里走。所有观众的心绪都被棋局的走向牵动着，时而感叹，时而大笑。夏天的晚上有人在广场上切开一个大西瓜，给散步的居民一人一块，大家团坐在树下，聊着天气和县城里的新鲜事。冬天天气好的时候老人们聚集在广场晒太阳，你帮我剥橘子，我帮你拿东西，甚至凑在一起打打牌、聊聊往事。有的人还会邀请久不见面的老朋友到自己家吃饭做客。

古源村村民作为打工地的"旅居客"，不论是在现实意义上还是在未来憧憬中，一直都是家乡的"定居者"。工业化、市场化、城镇化和科技现代化大大增强了县域社会的紧密性、整体性、连通性和系统性，冲破了城乡二元分割的社会形态，使之转向城乡连续统的新社会形态。[1] 随着教育、医疗等公共服务资源进一步向城市集中，道路交通等基础设施的改善，村民在城市生活体验的深入，村民同样具有了生活城镇化的需求。而与此同时，交通与通信技术以及相关基础设施的变革带来了人们关于县域内时空经验的变化[2]，农民得以将关于家庭的"终生筹划"与关于自身落叶归根的理想"拓扑"至跨越村庄—县城的空间中，古源村村民于是成为县城的"定居者"。

从县城的角度看，其同样经历了性质变迁。传统时期，县城是政治和军事中心而非经济中心。集体化时期，商业渠道的统一国营化使得县城成为县域范围内的物资批转中心和经济中心。但宁县作为一个农业县，工业并不发达，县城作为经济中

---

[1] 王春光. 县域社会学研究的学科价值和现实意义. 中国社会科学评价，2020（1）.

[2] 白美妃. 撑开在城乡之间的家：基础设施、时空经验与县域城乡关系再认识. 社会学研究，2021，36（6）.

心的职能是缘于政府主导的资源流通以及消费，并非工业生产，因此县城仍以政府机关居多，居民也以干部及其家属为主。这一时期城乡仍是对立的，其对立也体现为"街上人"与"乡下人"的称呼之别。

近些年国家公共服务资源的投入，使得县城进一步成为教育、医疗等公共服务中心，快速进行的城镇化使得诸多"乡下人"变为了"街上人"。在这样的背景之下，村民们搬进县城重新塑造了新的城乡融合的县域社会形态。

◎ 将村庄带入城市：农村生活在城市的"再组织"

古源村村民对宁县县城与打工地所怀揣的情感与理想十分不同。他们在打工地选择做一个"旅居客"，但是在宁县县城，却励志做一个"定居者"。作为一个传统观念上的"定居者"，村民能通过血缘和地缘的固定性，与社区中任何一个要素进行有机的结合。[1]因此，与在打工地类似，古源村村民仍然试图以旧的生活组织方式来吸纳新的生活内容。但不论如何，从物理空间的角度上来讲，城市与农村的空间布局是十分不同的：城市社区居民的生活空间相对独立，共同的公共空间有限，注重私人生活空间[2]；而农村社区是聚族而居的，生活

---

[1] 齐美尔.社会是如何可能的.桂林：广西师范大学出版社，2002：180-181.

[2] 王思斌.社会学教程.5版.北京：北京大学出版社，2021：184-185.

空间的公共性相对较强。观念上的期盼与物理空间上的现实必然产生冲突。

城市的物理空间布局与生活组织方式等确实在一定程度上限制了人们社会交往的频度与密度，如村民交往逐渐变成"有事由才去串门""兄弟之间串门比较多"等，但村民以传统的生活组织方式吸纳新生活的尝试并未停止，且在一定程度上取代了串门的方式。

> 张明秋在县城带上初中的孩子，每天早上送孩子上学之后到中午做饭之间有两三个小时的闲暇时间，张明秋就会挨个给周边村民打微信电话约打牌、聊闲天、约外出喝茶，或者去村民家串门。

以古源村村民最常见的串门这一社会行为为例，我们可以看到城市的生活组织方式与农村大不相同，尽管村民们固执地想将村庄的互动模式移植到县城中去，却始终无法完全复制。由于农村的生活方式在城市"水土不服"，村民只能逐渐"打折"或者"另觅他法"。如村民们开始有意识地返回村庄，与周边多加联系；古源村的社会活动在这一阶段明显增多，意在补充县城中人们社会交往的缺失等，这一点我们随后将详细论述。但不可否认的是，即使再努力，在城市过农村生活也是不可能的，村民们只能在尝试维系农村生活方式和村社共同体的努力中，慢慢地接受城市中人情味的变化。

张明秋在县城带上初中的孩子，初中离移民安置小区有 20 分钟的车程。为了节省时间与路费，张明秋与古源村几个村民一起包了一辆车每天接送孩子上下学，半年只需 900 元。

可即使有人情味的变化，村民们在县城遇到困境、需要互助时第一时间想起的仍然是村里的人，村庄及其社会关系网络仍是其在县城最稳定的倚靠与支撑。而在村庄社会养成的温情脉脉也逐渐蔓延到了县城，让县城也拥有了温暖的底色。

县城里的一个大学生曾讲述过这样一个故事：有一次自己推着外婆出门散步，中途轮椅被减速带卡住了，恰好旁边有两个打扮得像混混的青年路过。当他们伸出手想帮忙时，自己竟陡然警惕起来。但青年只是帮自己把老人的轮椅抬起来，于是轮椅顺利通过了减速带。事后自己进行了深刻地反思，认识到自己是在以小人之心度君子之腹，并感到无比羞愧。

温暖弥漫在县城生活的方方面面：它是打扮成非主流的青年在看到老人的轮椅卡住时伸出的手，是开着洒水车的司机例行洒水时看到老人停下的水龙头，是急性子的司机看到老人、小孩过马路时踩下的刹车，是公交乘客看到孕妇和老人时让出的座位，是商店老板提供的免费纳凉的凳子，是病人刚出院时邻居送来的水果和营养品，是下雨时邻居帮忙顺手收的衣服，是孩子忘带家门钥匙被关在门外时对门邻居敞开的门。

大学生的"警惕",是她在面对网络中诸多与女性安全相关的新闻中和在大城市人与人的交往中生成的一种"惯习"和"情绪";但是她的"反思"与"羞愧"却是她在县城社会实践之中逐渐重新被"温暖底色"所改造的过程。在这个改造的过程中,她也成长为一个"温暖"的人,去团结邻里、帮助他人。在县域社会这样一遍遍实现社会成员再生产的时候,人们同样对县域社会满含情感,县域社会也得以成立。

◎ 县城中的乡土性:社会关系的拓延与重构

从社会关系的角度来看,县城与大城市并不完全一样,县城是一个"扩大的熟人社会",人与人之间虽然无法通过面对面的互动建立直接的熟人关系,但人们的社会关系却是高度地方化的,也因此形成了较为普遍的熟人关系。[①]从古源村村民的日常实践中,我们不仅可以看出圈子交集效应对县域社会的塑造,更可以看出村民以原先的道德秩序去吸纳新的社会关系的努力。

离开村庄、进入县城后,人与人确实很难通过日常交往来建立像在村庄中一样的亲密关系。通过上一节我们甚至可以看到,连维持村庄原有的亲密关系都变得十分困难。但通过村民

---

① 安永军. 中西部县域的"去工业化"及其社会影响. 文化纵横, 2019(5).

在县城的日常生活实践，我们也看到了古源村的差序格局在县城的拓延与再生产，人们在不断地以差序格局这一形态吸纳自己在县城中所遇到的新的社会关系。

张明林作为老师，经济条件较其他村民优越，于是没有居住在移民安置小区，而是住在县城新区的商品房小区。张明林通过在小区内带孙子，很快结识了小区内同样带孙子的同龄人，并形成了面熟的关系。见得多了往往就会闲聊："你贵姓？""从哪儿来？""孩子在干什么"等等。如果对方来自古源片区、茶乡、上片（整个宁县县城根据河流走向分为上片和下片）等，张明林就会油然产生一种亲近感，并通过共同认识的人来拉近距离，甚至逐渐会发展成串门关系。

张明林的思维模式颇具代表性，其以血缘和地缘的拓延来面对自己进入城市所面临的全新的社会关系，并试图以差序格局将其吸纳。大多数古源村村民也是如此。对村民来说，姓氏往往是社会交往中拉近距离最快的办法，这与整个宁县县域社会内的宗族底色有关。

张明林在县城生活时如果遇到同姓，第一反应就是问对方是来自哪个地区的张姓，是哪一派，然后开始论资排辈。若平时日常生活中遇到了就会按排辈称呼，同样也会让自己的儿子、孙子按排辈称呼。张明林认为如果同姓张就比同是茶乡的地缘关系要亲近得多，但可能不及同是古源片的地缘关系更近。

从张明林的例子中我们可以看到其以血缘关系和地缘关系将新的社会关系吸纳进差序格局的努力，并试图以这种近似虚拟的血缘关系建构起与村庄相似的关系模式。地缘同样可以拉近人们的社会距离，张明林以拓延的差序格局同时组织自己的社会交往方式。

新冠疫情期间医院实行封闭式管理，张明林有急事需要进医院，但百般请求门口的保安都不行。张明林实在没有办法，他依稀听到保安操着和自己相似的口音，就大胆说了一句："都是茶乡人，行个方便吧！"保安一听，立刻就放行了，并嘱咐张明林下次趁他上班的时候来，别的保安未必有他那么好说话。

从这个案例中我们可以看出，即使身处县城，村民们仍然通过寄托于原生的血缘地缘关系来拓延自己的社会关系网络，力求将自己在县域社会中新的社会关系吸纳进自己新的差序格局中，从而重新组织自己的社会关系网络。当然这种吸纳的成功建立在宁县浓厚的社会底蕴之上。另外，我们需要看到的是，尽管有这种吸纳的努力，但是这种努力并不总是成功的。在县域社会的社会交往中，村民们能在初期以原生的血缘地缘关系来"攀关系""定义位置"，但是真正决定在县城内是否能长期交往并建构新的关系的却是个人因素，如双方"合不合得来""有没有利益可得"等其他因素。但无论如何，这种尝试仍在塑造新的迥异于西方的城市社会，村民们借由这种尝试完成了自身运用血缘地缘与县域社会的有机勾连；与此同时，也完成了村庄社会关系网络向县城的拓延，造就了与西方迥然不同的、全新的县域社会形态。

◎ 回归桃花源："定居"失败的退守

古源村村民在生活之中具有极强的文化主体性，他们并不一味迎合城市的生活习惯，而是希望取长补短，过一种田园牧歌式的、兼取农村和城市两种生活所长的家庭生活。也正是由于此，其愿意频繁地往来于县城与村庄之间，来同时享受两种生活的优势，如我们第二章提到的逆城镇化的典型——宝姐。而在古源村，这样的年轻人并不在少数，何况那些土生土长的中年人，他们更觉得故土难离。

无论如何，作为县城的"定居者"，他们必然要抛弃一些传统的农村生活方式，接受现代的城市生活方式，如我们上文提到的生活方式在城市的"再组织"和社会关系的拓延等。但是，这种传统与现代的调适方式并不总是成功，恰恰相反，中间经常会出现失败的情况。那么，当调适失败的时候，如果乡土和家族被摧毁，背井离乡的农民很有可能会迫不得已沦为罪犯。[1]但仍与拔根型城镇化不同的是，古源村的村庄社会保持得较为完好，这也就意味着，在扎根型城镇化中，农民即使城镇化失败，仍然不是无家可归的"浮萍"，而是可以回归乡土的游子。

> 仙湖村整村搬迁至县城之后，很多农民都适应不了县城生活。他们每天无所事事，不知道去哪里找工作，于是很多农民就自动自发地回村了，因为"在家里没钱也能过，在县城不行，买菜都要花钱"。由于当时整村搬迁的时候将水电设施都拆了，很多人就在仙湖村原来的住址上搭个帐篷，自己私拉水管、电线，勉强过活。

城镇化过程中出现社会失范或者整合失败现象是极其正常的[2]，但由于村庄社会雄厚的社会基础以及扎根型城镇化的城镇化形态，村民在城乡之间是进退有据的。这也就意味着，当其以旧的道德秩序、生活方式去吸纳新的世界时，遭遇失败也不会造成人的无所适从，村民始终有一席之地，家乡永远是村民们最坚强的后盾。甚至抛开教育、医疗、工作等因素，很多村民愿意回到村庄生活。而且回到村庄生活，对家庭而言，村民们并不只是退守，而是对家庭生计强有力的开源节流，是对城镇化的一种重新支持。

---

[1] 严景耀.中国的犯罪问题与社会变迁的关系.北京：北京大学出版社，1986.

[2] 涂尔干.自杀论.北京：商务印书馆，2020.

综上所述，古源村村民在城镇化需求的驱动下离开了土生土长的村庄社会，进入县城这一城市社会，但是其将旧有的生活习惯、交往方式带入城市的尝试始终存在，并在与城市生活的碰撞中完成了"再组织"和社会关系的拓延与"殖民"。值得注意的是，始终存在城镇化进程中的失败者，由于村庄社会保留得相对完好，他们依旧可以逃离城市，奔向家乡，使家乡成为其最后的乌托邦。但家乡真的是一成不变的吗？我们会在下面做进一步的探讨。

3.村庄的"守望者":再造家乡

　　古源村一个老太太向我们讲述了她养猪的故事:贫瘠年代她每隔三四年就咬牙坚持养一头年猪,之后富裕了年年都养猪。现在她尽管已经完全丧失了劳动能力,但仍然用子女给她寄回来的钱雇邻居帮她养猪。她期盼着过年大家庭团聚在一起,"养猪就有靠望"。对她来说,猪是家的象征,她日复一日、年复一年勤勤恳恳地养猪,就像虔诚的信徒一样,猪黏合着往日里分离的家庭,修补着分离带来的鸿沟,承载了这个老人对家庭最美好的期冀和最伟大的付出。

对古老的古源村来说，老太太佝偻的背影是"守望者"这一角色最好的注释。一代代的老人守着家庭、守着传统，同时也盼望着家庭的兴旺发达、家族的繁荣昌盛。他们用勤劳与汗水构建着、坚守着古源，筑成了古源城镇化中最稳固的后盾。古源村村民成了县城的"定居者"，也就一定程度上在物理层面和社会层面离开了村庄社区。与此同时，现代信息技术和交通的发达、国家治理技术的进步等将国家、市场等外部力量带入古源村，村庄也在一定程度上发生了变化。如精准扶贫所带来的项目促进了村民居住的集中化和规范化；人们开始通过网络接触外部世界，即使足不出户仍能知天下事，还能通过美团等途径进行交易活动。村庄并非一成不变，但人们仍然期待拥有村庄共同体这一皈依，期待成为村庄中的"守望者"。

◎ 故乡可安身：生活方式的城镇化与传统的坚守

古源村儿童是这样度过自己暑假的：房间的音响放着大街小巷耳熟能详的《孤勇者》等"儿歌顶流"。歌曲播放至高潮，儿童还会跟着唱甚至手舞足蹈。餐桌上摆着各式各样的蒸好的速冻包子、饺子、糕点，甚至还有牛奶、面包，任儿童选择。零食小柜里储藏着品类繁多的网红零食，如山姆的瑞士卷、梦龙的雪糕等。衣柜里琳琅满目，有时兴的棒球服、汉服等不同类型。平板电脑里下载了最火的《王者荣耀》《和平精英》等游戏，动动手指就能与千里之外的人一起互动玩游戏。手机里有抖音、快手等短视频软件，可以紧跟各种时尚潮流。电脑里播着父母买好的网课，他们甚至可以向北京、上海的名师请教学习。父母闲暇时开车带着他们去县城的商场、游乐场、游戏厅等娱乐设施玩，他们摆时下最热门的姿势，拍好照、修好图发到短视频软件和社交软件朋友圈里，期待别人的点赞。

由上我们可以看到，村庄中儿童的生活已经充满了城市的各种要素。这得益于精准扶贫、乡村振兴等战略的实施，城市的各种资源要素以国家力量、市场机制、数字技术等要素的铺陈为前提渗透进了古源村，人们可以足不出户就享受和大城市生活类似的美食、娱乐、信息轰炸等，从而帮助村民实现了生活方式的城镇化。但这些城市化的生活内容也只是部分要素，儿童的总体生活方式仍以乡村为主。

与此同时，古源村的儿童在村庄中有诸多玩伴。儿童起床没一会儿就会跑到隔壁家问家长"某某某起了吗？"，然后飞奔进玩伴的卧室迫切邀请其一起玩耍；写作业遇到难题就找附近的哥哥姐姐请教；主街上从早到晚都活跃着他们追逐打闹的身影。儿童也被拉入社会交往和家庭生活中，经常被爷爷奶奶带着串门，帮爷爷奶奶做家务等。

在这样的生活方式中成长起来的儿童，既传统又现代。

他们接受着网络最新潮文化的洗礼，即便只有三岁也能哼唱《孤勇者》，小学二年级也能追时代少年团；但同时他们也不像"小公主""小皇帝"，身上并无骄娇二气，其社会交往方式沿袭了父母，在父母待客时随时响应家长的招呼做家务，当父母与客人互相谦让时，会主动站在父母身边，像个小大人一样主动说"这是我妈妈的一点心意，你就收下吧"。智能手机并没有成为他们与周边人隔离的障壁。从他们活跃在村庄社会的小小身影中，我们甚至可以想象，当他们成年也外出务工，面临"边缘人"和"旅居客"的选择时，他们大概率会像他们的父辈一样选择当一个"旅居客"。

其实不论是作为外出务工者还是在县域范围内实现了就地城镇化生活的古源村村民，都不可避免地受到城市生活逻辑等大传统的影响。而在扎根型城镇化的背景下，村庄共同体的功能保留完好，仍能生产出社区内部自洽的"小传统"①。村民们生活在"大传统"与"小传统"之间。

但城市生产的"大传统"与农村生产的"小传统"并非一脉相承，有时甚至是互相对立的。以个体主义与消费主义为代表的城市文明"大传统"并不能轻易地将村民俘获，但以社群主义与勤俭节约为代表的农业文明"小传统"也不能完全控制村民。村民在不同的生活领域，将大传统与小传统逐渐融合，形成了一套既不复制农村生活也不完全遵循城市生活的生活逻辑。

在大小传统相统一的社会生活领域，村民自然而然维持着

---

① 董磊明，李建民. 颓败的"农二代". 文化纵横，2022（2）.

原有的生活方式；在大小传统并不统一的社会生活领域，实用价值与符号价值在这一生活场域内的主导地位决定了村民遵循的是大传统还是小传统。大传统虽然同样生产符号价值，但其未必能在村庄社会中兑换人情、面子等社区货币，因此村民们在村庄社会中遵循的是村庄内部的符号价值。

在实用价值占据主导地位的社会生活领域，大传统以其高生产效率、成熟的专家理论体系、统一化和标准化的产品等优势迅速"替换"了小传统。实用理性是中国思想文化的基础性的核心特征[①]，大传统的优势在村民的实用理性中发挥得淋漓尽致，村民们迅速抛开了原有的不便利的生活方式，迎接便捷的城市生活新方式。如古源村原来的手工业逐渐没落，裁缝、铁匠、油坊、篾匠、补鞋匠都消失了，木匠、剃头匠的生意也大不如前。

大传统甚至能以权威的专家理论体系，围绕如健康问题、学习问题等，创造新的社会生活领域，或批判、替代传统领域。而小传统若没有与其相对应的新领域对接机制和矫正传统领域的机制，大传统就会迅速入侵并占据主导地位。

> 健康问题正在逐渐成为古源村老人关心的核心问题，与其相关的饮食习惯等也被关注。为了健康，古源村绝大多数农村家庭抛弃了过去长期食用的猪油，改用色拉油；

---

① 俞吾金. 从实用理性走向实践智慧. 杭州师范大学学报（社会科学版），2014，36（3）.

抛弃了腌制的菜干，改在美团上购买新鲜蔬菜水果；村庄抚育孙辈的老人会主动去购买奶粉。

但是这些"替代"仅存在于村庄社会只具有实用价值的生活领域，在具有符号价值的生活场域，小传统仍很顽强地坚守着。村民们自动自觉地维护村庄原有价值体系，物品只是满足需求和建立联结的工具，其中所蕴含的符号价值远比实用价值有意义得多。在符号价值占据主导地位的生活领域，村民倾向于遵循原有的生活方式。因为村民在村庄中不止会产生互助合作的需求，更有种种随机的、日常的需要，而后者只能依托于村庄中的人来提供服务。因此在具有村庄符号价值的生活面向，人们更倾向于用人情取代市场，以维系村庄内的社会关系。

> 作为村医，金玉宇从自己的专业角度认为本地手工茶盐多，容易造成高血压等疾病，他希望村民们少喝手工茶。但是他在日常生活中仍然倾向于用手工茶招待客人，因为他认为用手工茶招待才能表达诚意，拿饮料来招待则是轻视他人的行为。

大传统的入侵伴随着与之相关联的市场、技术等服务供给，小传统的维系却由于村庄社区自身的变迁经常遭遇实践的挑战。如村民的流动使得换工互惠的总体性平衡被打破，帮工规模也难以维持，村民们只能以通约化的货币来兑换市场服务以弥补社区服务的空白。

外出务工前，地方上帮忙操办白事的人会提前一晚住到主办人家中，帮工最少要50~60人：主事2人；抬棺8人；礼房6人，负责收礼、管账；厨房7~8人，女性为主；做事6~7人，负责补桌上的零食和烟酒、续茶、洗碗；茶立3~4人；保管2人，还要负责买菜；泡茶5~6人，多为女性，分两个班；接客4~5人；站台2人；果饼6人，不仅要负责准备豆腐，还要喝酒；打锣2人；还要请和尚6~7人；敬酒的地方还要有10个本姓的人在那里，专门陪酒。由于搬到宁县的人变多了，村里人手不够，外姓人也会上门帮忙。现在通常将厨房直接外包给某厨师，他会请一个厨师班子来做，每人一天500~600元，一桌菜的成本在350~450元。随着帮工的可用范围逐渐缩小，2012年左右开始出现了红白事外包，一般住宁县县城、家里没人的会选择外包。现在山上十家有五家会外包，山下十家有一家会外包。

由此我们可以看出，根据城镇化程度的不同，古源村红白事的外包程度也发生了一定的变化。极少数完全实现生活城镇化的村民倾向于将服务完全外包，由于在县城办酒也"束手束脚"，只能外包给酒店；大部分村民在"半工半耕"的家庭策略下实现了生活部分城镇化，只能采取部分外包、部分持续互助模式。但是货币对古源村中的传统互助模式并非摧枯拉朽式的取代，恰恰相反，两者呈现一种并行不悖的现象。因此，在符号价值占据主导地位但村庄社区却无法提供相关服务的社会生活领域，村民们倾向于保留最核心圈层的符号价值，辅之以大传统所代表的生活模式。

综上所述，我们可以看到，村民生活方式的城镇化并不是原有的生活方式单方面被城市的生活方式所完全替代，而是村民们主动地迎接、攫取城市生活方式所长，并将其与原有的生活方式相结合，进而融合了大传统与小传统。大小传统在古源村达到了微妙的和谐。也正是因为如此，传统在古源村得以保留，合格的村社成员在稳定地再生产，从而助推了城镇化进程中的互助与对共同体的坚守。

◎ 故乡可安心：城镇化进程中的互助

城镇化带来了对传统的撕裂，人们的传统农业生产不再需要紧密互助，但在面临城镇化需求而非生存压力时，乡村衍生出了新的互助形式。如出于城镇化的需求，古源村迎来了人情礼金的新一轮上涨，频繁往返于城乡之间的人则彼此互相搭便车、送快递，以及在村的人相互"搭把手"等。

人情互助分担新成本

黄乐安有一个儿子，在上海打工时发生意外不幸去世，留下两个孙女。儿媳妇带着一个孙女走了，将另一个孙女留给黄乐安抚养。目前留下来的孙女在宁县一中复读高三，黄乐安和老伴长期在县城陪读。他们家的收入来源有限，主要靠孙女的孤儿补贴、黄乐安的低保以及一些基金会的救助。黄乐安老伴昨天晚上就是坐别人的车回来的，而黄乐安自己与这个人只是熟识的关系。黄乐安说，自己老伴在县城陪孙女读书，本来打算坐今天上午的班车回来，但自己打听到移民安置区有户人家的儿子要回来收新月祯包，就打个电话问可不可以帮忙捎一下自己老伴，他说可以。为此，这家人还特意横跨半个城区，等自己老伴等到九点半，才从宁县县城出发。老伴去宁县县城10趟基本上有4趟都是搭别人的车。而且如果求助人是老人和孩子，村民帮忙照顾基本上是理所当然。有人如果开车回村但经常拒绝别人，就会被认为是不讲情面。而且捎人以先来后到为标准，哪怕后面跟你说的人与你关系更好，你也不能反悔说不捎前面的人。

城乡两栖的家庭生计和生活模式使得村民之间的日常互助在新的维度变得更加频密。分层式沉淀城镇化将本属于同一个村庄空间的人拉开到不同的空间：有人在外打工，有人在县城带孩子，有人在村庄另起新居。分层式沉淀城镇化意味着家庭在城乡之间"撑开"，且与其他家庭保持着紧密互动。但是古源村距离县城仍有一个半小时的车程，因此不论是昂贵的来往费用还是耗费的时间，对村民来说都是较为沉重的负担。为了分摊这种负担，村民们自动自发形成了互助。在古源村，这种城乡互动从家庭内部漫溢到了社区之中，使得散开的村民再度聚拢在车上、在路上、在假期的街上。农民家庭以城乡两栖的方式支撑着家庭的城镇化，并因此频繁地往返于城乡之间。古源村村民在往返中经常互相搭便车，这给他们带来了更多联结的机会，同时也降低了城镇化的成本。

在城镇化进程中，村民在建房买房中承受了巨大的经济压力。由于要建房买房，古源村 80% 的人处于负债状态。最近 15 年山上的居民纷纷搬往山下建新房，建房花费少则 3 万元多则十几万元，到县城买房需要几十万元，而去其他城市买房的极少。其间，不少人还需要准备儿女结婚的开销。但是村民们面对普遍的城镇化需要，选择了礼金上涨等举措，这在一定程度上分摊了城镇化的压力。在这方面，精英恰恰是其中最重要的领导者。

最近六年古源村礼金上涨的速度超过了周边地区。同时，在经济分化的背景下，礼金也不再严格遵守亲疏远近的差序格局，而是发生了横向关系扩展并重排、纵向等级扁平化[1]的变化。

案例一：古源村的普通礼金一般为 200~300 元，几乎接近县城的金额，桃树镇则是 100 元起步。红事的礼金因亲疏远近和个人经济能力而异，原先住在一个山头的 300 元起步；不是一个山头远一点的或不是很熟的就 200

---

[1] 董磊明，李蹊.人情往来与新"差序格局"：基于河北顺平县东委村的考察.民俗研究，2015（3）.

元；如果是家庭困难的，送 150 元就行。包给亲姐妹的礼金一般是 4 000 元或 5 000 元，经济条件差的时候只包 2 000 元或 3 000 元。亲兄弟包 5 000~10 000 元。同姓的堂兄弟一般包 1 000 元或 2 000 元，经济能力差的可以包 500 元、600 元或 700 元。老人对外孙外孙女一般包 5 000~10 000 元不等。女儿生孩子，娘家要给 10 000 元礼金。黄丰年认为礼金不统一也没有什么不好，有能力的多送，没能力的少送；家庭困难的村民也表示困难情况下给的少，别人也能理解。在古源村，村里一桌酒的成本是 200~300 元，城里一桌酒的成本是 800~1 000 元。

案例二：乐哥家人多劳动力少，生活负担较重，加之近年来请客送礼之风盛行，因此生活十分贫困。一年下来，乐哥统计了一下，各种名目的随礼支出达两万余元，这些钱大部分都是借来的。临近年终要债的电话不断，为还上这些债务顺利过年，乐哥租了朋友一套正在装修的住房，对外谎称是乐哥自己按揭买来的。乐哥付给房主一定的租金，房主觉得划算便答应了，并配合得天衣无缝。房子装修好了，乐哥便择吉日乔迁，该请的亲戚朋友都请来了。"乔迁"庆典搞得热热闹闹，收礼金三万余元，除去酒席费用和房子租金外，纯赚两万余元，刚好收回当年随礼的成本。"乔迁"庆典过后，房子又物归原主。

案例三：皖南某丘陵村最近几年的礼金从 50 元涨到 100 元，家家都一样，即使主家在城里办酒也不会多送，村民认为"别人要是亏本那就自己搭钱,接了礼就要自己想办法"。生产队所送的钱不能覆盖他们的酒席成本,随礼的人只是来"凑个人气"。如果生产队大,即使有亲戚的礼金支持都可能整体亏本。同时,赴宴的村民还会对宴席上的食物有较高的期待。如果是送了礼但觉得吃得不够好,就会认为自己很亏,在背后议论主家招待得不好。办一桌酒席的成本在该村是400元左右,在城里则需要1000元以上。

古源村的礼金远远超过周边乡镇,且在同样的社会关系下,有时收到的最高礼金能达到最低礼金的四倍。由前文可知,古源村在原有的社会基础之上,加以国家的整合,形成了"小家族—自然村—祭祀圈—古源村—古源片"的较为明晰的差序格局,日常互动与人情圈也严格按照差序格局展开。案例三中皖南某村的生产队礼金虽然统一,却是一种低期待下的统一,村民对主家的盈亏比较漠然,更关心自己吃酒席亏不亏。

在礼金不统一之下,共同的行为逻辑是对村民城镇化压力的分担。与案例三中皖南某村村民对办酒席主家事不关己的态度不同,古源村的村民会周到地想到主家办酒席的各项成本,不少人有"不能叫人家亏本"的心理。这种对主家成本的考虑不仅包括酒席的钱,还包括结婚典礼的布置、交通等花费。礼金的上涨某种程度上是一种资助,资助的并不只是操办酒席,还有建房、结婚等大事需要承受的负担。因此,礼金不必强行统一，有能力的人可以多出，经济较差的少出。尽管在表现上有个体差异，其合法性却是社区内部众人建构的，基础是村民们对社区的认同。

"搭把手的事"

在传统社会，由于血缘的纽带，人们之间紧密互助是常见现象。社会解组的异化观点认为，在传统社会向现代社会过渡的过程中，都市的"匿名式"人际关系、工业流水线以及事务性工作中那种"非人格"的劳动方式，大大增强了异化程度，从而导致社会解组。社会解组会加剧血缘关系的稀释，更会冲击其他社会纽带的联结。但在古源村，在城抑或在乡，大家庭间的紧密互助都在时刻温暖着人心。

> 在村住的李霞在临产前一周需要天天做检查，于是提前到了县城。丈夫的姨妈家离县城较近，于是李霞住到了丈夫的姨妈家，是丈夫的姨妈在照顾，她婆婆都不用去。李霞生小孩时两个姨父、两个姨妈都在陪产。

在差序格局紧密的内圈之外，仅为本村的一般相识关系，人们相互间可"搭把手"，同时在城与乡之间，也衍生着紧密的互助联结。在经济学意义上，城镇化过程主要包括劳动力的城镇化和消费的城镇化两方面。伴随着劳动力的城镇化，村庄部分房屋处于空置状态。出于房屋管理和在村实际居住需求的双重互助需求，村民们相互"搭把手"，借住和保管房屋，从而保存了在村"家"的形态。

如第三章所提及的快递帮带极大地提高了村民们网购、寄送的便捷程度，特别是对年轻人来说，这种互助在增强城乡间联结的同时，巩固了不离土不离乡的生活状态。不只是往返于城乡之间的互助，年轻人缺位的村庄社会更需要社会主体对留守村庄的老人、小孩加以照顾。但在古源村承担这些的社会主体（除村干部外）是流动的，是具有随机性的。在城乡中往返的村民自觉自愿地承担着这种义务，以期形成良性循环，造福自己周边的老人。

> 村里有一位老人80多岁，无儿无女，瘫痪在床，不能自理。国家救济只负责出钱物，不会提供人力照顾。村民张明文出面把小组里30多户人家组织起来，每户一天轮流照顾这个老人。全家在外的不轮，只要有人在家的，没有不来的，并且一个月只轮一天班并不算很大的负担，因此每户人家负责的时候都尽心尽力。这件事持续到三五个月后老人去世。张明文说，大家都很自愿，即使当时自己不在家也会有别的人出面组织。不过，组织者必须是说话有分量的人。如果一个有公心的普通村民想要发起这件事，他也不会自己组织，会去找有分量的人出面组织。

◎ 故乡可安魂：坚韧的乡村共同体

"他乡容不下孤独灵魂，故乡留不住我肉身，从此就有了漂泊，从此就有了乡愁……"正如这首《无处安放》所唱，第一代农民工以及和他们一样漂泊在他乡的人，对无法安放肉身的故乡深深牵挂着。物换星移，当镜头移到第二代农民工的身上时，比故乡无法安放肉身更令他们怅惘的是故乡无法安放灵魂。当乡村错落有致的古朴民居渐渐被铲平，乡村竖起排排整齐的钢筋水泥大院，很多年轻人过年回家也只知玩手机，大家纷纷感觉年味淡了……如前所述，乡村的生活方式日渐城镇化，李子柒式自给自足的田园牧歌不过是一种想象。然而，古源村的实践展现的是，尽管有城镇化对乡村空心化的冲击，但故乡依然是坚韧的灵魂安放之所，扎根型城镇化的"根"牢牢不倒。让我们跟随摇摆于入城还是返乡的宝姐的视角，深入理解古源村在城镇化洪流中屹立的社区形态——坚韧的乡村共同体。

从社区形态的角度来看，集体仪式与公共空间恰如根系的肥料与土壤，分别以高浓度爆发性的认同与强弥散渗透性的联结，共同维持着城镇化冲击下的村庄共同体之根，最终支撑着礼让伦理也即"人情味"的生生不息，这便是宝姐对家乡最深的眷恋之处。

根的肥料：集体仪式在欢腾中生产"社会"

第一次去宝姐家时正值中元节前夕，宝姐家大门敞开，她背对着门与婆婆相对而坐叠"袱包"。袱包是祭祀死者的黄色粗纸，宝姐家需要为古源片几个村里去年过世的人准备袱包。因为折了太久，宝姐看也不看就能熟练地抽出一沓均匀的黄色纸并快速折好，她边折边聊："你们家那边也有这个吗？各个地方不一样吧？"

"我们家没有这么麻烦，"我笑着说，"我们只在人家过世的时候送，而且直接抽出一沓装在袋子里拎过去就可以了。"

"我们这边很麻烦的，"话虽这么说，宝姐的笑容却表明她并没有不耐烦手上工作的意思，"我们折好包好后还得写称呼写落款。我不太会写，叫不来，都是婆婆老公他们写。"

宝姐家平时的"麻烦"并不限于中元节的袱包。过年时整个小组互相置办宴席请客的流水宴，隔几年可能闹腾一次的游龙灯，还有近些年的修族谱、修祠堂、修庙，这些都是。相对于豆瓣网站上经常有的对过年回家累心事的吐槽，古源村的人却仿佛乐此不疲地将自己投射到这些烟火气腾腾的"麻烦"中。我们在访谈中已经路过了好几座近些年兴建的地方神庙宇，当地甚至贫困的人家也不会吝惜为建庙宇捐款。经济一般的人家也毫不介意回家过年待一个月，这不禁使我联想起小时候母亲为了过年三倍的加班费连往返七天回家一趟都不愿意，每每过年奶奶就抱怨父母一走了之，将各种事情都堆给奶奶处理。在这种对比下，古源村给我的印象是一个神奇的、人情味重的、喜欢"自找麻烦"的村庄。

这些"麻烦"在社会学中被称为"仪式"。在人口流失的境况下古源村的许多仪式都处于残破而艰难修补的状态，但同时发生的却是地方信仰的兴盛与宗族建造的投入。由于外出打工与定居县城的潮流，村庄内部人们日常互动的密度以及总体性必然降低，以至于过年游龙灯越来越凑不齐人，甚至有村干部竟不知本地还在游龙灯。红白事的某些程序也因为人数凑不齐而从只允许本姓帮忙变成外姓也可以帮忙，"新事新办"是中国各个村庄都需要应对的事情。古源村的特别之处在于，它不只有变迁中的"新事新办"，还有"旧火复兴"。

尽管民间的信仰活动在某些方面会面临人力不足，但总体来说，人们对地方信仰的经济投入和"技术升级"是肉眼可见地在复兴。崭新的庙宇昭示着近十年间"大兴土木"的成果。民间信仰是地缘圈整合凝聚的象征，民间信仰不衰反盛某种程度上是地缘群体在日常互动减少的情况下对通过仪式实现凝聚的反弹。在家庭中，常年分离的亲人过年时会格外沉醉于仪式性的吃团圆饭、看春晚、祭祖等活动中。在社区中，被生计常年拉扯开的村民或许也会在短暂的相聚中使传统反弹。很多村庄的村民都已经嫌弃除夕在家守夜、在灵堂里为亡者守夜，因为这些事太麻烦而"新事新办"了，但古源村的人却仍旧坚持与同一个信仰圈的人共同守夜狂欢，这不是有趣的"自找麻烦"吗？

除了地缘圈民间信仰活动的兴盛，血缘圈的宗族活动也在恢复起来。崭新的祠堂也不甘落后地建了起来，路过并参观祠堂时，附近的村民自豪地向我们介绍始祖的辉煌以及祖宗保佑了前年村里几个大学生金榜题名。每到金榜题名季，办完升学酒后的房子上都会挂满亲友送的如同开业典礼一般的竖幅，竖幅上写满了众人对光宗耀祖的骄傲，这份骄傲是宗族内部共享的。

这种众人凝聚在一起共同享有的狂欢，被称为"集体欢腾"[1]。涂尔干正是在原始人欢聚在一起举行仪式的"集体欢腾"中，论述了"社会"的产生。集体欢腾意指一个集体达到新的更高水平的集体兴奋的重要时刻，并相应导致社会结构的巨大变化。[2]涂尔干指出了仪式帮助人们回忆过去，把共同体聚合在一起的重大事件。哈布瓦赫进一步论述，对共同体来说，欢腾时期和日常生活时期之间的空白由集体记忆填充和维持，集体的传说与颂歌使得记忆在单调乏味的日常实践中保持鲜活。[3]对古源村来说，村民能很容易追溯到久远的祖宗开辟基业的故事，也能讲清地方神灵的来龙去脉。深厚的集体记忆

---

[1] 涂尔干.宗教生活的基本形式.上海：上海人民出版社，2006：100.
[2] 瑞泽尔.古典社会学理论.北京：世界图书出版公司，2014：201.
[3] 哈布瓦赫.论集体记忆.上海：上海人民出版社，2002：45.

以及短暂相聚时激烈的集体欢腾，聚拢着这些一年有三百多天不能见面的人。要理解故乡在城镇化潮流中仍旧坚挺地充当灵魂的港湾，集体记忆与集体欢腾是不容忽视的部分。

根的土壤：公共空间的再生产

很显然，要维持共同体的紧密联结，仅仅有一时的集体欢腾是不够的，日常生活中的紧密互动也必不可少。如前所述，村庄的生活方式开始城镇化，行有小车，住有楼房，这下可是逃回乡村也避不开城市冰冷的"钢筋水泥"和不息的"车水马龙"了。那么，城市的冷漠会不会顺着钢筋水泥渗透进来？村民会不会被摄像头、铁闸门、黑车窗隔离开来呢？

宝姐的老家在古源村的山上，但是小时候她在县城长大，结婚时才嫁回古源。

宝姐非常享受现在的乡村社交。第一次见到她时，她正在哥哥家串门，谈笑风生后出门潇洒地步行十几米就回到了自己家。宝姐的侄子只需出门遥遥一指："你要找姑姑家，在那里。"

宝姐直白地告诉我们，她不喜欢城里。对于"人们为什么去城里"这件事，宝姐也很是不解，最后只得说："大概是为了钱和为了小孩读书吧。"大概在家串门、在家打麻将对她来说既方便又快乐吧。顺着宝姐侄子指路的方向走向宝姐家时，沿路的大门不是玻璃门就是大开着，能望见里面哪家奶奶在喂孙女吃饭、哪家正在一家聚餐、哪家有好几个人坐在小板凳上说得正起兴。即使是关着门的人家，很多也只是关着一道齐腰高的铁栅栏，完全挡不住视线，只能挡住小孩子不乱跑到大街上。

"我家大门常打开，开放怀抱等你"似乎是古源村这条街上的某种默契。村民随便进门一手拎过门口的小矮凳就能加入屋内的聊天，主人从茶盘里十几杯泡好的茶里端出一杯招待客人。这与在苏州调研时的感受几乎相反。在苏州繁华的村庄里，走在路上只能感觉到一幢幢紧闭门户深不可测的别墅。受访的老奶奶感叹说，以前年轻时大家的房子都没有围墙，吃饭的时候走到谁家就能夹菜吃，大家边开玩笑边聊天。打工赚钱后人们就用围墙把家围起来了，谁家在干什么外人也就不知道了。家家户户提供公共空间的方法都是贴着围墙做一条水泥长凳，可以想象闲聊的人们由此就被隔绝到主人的生活空间之外了。

古源村的村民热爱串门。我们在寻找一位80多岁的受访奶奶时，问她家里人奶奶去哪儿了。家人说奶奶吃过饭从山上走到山下儿媳家串门去了。我们追到她儿媳家，发现奶奶前脚去了另一片的妹妹家。追到妹妹家时，我们被几乎十来个老人甚至还有孩子排坐聊天的场面惊到了。主人家并不惊讶地拎着小板凳、端起菊花茶准备把访谈者也"吸纳"进来。在古源不分熟人陌生人，一进门凳子和茶就是标配，坐定再论你是谁。有一次到一户人家想尝试做访谈,女主人急着要去干活,甚至都没有与我们交谈就匆匆擦了凳子、端出茶,仿佛"任君自取",就赶着下地了。留下我们目瞪口呆地回味着另一位受访者说过的"茶都莫(没)得吃的人家是没人性的"。

在古源村强大的公共空间与日常串门之下,调研者们第一天在山下的活动,第二天山上的人就已经知晓了。村庄中发生的各种事情,如风一般无孔不入地在人群中传播着。当然,当我们进入这个信息网以后,也同样很快就知道了村民们私下如何形容我们——据老人家说像当年拿着本子到处记录的共产党调查员。

古源村吸引宝姐的一个地方正在于上面描述的公共空间顽强的生命力。在许多村庄中,城镇化都伴随着公共活动的减少以及公共空间的萎缩、村庄社区集体记忆的衰弱,进而影响着社群的认同,甚至导致文化主体性的消亡。① 然而古源村村民赚到了钱、建了新房却没有隔绝彼此,到处敞开的大门、并不遮挡视线的齐腰铁栅栏都体现出古源村的人并不愿意像苏州村庄一样将心思放在隔绝彼此上。村庄空间被塑造成人们几乎可零成本地进入彼此的生活,而这正是古源村村民所需要的。"如果关着门,别人来串门不就不知道你家有人了吗!"

古源村的小孩喜欢与同伴玩而不是独自玩电子产品。宝姐家的小孩一醒过来就刷着手机等邻居家的玩伴起床。

---

① 董磊明.村庄公共空间的萎缩与拓展.江苏行政学院学报,2010(5).

孩子不断问宝姐"小元起来了吗?",一旦得到肯定的答案,就立刻扔掉手机蹦出去找他玩。在主街上孩子们玩到晚上十一二点才回家睡觉,家长也并不担心。孩子们在县城上学的时候放学后没有玩伴能串门,专门到姑姑家过暑假的小男孩拖长声音抱怨道:"白天大热天没有人会顶着太阳来找你玩的,晚上又太晚了。"

由于宝姐家这条街孩子多,主街上的人会要求停车人将车停得离这条街远一些,不要停在孩子经常玩耍的地方,不然碰到了负不起责。听到这样的逻辑我心想:担心让孩子碰到车,竟然不是把孩子看好,而是反过来要求车不要靠近,被要求的车主难道不会觉得"凭什么"吗?可他们说,一般大家也都自觉,即使停得近了只要自己去说对方也都会配合挪走。如果还是要停的话,小孩子翻上去玩碰坏了,那就得自己负责了。

列斐伏尔认为"当代社会已经由空间中事物的生产转向空间本身的生产"。[1]充满公共性的空间与充满界限感的空间是两种截然不同的空间,它们是不同的村庄结构所生产出来的。空间不仅是人们活动的容器,更是如文本般反映着社会的变迁,受到社会文化与政治过程的塑造。[2]因此,古源村不变的空间象征正显示着不变的乡土文化。在西方的拔根型城镇化进

---

[1] 列斐伏尔. 空间的生产. 北京:商务出版社,2022:104.
[2] 朱竑,钱俊希,封丹. 空间象征性意义的研究进展与启示. 地理科学进展,2010,29(6).

程中，个案研究阐释了传统的乡村景观地域如何在工业化与现代化的过程中被赋予了不同的文化含义，从传统意义上肮脏、危险、疾病横行的乡村形象转变为人们寻求的宁静、传统的乡村生活与乡村回忆的心灵圣地[①]，这种空间象征是乡村丧失文化主体性后的产物。正因为丧失了主体性，所以该类案例中乡村在工业化早期依照城市的标准被看作是肮脏的，在后期又在城市主位视角中被视作中产阶级的审美客体与消费客体。古源村恰恰与之相反，在打工潮中获得了物质资源后，人们通过掀起集体仪式的高潮重塑乡土主位的空间。在乡村建筑、乡村交通城镇化之后，村民依然未经设计地自觉维持着熟人社会的公共空间。城镇化的建筑被古源村驯化成通透可视的村庄空间格局，汽车交通对儿童公共空间的撕裂也被村民以尽量不开进来的自觉克制住。由此可见，古源村强大的文化主体性支撑了其公共空间的再生产，而公共空间对公共活动的支持反过来继续巩固着古源村的文化主体性。

　　前面我们跟随宝姐的视角游历了村庄集体仪式的兴盛、公共空间的再生产，以及集体仪式的爆发性凝聚与公共空间的弥散性联结。这既是古源村深厚社会联结的体现，也是村庄文化主体性的重要保障。简而言之，它是扎根型城镇化那个"根"的产物，也是"根"的营养。那么，这个根到底是什么？

---

① PARK D C, COPPACK P M. The role of rural sentiment and vernacular landscapes in contriving sense of place in the city's countryside, *Human Geography*, 1994, 76(3).

何为根系："人情味"

宝姐不喜欢在城里待的原因是，一去城里就感觉不爱串门了，自己出个门还得捯饬捯饬；不如在老家自在，穿个睡衣也能出门。

然而，第二天宝姐又说，还是想在县城生活，因为村里很少有自己的同龄人。

宝姐看似在城与乡之间矛盾着，其实选择城与选择乡的逻辑是一致的——都是对人情味的追求。她厌倦城市中片面的、需要装饰的交往，喜欢乡村里彼此知根知底整全性的互动。然而她在乡村可以互动的同龄人又太少，这才思念起县城。在宝姐看来，城市并不象征着光鲜亮丽与成功，而只是无聊，想起它也只是因为那里有同龄人可互动，这其实是彻头彻尾以乡土本位的视角来看待城市。在今天这种城市文化强势入侵乡村的时代，在许多地方的乡村居民迫切地评价着自己还不够城市化的时候，宝姐的思维正体现了扎根型城镇化的"根"之深厚。

而这个根的内容是人情味，其实也就是互动中的礼让，是古源村人与人相处的核心逻辑。礼让并不是让渡利益——其实这是现代化视角的误读。礼让在原本的语境里，本来是不谈利益的，只讲礼尚往来。只是市场文化渗入以后，人们越来越把礼尚往来异化成了交易的均衡。实际上，交易本身就是对礼让的破坏。

我们在古源村的调研过程仿佛就是接受礼让教育的过程。很多时候村民回答问题的语气让我感觉到他大约在想我这个来自他乡的人是何其不懂礼,才会问出如此无知的问题。例如,第一天访谈时说到做人,黄家丰就义愤填膺地说:"茶都莫(没)得吃的人家是没人性的。"会做人且德望高的张某解释说,小孩子玩耍被对方弄伤后大人不必道歉,但是要主动带孩子去治疗,受伤孩子的父母也不能生气,只能嘱咐对方小孩下次小心点。当我追问"如果这家人就是不带你的孩子去看病怎么办",张某似乎从未想过有人会提如此"厚颜无耻"之问题,于是声音拔高地回答道:"怎么会不带?怎么不带?他自己的孩子不会被别人打伤吗?如果别人不给他孩子看病咋办?"我们谈及离婚问题时,反被张某教育了一顿:要学做人,不要打探这些不好的事情,等等。

许多其他村庄常见的现象如果挪到古源村似乎就会让人觉得匪夷所思。比如有的村庄以开豪车回来为有面子,古源村村民却对豪车不以为然。有的村庄以用饮料招待亲友为珍贵,因为饮料是花了钱的,没花钱的手工炒茶什么都不是。而古源村即使是初中生都知道拿饮料给客人是主人不上心甚至是看不起人,唯有用手工茶能表示诚意。有的村庄的富人以"不收礼"来彰显自身声望,古源村村民对这种行为的评价却是负面的。"你有钱你就能不收人家的礼了吗?你那是看不起人。""不收礼是跟全村人都不往来了吗？"在古源，能彰显声望的指标不是钱，是宴席的到场人数，因为这显示了主家会做人的程度。

有的村庄面对村民小组的人去城里办宴席酒水费飙升的反应是将份子钱从20元涨到30元，而县城酒席人均消费早已超过了100元。对于无法覆盖成本，人们的态度是"怕亏你就别办啊"。古源村村民的态度却是相反，有几个村民猜测近几年礼金攀升有一个原因是许多人去县城办酒，大家"不好意思让主家亏钱"，想多送点，因此现在即便是普通地缘关系礼金的起步价都已经两三百元了。

每次被问到这些问题，受访者的第一反应都不是回答问题，而是反问道"怎么会？"。也许受访者面对这些问题时会感觉"我常常因为太过正常而与你们格格不入"，他们按照礼让的准则与人互动，却没想到我们提出这么多从利益角度出发的问题。利益本位就是"不知礼""不懂做人"。假如他们读过孔圣人的书，必定要引用"不知礼，无以立也"来痛斥我们了。

那么，何为礼让？抛开儒家典籍，古源村村民的反应告诉我们，他们在意的礼是"先付出"和"不计较"的克己。人们常常把礼尚往来与利益交换混淆起来，然而经济学假设下的理性人在追求利益交换时，付出往往是为了收获，并且必定要计较均衡。而这在讲究礼的社区恰恰是负面的，是"没有人情味""用人朝前，不用人朝后"的。首先，礼看重的是付出，而不是收获，这是因为要守礼或者说要"做人"，所以黄家丰说的是"茶都莫（没）得吃的人家是没人性的"这种道德评价，而不是"今天你给别人茶吃，下次人家给你茶吃"的利益考量。其次，礼是不能计较。比如我的孩子被你的孩子打伤，古源村村民不是以"你侵犯了我的利益"的思维去理解，而是以"出了问题我们一起解决"的方式去理解，强调受损方不要计较得失。对此，我们反复确认，但村民仍不假思索地坚持说，打人的孩子的家长也"不用道歉"，只需要带孩子去治疗。"不用道歉"背后的逻辑恰恰是预设双方都遵守的是礼让原则而不是计较利益原则。道歉反而显得太见外了，且无任何实质作用。

到这里我们结合上一节人们要求开车人将车停远一点而被要求者很配合却不问"凭什么"的原因，就可以发现古源村人是很少问"你凭什么这么要求""我凭什么要让"的，因为礼让不需要凭借什么利益、理由，太过计较利益边界的人是不被这个社区欢迎的。开车的人只需要考虑建议是否合理，只要认为确实对小孩子好，愿意停远一点，那就会配合。

为什么说礼让就是宝姐喜欢的人情味呢？因为礼让的本质是人与人的利益边界没有那么清晰，不会"算那么清"，这是一种不那么分彼此的相处模式，也是人情味的根本。一旦算清了，你是你，我是我，人情味就没有了。

不分彼此的人情味，正是紧密凝聚的村庄共同体才能产生的。集体仪式与公共空间是社区层面的内容，而人情味首先是行动者的行动模式，同时又是社区的特征。古源的集体仪式与公共空间维持着共同体成员的认同感，形塑了村民充满人情味的行动方式，这又反过来继续维持着村民对整体的认同。三者的相互支撑，使得古源村在变迁中以"形变神不变"的方式保留着文化根系。

"旅居客""定居者""守望者"三重社会身份在村民身上并行不悖，每个村民都同时兼有这三重角色，并且不同角色对应的是其对不同物理空间的不同态度。也正是这三重角色在个人身上的统一，村民个人及其身上附着的各种要素才得以在城乡之间往返穿梭，打工地的工业剩余才得以通过家庭层面的再生产规划和转移支付计划输入县城和村庄，县乡之间的各种生产要素、社会要素等才得以通过人员流动而频繁互动，社区才实现了社会层面在城乡之间的延展。

第六章

伦理经济的社区实践

费孝通在《江村经济》中曾讲过一个有趣的案例：农民一旦开始了航船这个职业，就必须每天都有规律地进行下去。无论他接受的委托是多还是少，或者即使病得很厉害，他都无法停止自己的服务工作，因为所有顾客都靠他供应的日常必需品生活。这一现象我们可以用"伦理经济"来解释。时至今日，我们仍然可以看到与航船类似的案例在古源村重复上演着。

　　在上一章我们详细叙述了村庄社会的变与不变，看到了村社中留存的共同体和传统乡土社会的影子。那么，传统的保留与现代的发展会给古源的"伦理经济"带来什么样的影响呢？想厘清这一问题，我们必须首先探讨传统乡土社会是如何影响村民的日常互动的，同时塑造了村民行动的哪些特征。

1. 古源村的伦理经济

  我们在第一章叙述了古源村的宗族底色。古源村的村庄社会形态与费孝通笔下的"乡土中国"的理想类型十分相似。从地理位置上来说，古源村如一片世外桃源，群山环绕，交通闭塞。在漫长的农业时代，村民们与土地牢牢绑定在一起，鲜有人口流动。古源村村民大概率过着一种"不知有汉，无论魏晋"的生活，与乡土中国描摹的"写意画"十分类似。

  传统时期，此地以自给自足的山区农耕经济为主。村民少有渠道获取现金，日常生活中所需的物质资料或服务，如额外品种的食物、生产生活的帮工、锅碗瓢盆等小家具等，主要依靠村庄内部的兼业以及村民间的互惠交换来获得。村民的经济生活因此深深嵌入村庄社会的传统观念与社会规范当中，村民在差序特征、底线救济、总体的动态平衡、道义性等伦理原则的指导下，组织自身的经济实践。

◎ 差序特征

2023年春节前夕，70岁的张金花风风火火地搬出全套设备，带领着一群街坊媳妇缝制新衣。布料是各家自带的，缝纫机、针线包则是张金花用惯的"老伙计"。整个20世纪80年代末到90年代初，张金花在干农活与照料孩子之余，便在村里经营自己的小裁缝铺，直到手工衣被成品衣取代。

作为张姓媳妇，张金花深谙如何在一个宗族型社区经营自己的生意。她从不标价，而是因人、因事即时定价。五服内的亲戚，平日修补衣裤，她都是一律免费；若逢大修大改，她也只以成本要价，甚或干脆让对方自己买布拿来，千万不能让对方觉得自己坐地起价，"赚自家人的钱"。遇到家里亲戚结婚，作为裁缝的张金花还会不失时机地送上一套裁剪精良的新衣作为人情。遇到住在近处的亲戚，相处得好的朋友，张金花也有相应的折扣。对于普通的村民，金钱交易、讨价还价是难以避免的，但也一定要客气有加。日常见面要客气三分，逢年过节也免不了有人情问候。她还记得，自家随时备着些硬糖、干果，每逢村里媳妇带着孩子前来补衣，她便掏出一把，塞给孩子。孩子心满意足，大人付钱时也轻松愉快。在张金花看来，在村里做点生意，首先便是要学会"做人"。

可以看到，乡土社会的经济活动深深嵌入其差序格局的关系结构当中，这使得经济行为的意义"并不在于弥补相互间的欠缺，而在于显示和加强社会联系"①。因此，个人在开展经济活动时，面对与他处在不同社会关系中的人，不仅要考虑物质利益，更要考虑双方关系的长期维系。必须根据亲疏远近原则调整经济活动的内容（或者说形式）和频次，让渡相应的利益。

在古源村，上述格局主要表现出三方面的特征：

首先，关系越近，经济活动发生的内容形式越丰富，频次越高；关系越远，经济活动发生的内容形式越单一，频次越低。

在古源村，村民的认同大多依据姓氏—生产队—信仰圈—山上（或山下）—古源村—古源片等依次形成差序。在姓氏内部，小到借柴米油盐，大到借钱买房，人们在经济方面形成了多种多样的互动模式。只有在姓氏内部无以为继的情况下，人们才会根据差序将关系逐步向外扩散。但若人们越过认同边界

---

① 费孝通.江村经济.南京：江苏人民出版社，1986.

而过度逐利或过度施恩，则同样会被视为"不会做人"。如有人将借柴米油盐或借钱买房的圈层扩大至信仰圈范围，就"会被人背后议论"。基于此逻辑，村民组织起了日常生活所需的各类经济活动。

建房帮工是古源村的传统。在外出务工前，本地劳动力还未大量流出，建房时各家会互相帮工。建房帮工一般需要三四十人，来源包括周边多个组，但以本组为主。帮工的时间长度也因和主家关系的亲疏远近而有所区别，这也就是帮工中的差序原则。别的组的关系好的人来帮一两天就行，本组的人则需要从头做到尾。

从建房帮工的例子来看，如果村民的需要能在较小的圈层内被满足，其会停止向外扩散寻求帮助的行为。只有在需求不再被满足的情况下，人们才会向外扩散自己的帮助寻求范围。因此，在核心圈层中经济与伦理互嵌的形式内容也更加多样化。最终，在社会不流动的背景下，每户人家都会以自己为中心划出一个圈子，即街坊，这也是生活上的互助机构。[①] 这一圈子内部的互助行为包括红白事上的帮忙、建房换工、借贷、日常互助等。村民们大部分经济行为如日常互助等都在核心圈层内得以解决，内圈层的频度自然而然地高于外圈层。村民在自己的核心圈层开展各式各样的互助与合作，到了村庄层面就仅限于"写费""搭便车""拿快递""送袱包"等应急或较为

[①] 费孝通.乡土中国.上海：上海人民出版社，2013：25.

简单的内容。

其次，关系越近，人们需要在经济活动的理性算计中让渡的利益就越多，反之则越少。费孝通指出，社会关系越亲密，对等的交换就越少。[①]这也就是说社会关系的亲密往往意味着两者之间的交换更具有伦理意味，交换也就更加不对等，里面蕴含着的人情、关系等因素就更浓厚。

在相同事项、相同关系的情况下，对于风水先生的费用，较富裕的人家会多出一些。在相同佣金、相同事项、不同关系的情况下，风水先生会义务给更亲近的人提供更好的服务。以修坟为例，"普通人家修坟如果给我5毛钱，我就给人家看三个山头。但如果是五服以内的亲戚，就算只给我5毛钱，我也会给人家看四到五个山头"。

借贷利息的收取同样因关系远近有所区别：亲兄弟不会要利息，主动要利息属于"不会做人"；叔叔伯伯一般不要利息，只要一点也没事；堂兄弟要利息无可厚非，但不要利息会觉得"做人好看"；五服之外的亲戚要利息完全没有问题。这种亲疏远近的差序原则甚至在高利贷中也存在。古源村的村民如果需要借高利贷，通常会去找月塘镇一户姓王的人家。他家非常富裕，钱和粮食都可以借。在利息的收取上，有一点亲戚关系的找他借粮食不用利息，有关系的话借钱利息会给少一点。

---

① 费孝通.乡土中国.上海：上海人民出版社，2013：183.

由此可见，在乡土社会，经济关系是由社会关系所主导的，从裁缝、风水先生再到日常的借贷，无一不遵循着越亲近的人越需要"克己"，越需要在经济关系中让渡自己的利益的原则。关系越亲近，让渡的利益越大，而对方出于伦理道德的要求，也不会让别人损失自己的利益。费孝通指出，在亲密的血缘社会商业是不能存在的，但不是说不会发生交易，而是说他们的交易是以人情来维持的，是相互馈赠的方式。① 而关系越亲密，人情越重，馈赠性就越强。

最后，嵌入伦理规则的关系圈的大小因差序格局的中心的势力厚薄而定。乡土社会是内外有别的，经济嵌入伦理规范的前提是双方都在彼此的差序格局之中，进而在社会关系层面寄托情感、道德、经济等诸多因素。因此，当双方处于敌对状态时，这类经济活动就不可能发生，如古源之前"山上山下"的剧烈矛盾使得山上与山下在经济层面亦少有往来。这种内外有别表现为在共同体内部对人温情脉脉，互通有无，存在因"不好意思""怕丢面子"而不敢逾矩的底线；而对于共同体外部的人则不存在这种温情，甚至能占便宜就尽可能占便宜。

内外分别的边界是具备伸缩能力的。费孝通指出，差序格局会因中心势力的变化而大小。② 比如"写费"的人家更倾向于请村庄中更有面子和地位的人来组织，因为组织者的面子越大，"写费"人家收到的钱就越多。在村庄中有面子与地位，

---

① 费孝通.乡土中国 生育制度 乡土重建.北京：商务印书馆，2015：77.
② 同① 28.

即有势力的人，往往能在更广阔的地域社会范围内与他人建立联结，或者说具有更广泛联结的人遵循伦理原则来开展经济活动的范围也会随之扩大。

　　刘启龙垄断了古源片区的厨师后，他的人情单位扩大至了整个古源片区，家家户户办喜事他都要送礼，送袱包的范围也扩大至了整个古源片。

　　在统一面对外界大市场的时候，古源村村民，甚至古源片区的成员，都显示出了同仇敌忾的精神气质，牢牢抱团。而经营行为中显示出的"内外有别"在大市场的侵袭下，保护了信息不对等、势单力薄的农民，如我们第三章提到的村民们对博落回统一定价。

　　在借贷问题上，本村人表示"借钱不用写借据，因为这里都很讲信用"。但这里本村人所说的"讲信用"仅仅局限在本村范围内。人们对共同体外不熟悉的人则表现出另一副模样：古源村有一户人家结婚的时候找外村的人借高利贷，结果一直拖着没还钱。后来，债主找上门要钱，结果他们不仅赖账，还仗着自家兄弟多，打了债主，逼他下跪。对此，村里人觉得他们至少不应该打人，何况还逼人家下跪。但村里人也认为，他们是对外村人才敢这样，对本村人是不敢赖账的。这户人家的信用在本村内部并没有受到太大的损害。所以，即便是发生这样的事情，本村人也还会继续借钱给这户人家。

　　借钱赖账的行为很少发生在本村内部，村民只对共同体外不熟悉的人才敢赖账。借钱人对同村人最多是不及时清算的关系，不可能不要面子。若想要村庄范围内的互助继续维持下去，人们就必须遵循互助的规矩。有人如果不要面子、违反规矩，则会招致村庄社会的排斥。因为有这种惩戒机制的保障，所以人们借钱给同村人的时候，并不需要多虑，村庄内部的信任由此而来。

一旦超出这个边界，这套伦理规范就不再起作用。在共同体内部，彼此讲信用，互相信任，借钱人不需要写欠条。而对共同体之外的人，借钱人不仅敢赖账，还敢打债主，也就是"熟悉的人不能赖账，不熟悉的人才敢赖账"。

同时，地方上的互助与惩戒规范只局限于村庄内部的社会互动，而代表国家的信用社则属于"公家"，也在这一互助范畴之外，因而共同体内的人可以不遵循这套规范。一方面，信用社可以借钱给赖私人账的人，因为用的"是公家的钱，没影响"。另一方面，借款人欠了信用社的钱没还，并不影响他们在村中的声誉，因为信用社的钱是公家的钱，另外旁人也不清楚。

此外，这种共同体内外有别的边界并非是一成不变的。在不同时间段中，边界也会变化。

> 新中国成立前，山上和山下的关系紧张。对山上的人来说，山上是里，山下是外。当时张姓是豪宗大族，常常剥削其他的小姓。山下的常敲诈山上的，例如山上的木材

和旱地都要一年收一次年租。而新中国成立后，国家行政力量介入，对地域社会进行整合，山上山下被归进同一个行政单位。在这一规定之下双方的往来互动也随之增多，如一起开会等。山上山下的关系也因此而缓和，山上山下重新建构了对共同体的认同。

面对内外有别的分殊，边界之外的人也会寻求建构关系，进入边界内。如新中国成立前张姓以外的其他姓氏和张姓开亲，都是为了在张姓庇护下生存。"打老庚"也是一种建构关系的尝试。共同体外部的群体被排斥在村庄的互助圈子之外，只有通过"打老庚"的方式，才能通过建构的老庚建立互助关系。

◎ 底线救济

一天下午，我们正在访谈村里的张千夏。这时，一位白化病年轻人走进诊所。我们访谈过他，这位30多岁的年轻人自幼患病，不能长时间接受太阳照射，视力也极差。家里为他治病前后花了几十万元，却不见成效，只能长期涂药缓解。家里也因此十分拮据。

年轻人走进店内，拿了两瓶药，跟我们和张千夏打了声招呼，便走出了诊所。我们问张千夏：他直接拿药，没有付钱，是因为有医保之类的代付吗？张千夏说，医保确实帮他承担了大部分医药费，但他刚刚拿的两瓶是自费的，不过也就几块钱。自己平时帮他看病、开药，从来都不收钱。不仅他，平日村里穷苦可怜的人若看点小病，自己也都不会收钱。

村庄的经济活动包含重要的底线救济功能。我们在古源村所看到的互助并非全都基于一对一的私人关系，大范围的、基于地缘关系的社会救助同样发挥着重要作用。和建房换工、红白事的帮忙不同，这些社会救助机制可能在几十年间只作用在数量有限的几户人家身上，但村民们仍然维持着这些机制。在自成一体、边界清晰的小共同体中，基于共同的责任伦理，每个人都履行着自己的道德义务，不会轻易退出。也正因为有这些道德义务的支撑，古源村的救助机制才得以维持。

"写费"就是这样一个兜底救助机制。当家产所剩无几、五服之内的亲戚也借光了，到了走投无路的时候，可以借助"写费"（捐费）获得村民的救助。"写费"的具体流程是：当事人请本村的一位朋友拿一个本子、一支笔挨家挨户去"写费"，谁家出了多少要准确无误地记录在本子上，"写费"结束后要将记账本交给当事人。"写费"的范围一般在本村，有时还会加上青松村，最远可以到茶乡。如果到青松村"写费"，当事人会单独请青松村的朋友帮忙挨家挨户"写费"。对于"写费"几乎家家户户都会捐钱。"写费"的金额同样遵循差序原则，因关系的远近、好坏而不同，并非根据经济实力来给。

如本村的人求助，村民通常会多捐一点；同是一个组的，只要有联系就会参与。

传统时期，古源村所在的古源片的各类地方义会也发挥着类似的底线救济作用，包括育婴会、路会、桥会、破路会、孤坟会、谱会等。其中，只有谱会是以姓为单位，其主要职能是修谱和祭祀，其他的义会都以古源片为单位。育婴会为防止丢弃女婴而设，育婴会有公田，一家育有三个女儿的，如果再生育第四个女儿，育婴会即会给予五斗米的资助。路会的职能是修路，立秋后各家各户自带工具出义务工，没有工资，会上只管一顿饭。孤坟会则主要是照看、祭扫无人管理的坟头，由地方来筹资集钱烧纸。义会的资金来自地方农户集资买下的公田，这一公田为会上所有，收租是为会上开支。

村庄的小卖部老板、村医等有能力的个体同样需要在力所能及的范围内承担社会救济功能。例如村医救助前文中的那位白化病人。又如张明秋的小卖部，一位五保户已经在他这里赊了1 000多元的账，而且全然没有要还的意思。但张明秋却说，如果那人再来赊账，自己还是会赊给他。虽然这些钱肯定是要不回来的，但"没有办法，他那么穷，又那么熟，要的话也只能给他"。

在古源村，张明秋这样的老板不是特例。承担了社会救济功能的小卖部老板，在村庄社区内可以获得更多的支持、更高的声望，同时又保护了村庄的弱势群体。

◎ 总体的动态平衡

不及时清算是乡土社会的基本特征。[①]无论是在日常互助中还是在商业交易过程中,古源村民除了进行一次性利益的算计、博弈外,还需要考虑双方的长期关系,在互欠中维持彼此经济利益、人情、道德资本的动态平衡。在这里,伦理原则要求经济活动成为彼此之间的有来有往。它基于细密的私人道德且长期维持。帮忙的恩情会被记住,并且会以合适的方式回报,回报方式也因对方的需求而异。其在建房中就体现为能帮工就帮工,不能以帮工还上人情,最后就给钱,或用其他的方式回报。因为村庄中的每个人都会面临类似于建房缺帮手的处境,也就会在他人有需求的时候尽可能提供帮助。

例如在建房帮工的过程中,为了回馈老乡的帮助,村民帮工的时候主家既需要负责吃食,也需要将前来帮工的人都记录在册,以防忘记。同时,因为帮工和还工的时间跨度可能较长,加之有些人近几年不一定会建房子,所以也衍生出"打票"的回报方式。它是指,在帮工后,主家给帮工人打个票,作为凭证。如果帮工人不打算建房子,主家会在一年半之内还上人情。在物质资源紧张、经济匮乏的时候,这种"打票"的方式能够保证自己还上恩情。

又如在前述的"写费"过程中,"写费"并不是单方面的

---

① 费孝通.乡土中国.上海:上海人民出版社,2013.

救助，而是有一定的往来回报。在"写费"的过程中，谁家出了多少都要准确记录。"写费"结束后，当事人及其后代要永远记住这份恩情，在这些人需要帮助的时候尽可能报恩还情。"写费"用的是"写费者"本人的面子和组织者的面子。如果有难处的人家面子不够，就主要看组织者。"写费"对当事人的面子的损耗是巨大的。"写费"也意味着会亏欠全村人，受助人及主要家庭成员从此在村里抬不起头来，子女到社会上说话也没那么硬气。如果受助人对此有意见，其他人会觉得"如果你有本事，就别要人家的钱"。"写费"意味着"倒闭门户"，写个两三次就不能再写了。面子就像"社区性货币"一样记载在村民共享的公共账本中，而"写费"意味着大量透支人情和面子。在这种流动少的村庄中，这一账本还会传给后人。因此，很少人会"写费"，不到万不得已、山穷水尽，不会选择这一方式。即便有人需要"写费"，也不会多次"写费"。基于面子的社会评价有效地将"写费"这一社会救助机制限制在了一定的范围内，使其不会被过度使用，也保证了在经济匮乏的时期，这种互助能够长期维持、保持运转，最大限度地帮到最有困难的人。

除了日常互惠与底线救济中的不清算，上述平衡还体现于直接的交易与经营行为中。这主要涉及两类：从事手工业的农民和从事服务业的农民。

在传统乡土社会中从事经营行为，需要从为数不多的农业剩余中汲取额外的经济资源。这种经营行为一般分为两种，一种是从事手工业，为村庄创造一定的财富，如裁缝、补鞋匠等；另一种是从事服务业，需要整个社区用农业剩余来供养，是纯消费行为，并不创造任何额外财富，如风水先生、道士等。

从事手工业的农民，一般处理的是人与物之间的关系，消费者对他们的要求仅限于会做事，会做人在这里是锦上添花的事情。因此，乡土社会中的手工业者既可以长袖善舞，亦可以腼腆内向。撇开个人性格特质不谈，这种经营行为依旧嵌入在社会关系之中，如上文所提到的裁缝。

从事服务业的农民则处理的是人与人之间的关系，社区对他们的要求比对一般的手工业者要更高，不仅要求他们会做事，更要求会做人。因此，在乡土社会从事服务业的农民一定要"懂规矩"、"明是非"、聪明机灵。这种经营行为不仅嵌入在社会关系之中，更嵌入在社会结构之中。

> 金玉宇认为，在村内行医，医德很重要，具体包括平时的为人处事、说话的语气。例如有的老年人耳背，医生和他讲话需要很大声他才能听到，但旁人听到就不太能理解，觉得医生态度不好。此外，收费也不能太高。村里人给乡村医生排序的主要因素包括：（1）水平；（2）收费；（3）态度；（4）平时的为人。

对于风水先生等从事服务业的农民，他们的收费有一套自己独特的行业规则。首先，看是受雇于个人还是受雇于群体。

在受雇于个人的商业行为中，风水先生所能收到的佣金并不由自己掌控，"出多少是随人家的意"，但风水先生会根据主家所给的佣金来决定自己所提供的服务的水平，如前文所述的风水先生看山头的例子。

在受雇于个人的服务关系中，匮乏经济使得村民们负担这种服务显得格外吃力，于是"你卖我一个人情，我卖你一个人情"，因此风水先生给个人提供的服务是泛化的、是向服务业的上下产业链拓延的。

> 沐大华是古源村的风水先生，只要人家请他看坟地的风水，他就会义务帮这户人家操办白事，如写袱包、写对联等，一般会持续7天。他在这个过程中每天只能挣一包烟的辛苦费。
>
> 刘启龙是古源村为数不多的厨师，古源村村民只要在家办喜事基本上都会请他掌厨。他一般会大清早就过去给办喜事的人家帮忙，如帮人家摆果盘、收拾场地等，有时候还会带着自己的妻子过去帮忙洗碗、收桌子等。
>
> 豆腐市场是另一个典型例子。古源片区内有三户人家做豆腐卖，他们经常骑摩托车上门挨家挨户送豆腐。但村民出于对三家生意的支持，"人家上门来送不好意思不买"，基本上会三家轮换着买，很少有人会固定只买哪一家的。

由上我们可以看出，在人与人的互通有无上，人们考虑的是"人情逻辑"，这使得村社内成员都可以以较低廉的价格获取他人的劳动成果，从而人与人之间维持着低水平的均衡；在人与社区的关系结构上，社区可以通过群体来获取免费劳动，甚至通过公共性事务达到二次分配，如从风水先生处拿到更多的礼金。正是这种嵌入在社会结构中的互通有无，使得社区即使在匮乏经济下仍能维系其良性运转。

改革开放以来乡村的经济结构发生了巨变，市场逻辑下渗，乡村百业受到较大冲击。然而，乡村百业的消亡并不意味着乡村社会不再需要互通有无。事实上，在丰裕经济下，乡村社会的经营行为仍极具伦理性。处于村庄外的大市场并没有完全取代村庄内的小市场。或者说村庄仍保留了一个地方性市场。在这个市场上人情、面子仍在流动且发挥作用，如前文提到的猪肉市场的例子。

古源村的猪肉市场是一种较为典型的互助模式，村民们也一直小心翼翼地在维护这种平衡。如村内养猪一般都只养 2~3 头，多了村内消耗不了，"人情也会用光"。每个人都在这种互惠模式中获取利润，也惠及他人。

在此案例中，道义经济中互惠、不清算的基本格局仍然得到保留。首先，猪肉市场的互惠建立在古源村村民对大家庭的想象和对村庄的浓厚情感之上。为了维护村庄的存续，维护流动着的人情、面子，人们愿意且乐于加入这种较为简单的互惠之中。其次，村庄仍保留着底线逻辑。村民对猪肉上附属的人情、面子等深信不疑，认为"只要我上门，我就能卖出去"，同时出于对五保户等困难人群的保护，村民将困难人群在高消费的猪肉市场中保护了起来；人情与面子处于动态平衡之中①，村民也不敢过度透支自己的人情、面子，于是将猪肉市场控制在了一定的范围之内。最后，猪肉市场成为一个系统性、自我运转的小市场。出于自身的利益，加之猪肉市场上所附带的人情、面子等，人们也更愿意买村里的猪肉。许多业已完成城镇化的村民也乐于回到村庄参与这一市场，这使其维持着高度的韧性，即使美团下乡取代了村民的大部分消费，猪肉市场也仍旧与外面的大市场并存着。村民不仅是在面对外部市场的时候牢牢抱团，以村庄为主体的社会支持网络还帮助部分在村内兼业的村民拓宽了销售渠道。这些帮忙看似是义务的，本身也蕴含着面子与人情，如第三章提到的李霞卖蜂蜜的案例。

人与人之间这种普遍的互惠给予了古源村村民抵御市场的能力，其村庄存续与大市场之间并行不悖。人们从村庄的互惠模式中得到了切实的好处，既服膺于这种互惠模式的基本规则，也同样服膺于村庄的道德秩序，远在外乡的村民也憧憬着村庄社会的温情脉脉，愿意返乡养老、消费，这大大激发了整个村庄的活力。

◎ 道义性

作为自己人，村民需要在经济实践中遵循本地的公序良

---

① 董磊明，郭俊霞.乡土社会中的面子观与乡村治理.中国社会科学，2017（8）.

俗，其经济活动受到村庄道义性原则的规范。

例如，依据村庄生活内部的社会评价机制，违背相关伦理的人将被评价为"不会做人"，恪守规范者则属于"做人好看"，这种社会评价也会进一步影响个人在村庄中的社会声望。

道义性首先体现为一种义务。以"写费"为例，对共同体内部的其他人来说，在"写费者"上门"写费"时，不能不给面子，金额或多或少另说，但至少得给。能够为他人提供帮助，也是面子的体现。甚至，如果哪户人家被落下，那户人家会觉得很没面子，没有被尊重。在流动的人情面子背后，这一套规范也被成员普遍内化，成员将互助视为自己的道德义务，不去破坏这种平衡。

在新中国成立前的很长一段时间，古源村民十分依赖地域范围内的自治和互助。而其成立的重要基础，便是地域共同体内共享的道德规范以及相应的义务。例如育婴会、孤坟会都以古源片为单位，范围内的每一户都要为这些组织出钱。又如路会组织范围内的各家各户修路。而范围内的农民也都参与到这些组织的活动中，哪怕育婴会、孤坟会提供的资助与自己无关。义会自治得以维持的基础就是农民已经内化的道德规范与责任义务。从"写费"到义会，村庄内流动的人情面子、道德义务使得村庄在匮乏经济的年代下依然能够救助共同体内的弱势群体，维系其良性运转。

道义性还体现为对个体行为的道德要求。例如，借钱赖账的行为很少发生在本村内部,村里的人只对共同体外不熟悉的人才敢赖账。借钱在同村人间只是不及时清算的关系,借钱人不可能不要面子。借钱人若想要村庄范围内的互助能继续维持下去,就必须遵循互助的规矩。借钱人如果不要面子、违反规矩,则会招致村庄社会的排斥。因为有这种惩戒机制的保障,所以人们借钱给同村人的时候,并不需要多虑,村庄内部的信任由此而来。而一旦超出这个边界,这套伦理规范就不再起作用。在共同体内部,彼此讲信用,互相信任,借钱人不需要写欠条。而对共同体之外的人,借钱人不仅敢赖账,还敢打债主,也就是"熟悉的人不能赖账,不熟悉的人才敢赖账"。

在受雇于群体的商业行为中,上述道义规范和公共性要求则更加明晰。以风水先生为例,一方面,如果风水先生受雇于群体从事服务,往往意味着其已经垄断了该群体的服务市场。比如风水先生被受雇于修庙等公共事务,则其基本上就垄断了该地缘圈内的白事等业务。另一方面,风水先生从事公共服务,意味着地方社区需要以本不富足的农业剩余支撑起风水先生的经营行为,甚至风水先生很有可能自己就是社区内的一分子。因此,风水先生被其与个人的关系、与社区的关系所绑定,其受雇于群体的服务呈现出明显的"反馈社区"的社会含义。

传统时期,不论是建房、修坟,还是修桥、修路、修庙,都要请风水先生来看风水。一般来说,风水先生收取的费用从大到小依次排序为修坟、修房子、修庙、修桥。修坟收取的费用最高是因为风水先生需要爬几座山来确定坟地风水，消耗的时间与劳动力最多。为修庙和修桥看风水尽管消耗的时间和劳动力与为修房子看风水不相上下，但修桥、修庙是公共事务，所以收费最低。而为修桥看风水比为修庙看风水的价格低是因为修桥与修庙虽然都是公共事务，但是二者的公共性有所不同：桥是大家都走、人人有份，而庙只属于一个片区，不一定人人有份。

费孝通指出，在乡土社会中，人们的道德观念是与私人密切相关的，"系维着私人的道德"。这是在个人与个人的层面上谈论对人的道德要求，但是涉及个人与群体的层面，却并未提及。受雇于群体的服务业，往往依附于地方性公共事务，出于长期在公共场所展示自己又"吃村庄饭"的需求，从事这一行业的服务者往往比普通农民要懂礼数，在人情往来方面往往需要付出更多的成本，甚至有时会作为一个独立的人情单位出现。

如果是因为地方性公共事务请了风水先生，给的佣金一般会被风水先生以"送礼"的名义原样返回。如果不原样返回或少返回一些钱，风水先生都会被人指责，生意也难以为继。但如果是自己相邻社区的公共事务，风水先生的礼金还需要在佣金的基础上增加20%~30%。如果是自己社区的公共事务，风水先生的摊派一般按照顶格出，礼金需要在佣金的基础上翻番。对此，沐大华的解释是，修庙、修桥是做大家的事，会"明去暗来"。

刘启龙垄断了古源片区的厨师后，他的人情单位扩大至了整个古源片区。家家户户办喜事他都要送礼，送袱包的范围由此也扩大至了整个古源片区。

由此可见，即使是受雇于群体的商业行为，风水先生看风水的行为逻辑也是嵌套在社会结构之中的。在垄断了地方性市场的前提下，风水先生从个人的农业剩余中抽取了一部分资源，使其对社区的服务基本上是"打义务工"，以期通过获得更高的道德声望，来维系自己在地方性市场中的垄断地位。但在相邻社区和自己所在的社区，风水先生则需要"做赔本生意"。这不仅是出于获得更高道德声望的考虑，更是对供养自己的社区、社会圈子的一种正向反馈。社区对风水先生的道德要求不独体现在商业行为上，更有一种"受众人养、做众人事"的一整套高标准的行为模式要求。

风水先生往往是地方性公共事务中出力最多的人。因为写得一手好字，作为风水先生的沐大华在修建大仙庙的时候义务做了几天的工，所有人来捐款都是他一个字、一个字地刻在石碑上的。不仅如此，他这些年来还义务帮村民写对联，只要人家请对联或要对联，他就去人家家里写，还自带笔墨纸砚。除此之外，沐大华对自己家庭成员的行为举止的要求也异常严格，"风水先生的家人需要格外懂礼数"。

小卖部是另一个典型例子。一方面,村里小卖部做的90%的都是熟人生意;另一方面,社会关系的权利和义务必须是平衡的[①]。在小卖部的经营行为中,在价格一样的情况下,固定去一家购买杂物本质上就蕴含着"给你面子"这样一个隐晦含义,因此小卖部在某些程度上是亏欠了许多个人和社区的人情的。在这双重影响之下,小卖部有自己独特的社会责任,如每家小卖部都允许赊账。有人身上没带钱可以赊账,且没有一定的还款期限。小卖部老板一般会在年底催收一次,有钱就还钱,没有钱只要告诉小卖部老板,就可以继续推后。

最后,道义规范并不是一成不变的,它具有相当程度的灵活性、情境性。一方面,具体的事由会有所区别。例如在借贷中,对娶媳妇借钱等事情不好收利息,而对做生意收点利息就很正常。另一方面,不同的人也有所差别。例如在"写费"等底线救济中,基于私人关系的互通有无和共同体内基于道德义务的社会救助会存在差别。后者的范围通常大于前者,主要是以古源村,甚至是古源片这一地域社会为单位。而在第一类互通有无内,借贷对提供帮助的人要求较高,因而范围最小,帮工建房和红白事则次之。

[①] 费孝通.乡土中国 生育制度 乡土重建.北京:商务印书馆,2015:76.

2. 伦理经济的变化

我们将目光转向今天的古源村时，会发现，在不可逆转的城镇化浪潮之下，伦理经济虽因为城镇化的"不拔根"而依然留存，但其形式、内容、强度也在发生着变化。而这种变化的背后是其所依托的生产与社会基础的变迁。

在《德意志意识形态》中，马克思划分出人类历史活动中的两种生产：物质资料的生产、再生产；以及生命，或者说劳动力的生产与再生产。[①] 在前现代社会，物质生产与人的再生

---

① 马克思.马克思恩格斯选集：第一卷.北京：人民出版社，1995：80.

产主要发生于家庭、村社等传统共同体内部。家庭、村社为个人提供物质生产所必需的原料、场所、技能、规范、互助机制等资源，为人的再生产提供生活必需品、照料、抚育、教育等必要条件。

而前现代社会到现代社会的根本变化，在于经济生产单位由家庭、村社等传统共同体转向劳动力自由流动的社会化大生产。这一变化也以人口由农村流入城市的城镇化形式表现出来。但和西方工业化初期农民失去土地、被迫背井离乡、涌入城市不同，中国的农民多半是只身进城，为了挣钱养活乡下的家口，这种"藕不断、丝还连"的状况至今还起着作用。[①]

古源村的城镇化进程也带有类似的特点。自20世纪90年代中期务工潮兴起，古源村的生计模式由束缚于乡土的农业、兼业转向自由流动的大工业生产。村内大量青壮年劳动力离开家乡，前往广州、福建、上海等地，进厂打工。妻子、父母等家庭成员则留守家乡，在从事传统兼业的同时抚育子代、照料家人、参与村庄公共事务。他们在进入城市务工时，并无在城市扎根的念头，而是希望回馈家庭，其意义世界仍在村庄。也因此，在生计模式剧烈变化、国家与市场入侵村庄时，古源村仍保留着传统的伦理，社会联结紧密。但外出务工也不免带来了村社日常生活中的空间区隔，以及生计模式与收入结构的变化，这也影响着村庄旧有的互助互惠格局。

---

① 费孝通. 小城镇，再探索 // 费孝通全集：第10卷. 内蒙古：内蒙古人民出版社，2009：356.

而在 2013 年左右，古源村城镇化的进程进一步推进，诸多家庭的发展目标从村庄转移到了县城。越来越多的人在县城购房、举家搬入县城生活，社会关系网络与社会交往互动也因而随之拓展，村庄社区形成"在城乡之间延展"的状态，旧有的互助互惠格局在城镇化之下进一步改变。但因为古源村的城镇化呈现出社会意义上的"不离乡"，是一种扎根型城镇化，其社会面向还有一大部分仍在村中，所以伦理经济并未完全在城镇化的过程中消失殆尽。

在前文中我们详细叙述了伦理经济的三个特征：道义性、总体的动态平衡和差序性。这三个特征在古源村今天的经济活动中仍有所体现，但同时伦理经济的适用范围、内容、强度也在发生变化。

◎ 适用范围的收缩

在福建惠安做搬运工的村民尤盛佳向我们讲述了他在外地打工及讨薪的故事。目前古源片有 70 多个人都在惠安打工，平时住在那边的城中村。平日里，老乡之间经常相互介绍招工信息。而老板拖欠工资不发也是打工时常出现的情况。在以前，他们会和老乡团结起来，一起找老板要钱，靠着人多势众还有点用，但现在已经不管用了。尤盛佳表示，"现在是法治社会，我们不能动手"。所以，现在如果遇到欠工资的老板，大家一般是把他的车堵住，把车钥匙拔了，然后报警。

在尤盛佳讨薪方式的变化中，我们可以看到，传统的乡土关系在城镇化以及流动的过程中不断被拆解。在这种流动与变迁的过程中，新的社会规则涌入人们的生活，而伦理经济所依托的社会基础也在变化，其适用范围在不断压缩。

伦理经济的产生根植于乡土社会。费孝通指出，乡土社会的生活是富于地方性的。所谓地方性是指人们活动范围有地域上的限制，区域间接触少，生活隔离，各自保持着孤立的社会圈子。商业则是在村庄外集市上发展的。社会生活的孤立与隔膜使得乡土社会自成一个经济系统，自给自足，农民们在从事农业的同时会从事多种兼业行为，如裁缝、木匠、泥瓦匠等，以确保乡土社会在"隔膜"的生活条件下仍能维持正常的运转，即人们常说的"村内有百业"。换言之，在传统乡土社会，人们的经济活动大多局限在村庄场域之内，与之进行经济活动的人群局限在自己的差序格局之中，而非在市镇上、与陌生人之间。那么，在传统乡土社会中，人们的日常经济行为往往会嵌入在社会结构之中，形成伦理经济行为，换句话来说，伦理经济构成了传统乡土社会中绝大多数的经济行为。

但是现代社会的到来，促使国家、市场等外部力量纷纷进入村庄，而村庄内的青壮年劳动力也在外出务工和城镇化的进程中流出村庄，村庄原本封闭的边界开始敞开。伦理经济所依托的社会基础也在发生改变。

一方面，人们的生产逐渐从第一产业转向第二、第三产业，面向更广阔的地域和市场，而乡土关系在快速流动的现代城市生产中充满局限。传统社会关系在流动过程中常常被拆散、消解，且这种社会关系与乡土原则也并非适用于所有职场。如村民张江雪回忆起自己1994年在温州务工的经历时说，自己找工作时，老乡的关系派不上用场，全靠当地的介绍所。

而在尤盛佳的故事中，我们可以看到，由于外出务工在空间上发生于现代城市、职场，其求职、工作的逻辑将受到城市、业态、法制的影响，因此具有更强的流动性且需要遵循相应的运转逻辑与规范。而个人生产生活的逐渐脱域，城市、职业、岗位上的强流动性，使得传统社会关系只能在求职时临时发挥作用，而不能在工作、威权中形成持续互助。法律、工厂纪律等制度性规范又往往限制传统社会关系发挥作用的情境与逻辑，从而进一步削弱其潜在的互助功能。人们开始向专业化的、技术化的、陌生化的系统寻求支持，而这些支持是从传统社会关系中无法获得的。

另一方面，基于伦理经济的乡村百业也在现代工业的冲击下逐渐消亡，如裁缝、铁匠、铜匠、补鞋匠、油坊均已消失，篾匠、木匠和剃头匠也生意萧条。现代农村社会与传统乡土社会最大的差异在于，传统乡土社会是匮乏经济，现代农村社会是丰裕经济。匮乏经济是农业社会下封闭的、静止的经济形态；而丰裕经济是工业社会下拓展的、活动的经济形态。在工业社会的拓殖下，匮乏经济不可能独善其身，只能接受"手艺和机器相竞争，人力和自动力相竞争"的窘境。

具体来说，一方面是物质充裕后，许多乡土社会的需求都消失了，如不再需要补鞋，甚至缝补衣服的需求也在降低；另一方面则是现代化的新商品开始出现，并以低廉的价格取代了曾经的手工制品。与此同时，城镇化与外出务工也影响了人们的消费观念。村庄生活中最为活跃的青壮年群体大多都经历了外出务工，城市的消费模式、生活习惯也逐渐被他们带入村庄。而随着道路的修缮、交通条件的改善，美团等电商平台渗入村庄，外部市场进一步入侵，影响着人们的经济行为。

面对物质的丰裕、选择的增加，正如第四章指出的，村民基于其实用理性，选择了工业化、标准化、生产效率高的工业产品。基于机器大生产的标准化产品中去除了个性化的艺术性部分，其销售过程也不同于此前乡村手工业高度嵌入于乡土社会的特征。过去遵循差序和动态平衡原则的乡村手工业逐渐被淘汰，逐渐淡出人们的视野。在这一变迁的过程中，伦理经济的适用范围进一步收缩。

◎ 有限差序与圈层的调整

在新兴事物进入村庄、改变人们生活与交往格局的同时，互助并未消亡，而是不断衍生出新的方式。在上一章中，我们已经看到，村民们面对网购这样的新兴事物，自发产生了帮带快递的互助行为。而面对往返于城乡之间耗时耗力的现实困境，村民们采取了"搭车"和"拼车"的方式来应对——在村中多加打听、在朋友圈或村民群询问，便可搭村民的顺风车，频繁往返于城乡之间的人家也可共同包车。但是这些新的互助方式更多是现实导向的，内容和形式也在不断简化，遵循的差序原则也在发生改变。这些新型互助方式的背后，是一个流动的、交往范围更为广阔的现代乡村社会。

在传统乡土社会，人是被束缚在土地上无法流动的，这往往也就意味着人们所能选择的互助对象是恒定的，是被限定在一定地域范围之内的。费孝通所讨论的差序格局就是产生于这种相对稳定且不流动的乡村社会之中，即"生于斯、死于斯的社会"。但现代社会中，人是流动的，而且是在极为广泛的地域内频繁流动。在外出务工和城镇化的浪潮下，人们的交往范围扩大，不再局限于村庄，人们也在县城建立了自己的关系网，这也意味着人们互助对象的选择范围开始逐步扩大。在扎根型城镇化的进程中，村民的生活面向与重心也发生了转移，加之人们在经济、政治、文化等方面也逐渐产生较大分化，村民们在选择伦理经济的对象时开始根据自身的功能需要而对差序原则进行一定的更改。

现实导向的圈层调整

一方面，社会关系拓展影响圈层的范围与强度。在新中国成立后，随着人们生产生活条件的改善，族群之间的刚性利益冲突逐渐消弭。不同族群间开亲之后亲戚关系逐渐增多，外出务工之后关系网也越走越广。但关系网在扩大的同时，其紧密程度也在下降。如表亲也只走动2~3代，仅停留在知道关系，却互相不走动，没什么人情往来。在没有交往的情况下，双方就不可能有高强度的帮忙。同时，在关系网扩大的情况下，一些弱关系却得到了更广泛的利用。例如上述开口搭车的例子并不需要强关系便可发生，不送袱包的关系间也可以开口搭车。

另一方面，这种圈层的调整又呈现出工具性色彩，人们根据现实需要，改变互助的圈层。在城镇化阶段，古源村村民面临着和过去传统乡土社会截然不同的现实需求，过往的社会经验也不完全奏效。在这样的背景下，互助的成立不仅取决于关系的远近，也取决于现实需要，这导致多数关系在城镇化与打工经济过程中并不能派上用场。一些过去相对疏远，相对的"半熟人"关系，在某些情境下反而比紧密的熟人乃至亲属更有用。前文提及的李霞生孩子得到亲戚们的照顾就是一个典例。

我们需要注意到，这些互助关系的成立都有两个前提条件：一是要有必要的社会关系。在张明秋与古源片几家人共同拼车的案例中，能够拼车首先是彼此要具备一定的传统社会关系，相知相熟。二是要具备现实条件、满足现实需求。如拼车的几户人家其互助之所以得以成立，是因为他们都需要在古源和宁县县城频繁往返。而在李霞的例子中，她在生育过程中得到的是丈夫姨妈家的帮助，前提在于姨妈家在县城有房子。事实上，姨妈作为嫁出去的媳妇，在传统宗族社会的差序格局中并不是非常核心的圈层。但基于现实需要，在这一互助的选择中，姨妈就被放在了核心的位置上。

然而，这种弱关系的互助也是有一定限度的，并且一些责任更为沉重的互助内容也逐渐被简化，局限在核心圈层。

内容形式的简化

在传统时期，从内容形式层面来说，关系越近，伦理经济发生的内容形式越丰富，关系越远，伦理经济发生的内容形式越单调。而如今，在圈层发生调整的同时，伦理经济的内容形式也逐渐简化。

一方面，即便社会关系与现实需求同时具备，亲戚、邻居等乡土社会的强关系也越来越难以承担子代抚育、老人赡养过程中的沉重责任，如上文提到的养老问题：

> 由于村里的年轻人和中年人大多长期在外打工，留守在村中的多为老人。书记黄明和副书记金玉宇都强调，子代不在时，亲戚、邻居能够提供重要支持：老人身体不便的，邻居常常可以搭把手。遇到突发情况，亲戚也会帮忙照顾。然而，这种帮助只能是偶尔的，面对村庄日益严重的老龄化情况，即使关系极近，只要不是亲兄弟，上述互助都不可能是长期的。"能帮倒会帮，但是不可能长期帮你照顾"；"老人失能，子女必须回来，否则就是不孝"。

也就是说，不同关系对应的伦理经济的内容形式的差异进一步扩大。责任义务更重的内容只由最核心圈层的成员参与，逐渐核心家庭化。中间圈层在这一部分的伦理经济中退出，参与的内容进一步简化。

另一方面，这一部分伦理经济在内容简化的同时，也基于现实需要衍生出了新的形式，例如上文所说的搭便车、拿快递等应急或较为简单的内容。

差序原则的变化

商品市场交易的最大原则是"建立在平等自愿基础上所建立的契约"。而在伦理经济中，人与人之间的关系是具体的、不平等的，从而导致其经济行为亦有差序的特征。

但在外出务工与县域城镇化的过程中，伦理经济中差序的顺序也受到其他因素的影响，不再与社会关系层面的差序格局完全一致。以借贷为例，借贷并不同于上文提及的拼车和借住，只能局限于有特定需要或条件的人群。过去借贷几乎完全由差序格局决定，即按照亲近程度来借钱，而如今借贷的顺序则变为首先找亲兄弟，其次找朋友，尤其是做生意的朋友，最后才是堂兄弟。可以看到，在外出务工和城镇化的兴起之后，经济收入的分化、对利益的考量也影响了借钱的顺序，人们不再全然遵循差序格局，也开始考虑经济实力。

因此，传统的互助关系尽管在当代依然能够部分保留，甚至在部分情况下创生出新的形式，如帮取快递、拼车等，但其在总体上，相较于传统村庄差序格局那种总体性的互助格局，依然依循如下的两重逻辑，并在不断地收缩。

其一是核心家庭化。伴随着生产功能的剥离以及城镇化进程中子代教育、老人赡养责任的加重，亲戚、邻居、村社更多只能作为核心家庭的补充，在特定情况下能降低其成本。

其二是工具理性化。村民间互助关系的达成越来越具有权宜性，在关系紧密性之外，人们也要考虑双方的现实需要或经济能力。例如在进城搭车上的共同需求，或者在城市有房子能够提供短期的住宿。不过这并不意味着工具理性完全取代了传统伦理，只是在市场的冲击和城镇化的进程中，尽管人们的日常经济行为和互助仍在一定程度上遵循差序格局，但这种差序中增加了工具理性的色彩。而传统的伦理依然在其中扮演重要的角色。

总的来说，古源村的传统互助格局在保留旧有互助伦理的基础上，在城镇化过程中不断面临冲击与重组。在内容上，传统的互助内容简化了许多，也基于现实需要衍生出了新的形式；在范围上，人们根据现实需要通过建立工具性圈层进行互助。

◎ 总体动态平衡难以维系

"人都出去了，还怎么帮工呢？就算帮了，也不知道哪天才能还上。"村民张绪平向我们感慨如今帮工传统不再。在20世纪80年代，他家建房子的时候会互相帮工。互相帮工也是村里的传统，建房子一般需要三四十个劳动力。帮工的时候，主家会管吃的，在帮工完记账并打个票，不换工的等20天左右再一起给打票。

但到了1989年，黄家建房帮工时就遇到了新的难题——村里劳动力开始流出。加之自家粮食不够管帮工的人吃，又得赶时间，就包给隔壁村建房的人专门来干，花了一万多元。也差不多从这个时期开始，换工因为劳动力的流出也慢慢少了。在外出务工兴起后，这种帮工不再是稳定、可持续的，而是充满了不确定性。当需要他人帮工的时候，可能村中的劳动力已不在村里。同时，外出务工这一生计模式的转变使得村民现金收入增加。1992年的时候，村里大部分人家因为外出务工开始有点钱了，建房会在外面请小工，10～20元或30元一天。2007年，张明凤家建房时就找了小工，当时小工20元/天，泥水/钢筋工50元/天，总共花了16万元。现在请小工建房，200~250元或260元一天，还得加一包烟。如今，在建房这件事情上，现结现付的一次性市场交易已经完全取代了有来有回、相互亏欠的动态平衡。

在传统时期如帮工这样的伦理经济中，总体的动态平衡是其可持续的重要基础，人与人之间有来有往，"不必及时清算"。但这一原则预设的是村民双方都生活在同一地域社区之中，生活世界高度重合，彼此来往频繁，故而不必及时清算。人们在生活中总有许多需要他人帮忙的地方，例如建房子就是"你有我也有"的事情，各家需要他人搭把手的事项也都基本一致。

然而，外出务工及城镇化带来了人口流动，越来越多的人不在村中。在劳动力频繁外出、身体不在场的背景下，总体的动态平衡越来越难以维持，不及时清算的原则也逐渐被打破。同时，易地扶贫搬迁、县域城镇化也逐渐改变了本地的居住格局，越来越多人在宁县县城购房，搬到县城居住。传统伦理的动态平衡因为物理空间上的距离而难以维系。就算人们主观上还想维持，但在客观条件上已经难以实现了，请人帮忙也不知道何时才能还上人情。所以，这些原本基于总体动态平衡的伦理经济的内容也逐渐走向了市场化。但这种传统并未完全消失，只是形式更加简化，且只存在于流动程度比较低的区域，如移民搬迁点。在这个48户人家的小共同体中，大点的事不管什么都会找人帮忙，例如老人去世、建房子等都保留着互助的传统。

事实上，红白事的宴席外包、互助圈的扩大与礼金上涨也是因为人口外流、总体动态平衡难以维持而产生的。

红白事宴席的外包开始于"家里没人"的情况。随着越来越多人进入宁县县城买房，家里没人、无法找到足够的帮手来张罗红白事，于是人们便会选择外包。根据村民的估计，现在山上有一半的人家会外包，山下人家选择外包的比例大概有十分之一。但外包的内容仅限于宴席的部分，而记账、接客、管事等事务还是会由房头里比较近的人，尤其是近亲来帮忙。同时，人口外流也带来了互助范围的扩大化。原来以地域范围进行互助的白事，现在会因为村里人少了，就不再分姓氏，"能去的都会去帮忙"。

在人口外流的情况下，要维持红白事中传统出人出力的互助方式较为困难。面对城镇化带来的种种变化，古源村的村民在红白事上也采取了宴席外包、扩大互助圈的应对方式。除此之外，逐年上涨的礼金也可视为村民对主家的财力支持。

在上一章中，我们也讨论了礼金上涨的现象，它在某种程度上也是村民们对主家的资助。村民们资助的不仅仅是宴席，也包括了建房、结婚等大事带来的负担。若是将宴席外包和礼金上涨结合起来，我们则可以看到，虽然城镇化带来的人口流动使得红白事中人力的支持减少了，但人与人之间的情谊并未完全消失，而是采用另一种方式——增加礼金这一财力支持表达出来。

事实上，在古源村的红白事中，人情与互助通常以"帮忙"和"送礼"两种方式实现，二者并不重合。换言之，帮忙的不需要出礼金，不帮忙的、只是做客的则需要出礼金。如今在移民点 48 户组成的小社区中也是如此。在红白事中，一般一家出两个人，一个只做事帮忙但不送礼，一个只做客送礼。古源村高昂的礼金或许也可视为伦理经济在城镇化过程中的一种变形。在城镇化和外出务工这一势不可挡的浪潮中，人口的流动、物理空间上的隔绝已成为必然的事实，因此有不少村民难以身体在场提供行动上的"帮忙"。但村民们并没有放弃提供支持，而是采取了另一种方式，即日益上涨的礼金。在总体的动态平衡难以维持的情况下，原本属于伦理经济范围的内容逐渐被市场所取代，同时用现金取代了"帮忙"。

◎ 道义性的下降与人的自由选择

在过去，伦理经济维持的基础是村庄内部相应的一套社会规范，也就是伦理经济的道义性。村庄成员在获得参与伦理经济的资格的同时，也需要在互惠、交易过程中遵循前述的游戏规则以及本地的公序良俗，履行对共同体内部的成员进行底线救济的义务。这种要求是强制性的。但如今，伦理经济的边界从封闭变为开放，人们可以自由选择是继续维持伦理经济，或是选择退出、加入。这种边界的开放与选择的自由也意味着伦理经济的道义性和约束力的下降。

乡土社会过渡到现代社会的一个重要特征是随着个人的独立自主性日益增强及个人欲望日益强烈，人们开始有意愿摆脱伦理经济中所规范的利益让渡。而城镇化与外出务工带来的"无主体熟人社会"[1]也进一步为摆脱利益让渡、进行自由选择提供了可能性。

过去村庄社会中伦理经济的道义性在一定程度上是基于面

---

[1] 吴重庆.从熟人社会到"无主体熟人社会".读书，2011（1）.

子，如"写费者"上门"写费"时不能不给面子。面子既体现了个体之间的互惠关系，又具有社会评价、显示声望与地位的意涵。① 在边界固定、变化小、流动少的村庄中，这种社区性货币也可以不断积累，甚至传给后人。但这种面子的扩张和增值能力也与熟人社会中的人际关系网络有关。而在城镇化的流动中，村庄社会的大量成员长期不在村，这种面子的含金量也大大降低，其对人们的行为也不再起到制约作用。与此同时，城镇化带来的社区成员的缺席也使村庄的道德舆论机制难以运行，道义性起到的约束力有限。故而，在城镇化的背景下，伦理经济不再是强制的，古源村的村民在伦理经济上有了更多自由选择的空间。

在这里，自由选择包括两个维度，一是选择进入伦理经济的自由。一方面，社会不再具有总体性，退出伦理经济并不意味着全面退出村庄社会，而仅仅意味着生活维度或经济维度上单维度的退出；另一方面，即便在村庄社会全方位退出，很多人也只是换了一个地方生活，而且还能随时加入伦理经济中。

> 古源有一个村民在家混不下去就搬到湖南岳阳去住了，与村民都断了人情和经济往来。但是他在岳阳待了几年又回来了，觉得这边人更好，于是又重新融入了原先的人情圈。

> 张绪响是光棍，40岁，被视为"不懂道理"的人，村

---

① 董磊明，郭俊霞.乡土社会中的面子观与乡村治理.中国社会科学，2017(8).

里人跟他很少来往，向他借钱借不出来，组内修路他也不出钱，但是亲戚间的红白事他会参加，他搭村民的车下山也会被允许。大家还是厚道，但是心中对他的评价不高。

从上例中我们可以看出，个人愈发可以在参加与不参加之间来回选择，村民们也能接受。即便有人在村庄场域内退出伦理经济，其也依旧能进行一定的正常的社会交往。

二是选择伦理经济限度的自由。村民们在长期的打工和城镇化的过程中，不可避免地会受到外界倡导个性化的城市文化的影响，无公德的个人逐渐兴起。在外打工造成的陌生化，使得其虽然仍按照差序原则处理伦理经济相关事宜，但频次、形式、让渡的利益大小等均可根据自身的需求加以调整。

在"写费"这一兜底救助机制的变迁中，我们可以看到这种调整。过去村庄的伦理经济包含重要的底线救济功能。在边界清晰的小共同体中，人们基于共同的责任伦理，履行自己的道德义务。由于大规模外出务工以及县域范围的城镇化，有些村民大部分时间不在村内，或是已经移居宁县县城，挨家挨户"写费"的形式不再现实。故而，线上的"水滴筹"开始成为新的救助形式。需要帮助的人在水滴筹上附上自己的病历，写明病情等情况，转发到朋友圈，周围的人也会帮忙转发。但是与"写费"相比，水滴筹这样的线上筹款方式能够筹到的钱要少得多。通常，在水滴筹上，不太认识的人也就捐个5元、10元，而村里"写费"的话每个人至少出100元。

从"写费"到水滴筹这一救济方式的转变中可以看出，它们所依托的媒介、发生作用的机制也在发生转变。"写费"是由"写费者"挨家挨户上门，靠的是"写费者"的面子，因而家家户户不能不给面子。在人情面子和社区性道德义务的双重作用之下，几乎没有人会拒绝参与，因此"写费"这一互助方式通常都能筹得数目不小的资金。而水滴筹的捐助则是基于互联网。一方面，年纪较大的村民可能不善于操作；另一方面，半匿名、身体不在场的方式会降低道德压力，捐钱都是出于自愿的选择，而非社会的强制性。故而，水滴筹上的捐钱更为灵活自由，但筹得的资金也会相应地减少。

总的来说，城镇化带来的人口流动促使传统时期伦理经济所依托的社会基础发生了巨大的改变。村庄社区社会生活的主要成员长期不在村庄，甚至搬迁进县城，只是周期性地回到村庄中。在这种无主体熟人社会中，与伦理经济相匹配的社会规范难以有效发挥作用，不再具有强制的道义性，人们可以自由选择进出与否以及参与的限度。

◎ 小结：范围收缩，原则调整，强度降低

在扎根型城镇化背景下的古源村，其村内经济形态很大程度上保留了伦理经济的各个主要特征。但随着城镇化等现代化进程的推进，伦理经济正在逐渐被市场经济所取代，在一定程度上收缩，从在农民生活中占主导地位逐渐居于配角位置。差

序格局边界的拓展及社会关系的理性化趋势，使得伦理经济开始遵循有限差序原则。同时，在人口流出产生的无主体熟人社会中，由于伦理经济的道义性下降，人们在伦理经济中拥有了更大的自主选择权。

一方面，在现在的古源村，伦理经济仅能占到村民生活的一小部分，原来倚赖伦理经济提供的生产、消费、流通等，更多地被国家、市场所替代。由于市场机制的进入，直接的清算和交易逐渐取代互助与合作中的总体的动态平衡。伦理经济中的底线救济功能也在一定程度上被国家统一提供的公共服务所取代，伦理经济的内容在逐渐缩减，且在村民日常生活中的地位在逐步下降。与此同时，一些基于现实需求的伦理经济新内容也在出现，例如拼车、帮取快递等。但传统的伦理经济内容也已经被大大简化，丰富程度大不如前。

另一方面，在城镇化的背景下，人们交往的范围扩大，地域社会关系分化，业缘、趣缘催生的新的社会联结纽带在原生社会关系上得以拓展。对个人而言，伦理经济涉及的圈层结构也因此发生收缩。基于现实的利益需要以及一定的社会关系，人们逐渐构建起带有一定工具理性色彩的互助圈层。

同时，人口的频繁流动、身体不在场使得互助的动态平衡难以维持，强度也逐渐降低。伦理经济对人们的道义性不再有约束力，于是人们在参与伦理经济上有了更多自由选择的权利，可以自由进出，也可以根据自己的实际情况调整频次、形式、让渡利益的大小等。

3. 浅论伦理经济

理性经济与伦理经济

韦伯将理性区分为形式理性和实质理性，用以分析社会结构。形式理性具有事实的性质，是手段和程序的可计算性，是一种客观的理性；实质理性则具有价值的性质，是属于目的和后果的价值，是一种主观的理性。[①] 由此两种截然对立的理性理想类型衍生出来的是形式经济（理性经济）与实质经济

---

① 赵孟营.现代社会中组织与社会的联结：理性的类型关联.宁夏社会科学，2006（1）.

（伦理经济）的对立。如果说理性经济的元假设是"人是形式理性的"，具有有序偏好、完备信息和无懈可击的计算能力，会选择最能满足自己偏好的行为[①]，造就了理想中市场经济具有平等性、法制性（透过逻辑性的通则化得来的规范）、竞争性和开放性等一般特征。那么，伦理经济的元假设则是"人是实质理性的"，具有遵循伦理，遵从功利或其他目的取向的规则、政治准则等[②]行为。与之对应，伦理经济也就具有了差异性、特质别具的规范性、封闭性等一般特征。

韦伯认为，形式经济和实质经济哪一种经济占据主导，与社会的流动性紧密相关。在低流动的社会（共同体）背景下，实质经济成为主流，理性经济只发生在外人之间的交易中。[③]但我们在古源村的调研中却发现，即使村庄业已城镇化，村民处于高流动状态之中，村民的大部分日常经济生活仍具有实质经济（伦理经济）的性质。这也就表示，市场的系统整合并未完全冲击古源村内部的社会整合，这与古源村独特的城镇化形态——扎根型城镇化息息相关。

市场经济与伦理经济在理想形态下的截然对立，和社会与共同体的深刻对立密切相关。因为市场经济的"追求经济利益最大化"和与共同体相关的社会性质往往背道而驰，只有

[①] 伊特韦尔.新帕尔格雷夫经济学大辞典：第2卷.北京：经济科学出版社，1992：57-58；伊特韦尔.新帕尔格雷夫经济学大辞典：第4卷.北京：经济科学出版社，1992：73.

[②] 韦伯.法律社会学：非正当性的支配.上海：上海三联书店，2021：31.

[③] 同②.

"社会"才是市场经济的拥趸[1];伦理经济中通过传统的、可靠的、公正的规范(道德秩序)进行的交换,才是共同体的本质[2]。共同体与社会是一组对立的"标准类型"(Normaltypen),现实中的社会总是同时掺杂着"共同体"与"社会"的性质,在地理环境、政治、经济等的影响下,在两种标准类型间寻找平衡点。而扎根型城镇化既使得村庄共同体往社会方向转换,又在一定程度上留存了村庄社会共同体的特征。因此,市场经济与伦理经济类似,共存于人类的经济活动中,在"谋取利益"和"交换人情"中寻找平衡点。

小农经济和与之相关的农民经济行动逻辑,作为社会从传统向现代转型的重要影响因素,一直是农村研究的重要领域。农民到底是形式理性还是实质理性的元命题,导向了形式小农学派和实体小农学派两大截然对立的理论流派。伦理经济以实质理性为元假设,自然导向了实体小农学派。在形式小农学派看来,农民遵循市场经济理性原则,以个人与家庭的利益最大化为原则来组织生产生活。对此,波兰尼反对将实质理性原则泛化至小农,提出以实体经济学取代形式经济学,农民的经济行为根植于社会关系。斯科特继续推进这一观点,认为农民的经济行为是更广泛的社会行为的一种类型,受到生存理性、社群伦理、互惠原则与文化习俗的规定,农民对生存安全、规避

---

[1] 滕尼斯.共同体与社会:纯粹社会学的概念.北京:商务印书馆,2020:159-162.

[2] 同[1] 109-111.

风险、道义伦理的考虑远远胜于营利动机[1]，并提出"道义经济"这一概念。所谓道义经济，是指在匮乏经济的背景下，农民以安全第一的原则，构建了诸多技术的、社会的、道德的安排。[2]但波兰尼认为，道义经济的形成并不是因为或者不单纯是因为匮乏经济，其中不乏有文化和社会结构的因素，或者说经济活动并未从社会和文化的脉络中脱离，而是与之紧密结合在一起，带有共同体的性质。这也就解释了斯科特理论中匮乏经济下农民面临的生存伦理所产生的社会规范。在今天的实践中，即使我们已经步入了丰裕经济，村庄中仍存在着相同的互惠模式、强制性捐助、分摊出工等社会规范。但这一理论今天仍面临困境，斯科特、波兰尼等的研究对象均是西方传统社会或研究依据的是东南亚的二手文献等，并未深入中国独有的差序格局中去思考问题，因此对于伦理经济在什么样的场景中以什么样的形式发挥什么样的作用的中观层面的机制解读存在一定缺失。[3]而本章在一定程度上试图解决这个问题。

伦理经济是由实质理性的元假设所推演而来的。根据实质理性与价值理性的内在对应关系，实质理性是关于不同价值之

---

[1] 马良灿.理性小农抑或生存小农：实体小农学派对形式小农学派的批判与反思.社会科学战线，2014（4）.

[2] 斯科特.农民的道义经济学 东南亚的反叛与生存.南京：译林出版社，2013.

[3] 滋贺秀三，等.明清时期的民事审判与民间契约.北京：法律出版社，1998：330-333.

间的逻辑关系判断。[①] 村民对不同的价值进行排序、筛选等过程是伦理经济行为。如埃利亚斯在《宫廷社会》中指出，奢侈的生活方式虽然违背经济理性，但却是保持地位与权力的工具，即贵族们舍弃了经济价值，选择了社会价值。人的价值产生的空间即为伦理经济产生的社会空间。在共同体中，价值是社会结构合法化的基础[②]，价值是通过共同的主体及其意志得到共同认可而产生的[③]。由此我们可以推出共同体价值产生的核心要素是主体必须从属于同一个社群，在同样的社会结构之中，共同遵守同一种规范（共同体意志）。但即使共同体作为一种理想类型，其内部仍有不同亚类型，彼此有着截然不同的社会结构与社会规范。乡土社会即为共同体的一种类型。在中国，乡土社会作为一个共同体，即为伦理经济产生的社会空间。

乡土社会中的伦理特征

从社会结构的角度来说，传统乡土社会作为共同体（机械团结）的一种类型，其日常生活具有亲密性、隐秘性、排他性，即群体各个部分的功能都是完整的[④]，社会关系是含混的且并未分化的。以原始社会为例，在原始社会中宗教涵盖了整

---

① 赵孟营.现代社会中组织与社会的联结：理性的类型关联.宁夏社会科学，2006（1）.
② 布劳.社会生活中的权力与交换.北京：华夏出版社，1988.
③ 滕尼斯.共同体与社会：纯粹社会学的概念.北京：商务印书馆，2020：131.
④ 吉登斯.现代性的后果.南京：译林出版社，2011：17-18.

个社会生活，任何事物都带着宗教色彩。只有到了现代社会，政治、经济和科学等功能才逐渐从宗教中脱离出来，自立门户。①社会由相似的、同质的环节构成，是混沌未分的。②在共同体中，共同体强烈地控制了生活里的所有现实，以及同一切生活现实对应着的正确的、必要的秩序概念，而系统概念却只能而且事实上也只发挥着微弱的关系，多重关系是并未分离的。③乡土社会是一个独立的小单元，各种社会关系并未从血缘关系中完全分化出来。

从社会关系的角度来说，人们的关系是总体性的，在血缘、地缘、业缘等多个维度上相互勾连。在乡土社会中人们的日常生产生活是互嵌的，个人不论做出何种社会行动都是嵌入在社会关系之中的。张之毅在《易村手工业》中曾敏锐地指出，传统社会中，在经济行为和社会互动发生之前，就预先存在着血缘、地缘或其他种种社会关系，而这些预存的种种关系常决定了经济行为发不发生，以及发生之后如何互动。④简单来说，即在乡土社会中，先赋性关系很大程度上决定了后致性关系是否发生和怎样发生。因此，人们的日常生活嵌入在社区之中，决定了人们的日常经济行为等社会行动具有一定的伦理性，尤其是日常经济。由于个人经济生活完全嵌入在社区的生

---

① 涂尔干.社会分工论.北京：商务印书馆，2020：220-221.

② 同① 227.

③ 滕尼斯.共同体与社会：纯粹社会学的概念.北京：商务印书馆，2020：119.

④ 费孝通，张之毅.云南三村.北京：社会科学文献出版社，2006：278-279.

产生活中，所以人与人的交易以人情来维持，是一种相互馈赠的方式。①因此，如果说理性经济的元假设是"人是一个理性计算的个体"，那么人是一个有道德的个体，因此看似理性的经济行为也被赋予了道德性，于是这样一种假设和相应的经济现象就可用伦理经济大致加以概括。

潘光旦曾指出，伦指的是人的类别序次与关系。②人在社会行动中的伦理性与其生活的社会结构紧密相关。即便伦理作为一种标准类型，其具体形态也会受到人的道德理想的影响，因为人的道德往往与其生活的社会结构相勾连。涂尔干指出，在集体欢腾之际，道德理想会具体化为现实制度或改造现实制度。而道德理想表达的是社会的自我意识，是生活在特定社会中的人的那些神圣不可侵犯的情感和观念。③那么，古源村的村庄社会具有哪些特征？这些特征又决定了其伦理具有何种特性呢？在扎根型城镇化的过程中，村庄社会发生的变与不变，又会对社会行动的伦理性产生怎样的影响呢？

作为伦理经济产生的社会空间，与之紧密相连的又会有哪些特征呢？古源村的社会形态与费孝通笔下的乡土中国的理想类型十分相似。从地理位置上来说，古源村如一片世外桃源，群山环绕，仅有一条小路通至外界。我们可以想象，在农业时

---

① 费孝通. 乡土中国 生育制度 乡土重建. 北京：商务印书馆, 2015.
② 潘光旦. 说"伦"字 // 潘光旦文集：第10卷. 北京：北京大学出版社, 2000：134-135.
③ 陈涛. 道德的起源与变迁：涂尔干宗教研究的意图. 社会学研究, 2015, 30（3）.

代且交通并不发达的时候,古源村村民大概率过着一种"不知有汉,无论魏晋"的生活。从生计模式上来说,古源村以农业为主,村民们与土地牢牢绑定在一起,人口基本不流动。因而,我们在古源村社会生活中提炼的村庄特性,与乡土中国描摹的"写意画"十分类似。

上文我们曾指出,古源村的村庄社会以宗族为底色,宗族是其社会组织的核心联结纽带。这也就意味着在古源村的先赋性关系之中,血缘关系是占据主导地位的。我们从古源村之前的居住格局以及阶级分布中,仍可以看出血缘在村庄社会中的重要性。乡土社会本质上是一个血缘社会。从空间上说,地缘只不过是血缘的投影,又或者说区位是社会化了的空间,地域上的靠近只是血缘亲疏的一种反映。从职业上说,业缘亦是被血缘所决定的,父死子继:农人之子恒为农,商人之子恒为商,风水、厨师、医生等技术或身份也多一脉相承。从阶级上说,身份地位仍是血缘所主导的,身份与财富仍由血缘继替,贵人之子依旧贵,富人之子依旧富。[①] 总的来说,在古源村,血缘关系决定了村民的职业、身份、财富等社会地位及其与周边人的关系,其余的经济关系、政治关系等尚未从血缘关系中分化出来,而是含混在一起的。血缘关系决定了某村民自己和周边他人的权利义务关系,从而决定了村民之间的日常行为和社会互动。

血缘的意思是人和人的权利与义务根据亲属关系来决定,

---

① 费孝通.乡土中国 生育制度 乡土重建.北京:商务印书馆,2015:72.

或由于生育，或由于婚姻。①而古源村由于以宗族为基本社群，偏重于父系的生育关系，这样，父系血缘这一先赋性关系就决定了一个人和周边人的所有的后致性关系。女性是由于婚姻加入宗族这一血缘群体，要通过依附于配偶的生育关系来进入群体的关系网络，因而配偶在血缘群体中的位置决定了女性在这一群体中的位置。从日常生活的维度来看，"人们的共同关系以及共同地参与事务"，是"持久的、真实的共同生活"②，是相互的占有和享受③，人们的生产、生活、闲暇与意义世界是同构的，共同体内的关系垄断着人们的生存、发展机会和各种资源等。这一点在宗族仪式上是较为凸显的，女性并不能进入仪式，而男性则需要严格按照房支、长幼等来排序。再如在古源村村民的日常生活之中，称呼必须严格按照辈分，日常相处也要按辈分来确定交往模式。哪怕你年纪小只要你辈分高，你仍然可以在一定程度上享有长辈权威。

从观念的维度上看，血缘关联着"受到崇拜的神祇"，包含着共同体的意志，是"默认一致"或"家庭精神"，即"人们发自内心地结合与统一"。④道德"限制着人的意愿和行为的自由，阻止那些与共同体不合的欲望冲动和倾向，其追杀敌对的行为举止直逼其种种动机，想将这些行为举止的动机窒息

---

① 费孝通. 乡土中国 生育制度 乡土重建. 北京：商务印书馆，2015：72.
② 滕尼斯. 共同体与社会：纯粹社会学的概念. 北京：商务印书馆，2020：70，87.
③ 同② 102.
④ 同② 87, 99-100.

和扼杀在萌芽的状态里"①。尤其是礼仪规矩，表达了个人对共同体忠诚顺从的情感。在宗族道德观念中，公众舆论等都包含在其中，是共同体意志的最高表达。宗族以制度和理念来瓦解宗族中的离析力量。②对村民而言，对宗族道德观念的服膺不仅意味着个人对社会结构、一整套权利义务体系的认同，还意味着个人对宗族价值观念、宗族群体约束等的彻底服从。由于现实等原因张氏宗族内部有通婚情况，但至今村庄内的中老年人仍对此事讳莫如深。我们调研时他们也将族内通婚作为丑事，不足为外人道。宗族等相关道德规范在村民的心中根深蒂固。

  从社群的角度来讲，古源村村庄社会中的人是亲密无间的。费孝通提到，乡土社会中，人与人的互动是不会受到时间和空间的阻隔的。从空间上来讲，乡土社会是一个面对面的社会；从时间上来讲，个人的今昔之隔、社会的世代之隔都被同质的定型的生活所打破。乡土社会中同质的定型的生活和长时间、多方面、高频次的面对面互动共同带来的，是横跨世代的人与人之间的全方位熟悉，生活在其中的人从这种打破时空隔阂的熟悉中得到了绝对的信任。③

  古源村村民在传统时期以农业为主要生计模式，农业的生

---

① 滕尼斯.社会学引论.北京：中国人民大学出版社，2016：234.
② 庄孔韶.银翅：中国的地方社会与文化变迁.北京：生活书店出版有限公司，2016.
③ 费孝通.乡土中国 生育制度 乡土重建.北京：商务印书馆，2015：10，24.

计模式决定了村庄中的人的生活模式。因此，人的生活是定型的，每个人都依循这套定型生活。生活是日复一日的"日出而作，日落而息"，生活模式是在土地上代复一代的农业劳作，人们面对的是几近不变的社会环境与地方环境，又与外界"孤立隔膜"，人似乎是"不变的"。这种同质的定型的生活，决定了每个人都有着深入生理基础的习惯，且这些习惯都是类似的，甚至人们接受着同一的意义体系，而同样的刺激会引起同样的反应①，这些烂熟于胸、与周边人几近相同的习惯带来的是绝对的熟悉与亲密。

　　人与人之间亲密的感觉是在时间和多方面、经常的接触中产生的。古源村社会缺乏流动性导致了社会中的一个显著特点——"面对面的社群"，意即互动是频繁的、直接的。在人们的日常生活圈子中，人与人是天天见面的，交往在生产生活中是全方位的，包含肢体语言、表情语言等多种层次的接触。在乡土社会中，熟悉是从时间和多方面、经常的接触中所发生的亲密的感觉，这是一个"熟悉"且没有陌生人的社会。② 人不但在熟人中长大，而且在熟悉的地方长大，其中还包括极长时间的人和土的混合③，这种熟悉是跨越世代的，是全面的。

　　费孝通指出，"乡土社会里从熟悉得到信任，这信任并非没有根据，其实最可靠也没有了，因为这是规矩，信用发生于

---

① 费孝通. 乡土中国 生育制度 乡土重建. 北京：商务印书馆，2015：47.
② 同① 9-10.
③ 同① 22.

对一种行为的规矩熟悉到不假思索的可靠性"。[1] 翟学伟将其定义为"全知型"信任[2]，是一种在低选择性、长时间段中形成的信任。而古源村村民之间则基本形成了这种全知型信任，且这种信任还通过代际得到了一定程度的传递。因此，即使现代社会的流动使得彼此已经不再熟悉，但人们仍可以凭借村庄信任机制将孩子托付给同一个村庄的人去长途旅行。即便那人在村外从事电信诈骗，但只要在村庄中老实本分，仍可以获得村社的信任。

从社会结构上讲，差序格局是乡土社会的基本社会结构，与西方团体格局并不相同。古源村的社会结构和人的公私观念等基本完全遵照差序格局。差序是有差等的次序，在乡土社会中主要是指由血缘关系决定的亲疏远近和由长幼决定的尊卑秩序。在这种私人关系所构成的网络中，每一种道德都是具体的，根据私人的关系而加以程度上的伸缩。[3]

差序格局是依据血缘关系（或者说亲属关系）来决定人与人之间的亲疏远近的。双方血缘关系越近，社会关系中就越亲密。在古源村，居所的远近、交往的疏密等均由血缘关系决定，这些又恰恰在亲近的血缘关系的基础上进一步建构了亲密关系。

宗族是依据长幼来决定人与人之间的尊卑。长幼不仅是指

---

[1] 费孝通.乡土中国 生育制度 乡土重建.北京：商务印书馆，2015：10-11.
[2] 翟学伟.中国人的社会信任：关系向度上的考察.北京：商务印书馆，2022：134.
[3] 同① 33，38.

年龄，更指向辈分，且这些长幼同样是能世代传递的。祖先的年龄长幼决定了房支在家族中的地位。同样，祖先的辈分、父辈的辈分同样决定了自身在家族中的地位。宗族延续几代、几十代人，一个人祖祖辈辈的长幼决定了其在家族中的尊卑。这些尊卑不论是在重大仪式上，还是在日常生活中都十分凸显。

在古源村就道德秩序而言，其尤为明显的特征是"系维着私人的道德"。乡土中国的传统是克己复礼，修身是差序格局道德体系的出发点①，原则却是以对方为重、以长辈为重、以义务为重、以伦理关系为重②。族人以自身为出发点，在制度化的私人关系中定义人与人之间的道德与义务。这一点在偷盗中表现得尤为明显，我们会在下一章详细论述。

父系血缘社会、亲密社群、差序格局等乡土社会特有的社会性质决定了乡土社会中伦理经济的表现形态。在中国的社会实践中，很多学者对中国乡土社会中的经济行为进行了中层分析。费孝通认为，乡土社会中亲密的血缘关系限制着冲突与竞争，限制着商业的存在，商业只能在血缘之外发展；而血缘社会中的交易以人情来维持，表现为相互馈赠的方式。但随着中国现代化、城镇化、工业化等的发展，传统乡土社会的孤立与隔膜被打破，传统的血缘关系受原生的地缘关系、次生的业缘关系、趣缘关系等切割或影响，经济行为同时被多重关系影响

---

① 费孝通. 乡土中国 生育制度 乡土重建. 北京：商务印书馆，2015：35.
② 谭同学. 当代中国乡村社会结合中的工具性圈层格局：基于桥村田野经验的分析. 开放时代，2009（8）.

着。如有学者在研究农地流转和市场雇佣行为时发现，人们的经济行为蕴含着两种不同的交易逻辑，于是以内外有别的行动伦理[①]区分了以人情关系为主要机制的内圈交易和以市场价格为主要机制的外围交易。前者因人情关系网络的互惠机制得以维系，并以生存风险最小化和非正式保障最大化为目标；后者则因稀缺资源的市场竞争而出现，并以谋求农业经营利润最大化和合约实施风险最小化为目标。[②] 也有学者强调我国在经济全球化、市场化的浪潮之下，应该探寻经济与社会相互嵌入的经济实践，如同乡同业等。但目前，对传统乡土社会中伦理经济形态的总结归纳与探讨较为缺乏。我们后续会继续对这个问题加以探讨，以期找到经济与社会互嵌的中层机制。

---

① 徐宗阳. 内外有别：资本下乡的社会基础. 北京：社会科学文献出版社，2022.
② 仇童伟，罗必良. 流转"差序格局"撕裂与农地"非粮化"：基于中国29省调查的证据. 管理世界，2022，38（9）.

第七章

伦理与秩序

过去的人们需要大量合作以维持生存，同时因为资源稀缺、合作过于频密而矛盾频发，村庄社会衍生了互相提供舆论支持的互助。然而，市场秩序进入村庄社会后，资源短缺的压力得到缓解，人们在克己的同时为己的逻辑也从冲突转入市场合作。古源村相互依存的社会关系与伦理底色未发生质变，市场逻辑被吸纳进乡村社会的内生秩序之中，村庄秩序正在进行现代与传统的有机融合。

1. 斗而不破：乡土社会中的底线秩序

传统时期古源村的内生秩序接近礼治秩序形态，无论是家庭秩序还是公共秩序均由社会整合主导。这一时期古源村虽然暂且没有受到国家与市场的外力冲击，但也存在打破秩序的内部张力，只是与高度紧密的互助需求以及建立在其基础上的强大舆论互助、调解机制，形成了斗而不破的格局，"克己礼让""中人调解""有限冲突""内外有别""抓大放小"等原则铸就了村社秩序的下限。后期在城镇化进程中，古源村的矛盾与越轨表现形式和应对方式发生了现代化转型，冲突开始虚化，合作成为焦点。但这套秩序维持机制的伦理核心却未被侵蚀，村民仍旧处于相互依赖的互惠关系之中，对村庄共同体的认同犹存。

◎ 冲突与越轨的应对机制

传统时期的古源村并非总是温情脉脉的世外桃源，村庄秩序一度是由大姓主导的不对等的"均衡"格局，宗族、族群与地域之间为争夺有限生存资源而发生的冲突不可谓不激烈。虽然这些宗族冲突在新中国成立后逐渐被化解，但古源村的社会矛盾并没有完全消弭，村民冲突的主要表现形式转而变为日常生活中的摩擦。尤其是在20世纪90年代务工潮兴起之前的匮乏经济条件下，日常摩擦在村民的生活中更是不可避免的，即使是兄弟关系亦在家庭资源的分配与争夺中变得紧张。除了人际交往之中的冲突对村庄秩序提出了挑战，个体的行动中也存在越轨行为。冲突与越轨成为乡土社会维护自身秩序所必须解决的两大问题。

冲突的预防与化解

传统时期国家的法治力量尚未深度介入乡土社会，秩序的维护主要依靠长老权威及其背后的伦理规则。权威与伦理的力量在乡土社会的表现不仅在于日常互动有多么温情脉脉，更在于有人打破秩序时社会是否有能力将其矫正乃至驱逐，以及在社会成员发生矛盾时将矛盾化解而不是使成员决裂乃至种下仇恨。无论是在家庭内部还是在村社内部，古源村都建构起了一套"冲突得污名，敬人得声望，骄娇被贬低"的评价体系，这套评价体系在相互依存、克己互让、互相监督的人际关系中得到了良好的贯彻。

首先，古源村村民将孝道作为家庭伦理的根本，推演出来一套"不讲权利讲礼让"的行动原则，这有助于从源头抑制冲突的发生。村民在家庭内部因敬父母而克己，在兄弟姐妹之间讲求"一争两丑，一让两有"。这种行动原则扩展到公共秩序中，便是在"自我"与"他人"共存的"情境"中对"他人"与"情境"保持高度敏感，不会轻易忽略他人只顾自己。这种规避冲突的行动原则在对儿童的教化中尤为凸显。每当提及我们中国人的国民性格与西方的差异时，总会有人强调我们的孩子是孝敬和顺从的，而西方的孩子往往个性张扬。这种表象差异的背后，实际上体现的是不同的家庭与社会结构以及差异化的社会规范。乡土中国的"群我"观念不同于西方的个人主义[1]，伦理社会的运行逻辑与西方个人主张自身权利的逻辑相反，前者强调的是社会成员在各自履行义务的过程中由对方赋予自己权利[2]。

在现代社会，孩子之间的冲突极易引发家长的愤怒，演化为家庭之间的冲突。但是在古源村，小孩打伤对方的冲突却直接在"克己"的熟人关系中被消解于萌芽阶段。

---

[1] 费孝通.乡土中国.北京：三联出版社，2013.
[2] 梁漱溟.中国文化要义.北京：商务印书馆，2021.

有一次张正家的侄子和自己女儿在一起玩时起了冲突。女儿动了菜刀，侄子说你有本事就来呀，于是女儿把对方划了一道，侄子的皮肤被划破，流了血。当时双方家长没有太当回事，只是吓唬了一下孩子，以后不能这么做。侄子也没有去看医生，后来还留了小疤痕。因为伤人的是自家侄女，受伤孩子的家长也就没有什么好说的。

　　日常生活中小孩之间发生冲突，大人一般都是约束自己的小孩。假如确实是对方孩子不占理，也只是跟对方孩子的家长沟通，请他们教育自家孩子。如果自己知道对方家长也不懂道理，那也不用讲道理、不用争这一次的输赢，只是会教育孩子以后离对方孩子远一点。

　　其次，当冲突已然发生时，古源村的应对机制是依靠熟人社会强大的信息传播机制与舆论约束机制，支撑起人人成为"能断家务事的清官"的监督与调节体系。已有研究表明，乡村纠纷调解是社会结构与个体行动交织的过程，遵循村庄内生力量主导下的自治进路这一传统逻辑，形成了与乡土社会小农经济生计模式、家族宗法制度、儒家思想和合观相适应的解纷机制。① 在古源村，会做人的人善于调和矛盾，晚辈也可以为长辈说和，"谁在理谁就能说"。说和者的面子也会起到威慑作用，使矛盾双方的情绪不敢再发作。

---

　　① 郑容坤.从村级自治到多元共治：乡村纠纷调解的逻辑转向及其优化：基于"结构—行动"视角的分析.求实，2023（3）.

张正家在当村干部时在调解弟弟和其他人的冲突时也要做到帮理不帮亲：首先要了解事情因为什么而起，分清楚对错。如果是弟弟不占理，就直接批评弟弟，"你打他不应该"。弟弟可能会觉得"我哥哥对我好像有意见，都不向着自己"，不过这种小问题一般会很快和好。张老主任曾多次为存在出轨纠纷的两家进行说和，他在要求过错方道歉的同时也要求受伤害一方接受道歉，否则请了自己又不接受调解结果，"下次就不要再来找我"。

再次，除了人为建立桥梁，周期性出现的人情事件也能起到弥合剂的作用。如红白事中许多宴席座次都为特定关系而设，亲戚之间哪怕刚吵过架，要办事时还得请来帮忙，矛盾在无形中就得到了化解。因此，古源村的冲突化解并非现代法律诉讼中一时一地的审判和执行，而是建立起一套在空间与时间上能完整覆盖家庭与社会生活的调节机制，从而让每一个冲突的冲突双方都有不止一次化干戈为玉帛的机会。在社会结构层次上，家庭、房支、小组、村庄几个单元会依次承担将矛盾化解在自己人内部的功能。在时间体系上，即使村民之间的矛盾在当时所有的单元层级中都未能化解，由于乡土社会人口结构的稳定性，祖辈和父辈的矛盾还可以搁置，留待时间推移至子代，由他们完成家庭间矛盾的和解。

在古源村内，若所有原则都无法约束，某人与他人的关系破裂，此时人们也会尽量避免个人之间关系的破裂影响到家庭，造成家庭之间关系的破裂。对一些骂人很凶把人都得罪光了的妇女，大家只是与她个人不讲话。村里人都知道她的孩子和丈夫拿她也没办法，管不了，只好不作声，所以仍然与之正常来往。如果长辈在矛盾中关系彻底破裂且无意修复，也不会影响到孩子。成人吵架之后，如果刚好要送祓包，会做人的家庭会叫小孩子去送。村民表示："大人闹翻了，小孩子还要在这个地方生存。如果孩子也结仇了，那就子子孙孙都结仇了，以后打交道，小事也会变成大事。比如别人的鸡吃了我家的菜，正常人家都不会计较，而没有关系往来的两家则可能会吵架或者打架。"

最后，化解冲突的方式需要视冲突发生的场域而定。如果冲突发生在村庄内部，则需要讲公道的人来"说和"，此时需要"帮理不帮亲"。如果冲突发生在村庄之间，则要遵循内外有别的规则来进行"撑腰式平息"，此时需要"帮亲不帮理"。每当村民与古源村以外的人发生冲突，古源村的调解者如果不找一些理由来维护自己的人，那么会在"面子上过不去"。

这时，需要维护自己村的人"不会输给人家"，若要教育与外村人发生冲突的本村村民也是带回来之后再教育。比如在古源村与月塘镇山林纠纷中，便是要优先维护本村村民，如果对方是外地来的湖北人就更不用说了。如果是与青松与仙湖这样的邻村发生冲突，也要向着本村的村民，能协商就协商，不能商量就上交乡里处理。

地域社会村庄之间也有血缘交叉的关系，这使得内外有别的冲突调解原则更为复杂。

假如是青松村的张姓和本村的小姓发生矛盾，那就要秉持公道，不去帮任何一方，"该怎么处理就怎么处理"，因为"也要让人家说一句好话"，帮了一方，另一方就有张三李四说话。青松人说坏话对古源村人影响虽然不大，但多少有点影响。与小津那边就比较生疏了，"既要有公道，还要有私心"。"张绪洋那么公道，他难道就没有私心吗？他也有私心。"

进入20世纪90年代之后，虽然古源村村民的收入水平有了明显增加，匮乏经济向丰裕社会的转型弥合了相当一部分由资源短缺引发的冲突与越轨，但城镇化和现代化可能对内生秩序构成了外部冲击。研究表明，在经历拔根型城镇化的转型社区，传统性治理模式受到冲击发生断裂，现代性治理体系尚未建立，多元利益分配机制缺失，在传统纠纷化解手段失效、现代法治策略又尚未普及的情况下，村民之间的矛盾纠纷不断。数量激增、类型多元的纠纷事件影响了基层治理的稳定性。①这与古源村的矛盾调解机制形成了对比。

---

① 叶林，卢玮.嵌入与自主：转型社区纠纷化解的内在逻辑：以成都市D社区无讼建设为例.理论与改革，2023（2）.

在古源村扎根型城镇化进程中，成员依然保有相互依存的紧密关系，传统时期的一整套行之有效的调解机制依然被用于应对威胁到正常社会秩序的越轨和冲突行为。由于古源村村民之间的关系依旧紧密，冲突是升级还是化解对一户人家日常生活的开展至关重要，因此人们宁可损失具体的利益也不会损失一段关系。"克己礼让""中人调解""有限冲突""内外有别"等预防与化解冲突的原则依然将村庄秩序维持在"斗而不破"的稳定形态。

越轨的判定与惩罚

以古源村为代表的扎根型城镇化村庄对越轨的判定有两大特点：第一，越轨可以分为未能尽到责任的"消极越轨"与直接威胁村庄秩序的"积极越轨"两种类型。对于不同的越轨程度，村庄的惩罚标准是抓大放小。第二，越轨标准依照民间规则而非法律来判定。例如离婚和单身无子被视为越轨，参与地下六合彩的赌博行为则不算越轨，并且同样遵循内外有别的原则。因此，对照现代法理社会，古源村的越轨标准时而显得非常苛刻，时而又显得过于宽容，总体遵循"礼数被抬高、小错被消弭"的判定与惩罚原则。

例如，村里某985大学的研究生张某对乡亲们的"招呼不周"已经可以算作消极越轨。张某在北京安家，父母都在村里。张某知道村里老人的旅游团来到北京后，打电话邀请他们来家里做客。张书记觉得，按照礼节，张某应该到旅行团所住的酒店拜访一下，大家见见面、聊聊天，在此基础上进而邀请大家去家里做客。只电话邀请，大家不好判断其诚意。

而对于国家法律中规定得十分确凿的越轨行为，古源村的判断标准却又显得分外模糊。有一批滞留在缅甸的诈骗通缉犯，他们的照片被张贴在村小旁边的布告栏上。滞留在缅甸的通缉犯从国家的角度是罪犯，但是村庄社会自有一套自己的评价逻辑。那就是熟人社会日常生活互动中所生成的对一个人的整体印象，是这些个人在村庄社会中的"名声"。受访者表示，这些人如果某天回来，村民不会举报，会像跟其他人一样与他们往来、串门。可以看到，当村庄社会的评价与国家法律的判定相背离时，村民们也并没有否定国家法律的逻辑，而是以"我们也不知道他在外面是诈骗还是做生意"为由搪塞过去，从而避免内外两套逻辑的冲突。

村民受访者认为："我们也不知道他在外面是诈骗还是做生意。"其中一个姓丁的，那是个特别老实的人，劳动方面很积极，目前还没成家。只要在过去村庄生活的互动中，这些人给大家留下的印象不错，不像干坏事的人，就会被村民认为跑到缅甸应该也是为了生活。

赌博的案例也展现了这两种逻辑之间的张力。随着数字追踪技术的普及和应用，警察在村里安装了不同角度的摄像头。近几年警察下乡清理赌博现象不再需要村干部带路，通过手机定位可以直接进村找人。然而，真实情况是派出所派人来打击赌博，每次警察还没到，村里人就会提前通知赌徒逃跑，因此派出所警察经常扑空。这说明，即便高科技的应用使得警察可以绕过村干部等人为因素的干扰，更高效地执法，也仍会受到村庄社会力量的影响。

古源村村民之所以会包庇村内赌徒，在于他们毕竟是本村的人，虽然触犯了国家法律但却并没有违背乡村社会的规则，没有触犯众怒，甚至还会被其他村民理解，村民觉得"男人赌博很正常"。因此，有研究指出，后乡土社会的越轨行为存在越轨行为传染性、越轨群体亲缘性和越轨行为组织性等特征，解体的乡土社会中甚至滋生了"越轨共同体"。[1]

但也有研究呼吁，在越轨研究中无须将"国家"与"社会"抽象为对立的二元力量，而是应将二者置于具体情境之中去加以理解。[2]国家与社会的融合可以在偷树案例中加以显现。古源村自集体化时期开始便存在偷树的行为。通常情况下都是偷树被林主发现，然后举报到护林员那里。护林员除了是国家所赋予的代表国家和集体权力的监督者，同样也是村庄社会中的一分子，遵循着差序格局和村庄社会的整体评价，他对偷树

---

[1] 佘杰新.后乡土社会"越轨共同体"行为的防治路径.安徽大学学报（哲学社会科学版），2016，40（3）．

[2] 黄海.转型期乡村社会治理及其本土化分析进路：作为方法的社会越轨群体研究.清华大学学报（哲学社会科学版），2020，35（6）．

者惩罚尺度上的自由裁量权的把握是"看人下菜"。换言之，村庄社会对越轨者的惩罚权即便来自国家，其具体执行者也是嵌入在村庄社会关系之中的，遵循内外有别的原则。

如果是护林员的亲戚或是关系比较好的村民，抑或这个人平时在村里为人还不错，则大概率并不会进一步追究责任，只是让偷盗者退还赃物，然后领着偷盗者向事主赔礼道歉，保证以后再也不会做了，此事便被解决。而如果偷盗者是惯犯，或跟护林员关系不好，或在村庄社会中的评价很不好，护林员便会从重处罚，在罚款的数额上会有所加重。

最后，古源村对越轨的惩罚机制偏向两端：村民一旦有不可接受的越轨行为，"断交"是最严重的惩罚方式，可以直接带来越轨者的社会性死亡。这种惩罚机制在传统时期尤为有力。传统时期，匮乏经济一方面带来了偷盗等越轨行为，另一方面共同体内部的紧密相依是调解体系可以援引的资源。正因为匮乏经济带来的紧密相依，被共同体不同程度地放逐乃至除名才足以威慑违反秩序者。

与此同时，古源村对越轨者的"小错"则持有较大处理弹性，即便施加了一次惩罚，也并非剥夺其改过自新的机会。诸多研究指出，村庄社区对犯错、越轨的村民具有强大的"再和解"力量。[1] 如果一个人总是不会做人，风评自然变差，村庄

---

[1] RAYBECK. Labeling theory in deviance research: a critique and reconsideration. *American Anthropological Association*, 1988(16).

成员会减少与其的来往。但当这个人"转了性子",那么也是可以被村庄重新接纳的。村民即便有过违法犯罪的经历,处罚结束后也可能重新被村庄接纳,被重新接纳所需要的时间视具体情况而定。

张法春属于刑满释放人员,他在谈及自己的入狱经历时并无避讳,甚至对出狱方式有些得意。他说,自己很早就出去"混社会"当混混,没有打过工,在福建、上海都混过。那时候"看到谁有钱就想抢。(作案之后)只要跑掉就没事了"。有一次被抓是因为被住在同一个旅社的人举报了——判了五年,最后装病提前两年八个月出来了。他装病时一两个月坐在那里一动不动,这令监狱方很担心,因为行走不便,出什么事的话,监狱需要负责任,毕竟进去的时候是好人一个。监狱方只好把他带去医院,医生也不敢说他没病,只好试探他,把他放在一个可以跑掉的地方。他知道是试探,"我就不动,把我放在哪里我就在哪里"。医生回来看到他没有动,还给他带了饭。最后他交了5 000元押金出了狱,说是病好了再回来,其实"一出大门我就走了"。讲到这段时,旁边的人笑着附和:"出去了就不会回来了,哪有那么老实。"

总之,古源村应对冲突与越轨的力量内核始终是伦理道德,这种伦理道德由家庭伦理扩展到公共道德而来。村庄"斗而不破"的社会秩序依赖内生力量运转,十分接近礼治秩序中"无讼"的社会蓝图。国家力量作为暴力性的最后防线极少登场,往往由村干部或护林员等村庄内部角色代行国家职责,公安部门、乡镇政府等真正的国家力量只有在极端情况下才会被援引至村庄。

◎ 救济互惠的伦理基础与秩序维系作用

上一节提到,在匮乏社会的紧密社会整合下利益相争的矛盾极易发生,这些矛盾依赖村庄完善的调解机制才得以平息。然而,调解机制并不是悬空的制度,它的笼罩性力量从何而来?如果秩序的阴面是冲突与调解,即同欲相争及其平息,那秩序的阳面就是联结与互惠,即同忧相亲及其依存。正因为村民的互惠弥散而厚重,小到歇脚大到生死存亡,具体到一棵白菜,抽象到宗教体系,人与人的相互依存无处不在,才能支撑起足以震慑所有人的调解机制。

生存伦理与底线救济

秩序意味着正常而有规律的状态。古源村共同体内部面面俱到的井然有序的相互依存秩序也体现在经济、社会、精神各个方面。从村民的行动视角来看,有秩序的生活首先表现在经济上,人们在极端风险中能得以存身,在日常生活与生产中能维持基本生活。生存是一切秩序的基本,底线救济是共同体内部有着悠久传统的互助义务,生存伦理是维持乡村社会底线秩序不破的重要伦理。①

这种救助体现在制度方面是通过收集众人的经济支持来扶贫济弱,这一点在第二章和第六章已经有了较为详细的论述。在村庄范围内,新中国成立前便有集全村之力组织的育婴会、路会、桥会、破路会、孤坟会、谱会等救济组织,并由地方农户集资买田为公田,归会上所有,农户交租用于会上开支。在宗族范围内,族人有义务提供人口,以维持另一个房支的存续,过继方式的人口互助更是普遍。

对个人而言,个人在面对极贫弱群体时有牺牲自己利益、提供帮助的义务。比如董彦文认为偷盗虽然不对,但是对丧失劳动能力的人来说偷盗不必深究:"人命是最大的,干不得活、饿肚子的人才捞别人东西。自己能做得动,就要有胸襟、有良心,不能计较,东西不见了就当丢掉了。"

由此,古源村内部成员普遍负有对弱势群体的救助责任,怜贫惜弱被视为处境尚好的村民应尽的义务,从而在经济方面保证了弱势村民的基本生存。除此以外,许多伦理经济上的互动使得人们在有限资源的情况下能高效地互通有无。由于第六章已经有详细论述,在此不再赘述。

---

① 孟庆延."生存伦理"与集体逻辑:农业集体化时期"倒欠户"现象的社会学考察.社会学研究,2012,27(6).

相互依存的互惠关系与认同建构

在社会层面，一方面人们因为顾忌日常生活与面临风险时面面俱到的缠绕相依，才会接受在一时利益前服膺于层层嵌套的调解压制，才对资源匮乏中的"斗"隐忍克制使之不至于"破"。另一方面，正因为"斗"带来的压制"破"的需求，调解领域本身就是人们提供社会互助的重要一环，它反过来又进一步丰富了互惠机制。由此可见，互惠支撑着斗而不破，斗本身又生产了互相支援与维护家庭秩序、村庄秩序"不破"的互惠需求。

互惠成为村落共同体在市场和国家的持续作用下得以延续和维系的基础。[①] 古源村的互惠原则体现在生产与生活的各个面向之上。村民向启瑞在搬家之后还和过去的邻居保持互助关系："在同一个地方住，同一个地方长，都有感情，你帮我的忙，我帮你的忙。"前面的章节详述了古源村中人们在经济层面的互惠。除此之外，社会层面也存在普遍的互惠。

相比更为原子化的中国大多数村庄，古源村的互惠原则有范围广、事务多、程度深的特点。在古源村，互惠原则覆盖的范围很广，并不局限于亲友乃至相熟之人，甚至包括地域社会的陌生人。例如，好客是村民在长期互惠中养成的习惯，即使是不认识的人路过村民家歇脚，哪怕主人没有时间招待和询问身份也会搬凳子，倒茶水，安排客人休息，之后自己再去干

[①] 卢成仁. 流动中村落共同体何以维系：一个中缅边境村落的流动与互惠行为研究. 社会学研究，2015，30（1）.

活。对捎快递，村民也是只要是本村的就统一捎回，不会细分关系。搭顺风车不必是多么紧密的熟人关系，见过几次面在古源村人看来就算相熟了。孩子若是找同一个小学的学长学姐询问升学信息，只要问到联系方式就可开口询问，不必有任何其他关系。

此外，古源村涉及互惠的事务非常广泛，如前面章节所述，大到红白事上的帮忙与赠礼、建房换工、借贷、打工互助，小到猪肉市场的互惠、捎快递、搭顺风车、提供茶水、借东西甚至是孩子之间打听升学信息，可见古源村的互惠原则在不同的生活事务中渗透之广泛。最后，古源村人在互惠方面付出的程度也较深，如第五章所述的人情负担，即使礼金在家庭支出中占比极大，人们也勉力维持。

互惠原则不仅贯穿了日常经济生活，在社会层面上也非常普遍。村民们热衷于串门，评点各家的是非，实际上每个议论者都为占理的当事人提供了舆论上的道义支持。以皖西南唐村为对照，该村曾有媳妇无理拒绝小姑子回来奔丧，一和婆婆闹矛盾就大骂婆婆，甚至断她房子的电、将她锁在门外，阖族无人能干涉。邻居心知其无理，但也只是在自家感慨："我们这小屋下人少，抬头不见低头见，哪个人那么孬去出头得罪人，不像那大屋场里，她要这么干，唾沫都能淹死人。"古源村正是每个人都贡献了"唾沫"，才维护了"唾沫都能淹死人"的良好舆论环境。若是利益攸关的事，人们甚至会众人齐心地提供劳力。

2022年过年时有一个跑了的外地媳妇回来想偷偷带走孩子。老人给孩子做饭的工夫孩子就不见了，老人转身发现了就立刻给附近的人打电话。小津、青松那边认识的人立刻出门拦截，在宁县县城的古源村人也开车来拦，村里这边则开车下去追，最终把孩子母亲的车拦在了小津。当时母亲和孩子哭得难解难分，但还是把孩子给留下来了。前后大概20分钟时间。由此可见，村庄内部的"互助"甚至会造成对外的"残忍"。此处不进行道德评判，案例仅用于展现经济事务之外的村民关系。

古源村村民全面的互惠也支撑了他们共同的信仰世界，形成了内部认同。物质上的合作修庙和精神上的共同信仰神灵共同作用才使得神灵可信，地方神灵也成为人们痛苦时的心灵依靠。求平安是人们提到最多的。涂尔干认为，部落膜拜神灵其实是在膜拜社会①，那么也只有足够强的互助与社会才能维持住地方神灵的信仰。无论是庙宇还是祠堂，神圣空间是人们共同营造的，也反过来作用于人们内心，安抚物质匮乏年代的痛苦，以至于"文革"期间人们自发守护他们的神灵。

正因为这样的高度相依，人们才顾忌权威的调解和舆论的声讨，惧怕被共同体边缘化乃至除名，因为那很大程度上意味着失去意外保险、生活调解、超越性的精神依托。村民用很活泼的语言概括了这一点："这个家族团结，没听说他们家女人

---

① 涂尔干. 宗教生活的基本形式. 北京：商务印书馆，2011.

们大吵架,办公事出钱也爽快,倒不是因为多么贤惠,是她们自己要用的时候马上也有家族里的人帮,不亏。要是让她们光出不进,那再贤惠也不行啊。"紧密的互惠正是人人有出有进、互通有无的良性循环。

总体而言,古源村的救济与互惠层次清晰、事务多、力度大,覆盖范围很广。其通过不同的维度层层覆盖不同程度的事件,弹性遍及亲友以至相熟之人。古源村用同一套逻辑的不同程度的实践逐步覆盖整个地域社会,维持了地域社会内部的良性秩序。在这个过程中,权威的扎根化生产是斗而不破的重要一环,他们产生于共同体内部的互惠,也反哺于互惠与冲突调解。权威无疑是地方精英,他们在一定程度上弹压恶性冲突,匡正偏离秩序者,维持良性互惠,甚至针对临时事件发动一事一议的互助。需要区分的是,尽管权威在冲突调解中极为活跃,但他们根本的依托是村庄结构中的互惠而非冲突。如果只剩冲突,那么再公道的精英,其调解也只能是原子化地区的豪杰式的好勇斗狠,而无法借助地方的温情互助秩序生产耆老式的调解秩序。因此,互惠与救济是冲突与调解的根本。

2. 疏而不离：城乡社会的秩序调适

随着城镇化进程中村民的身体不在场、生活节奏的差异、国家接管部分公共生活等，古源村尽管传统伦理依然在保持运转，但受到个体化侵蚀的迹象也已经显现。私人空间的扩张首先表现在家庭内部，家庭关系的夫妻维度最先出现松散；个体化的影响随后表现在公共秩序之中，个人观念和私人空间一起扩张，公共空间开始在国家与市场的挤压下收缩，部分公共事务转型成私人事务。随着私人空间的舒展与发展，社会团结进一步被激活，地方秩序呈现出疏而不离的形态。

◎ 家庭秩序的松散与维系

有研究指出，农村家庭关系的变迁折射出了村庄社会的个体化倾向。现代性压力在农村女性的婚姻选择中表现为从重视家庭的伦理性变为重视家庭的功能性，其本质是家庭不断地趋于核心化和私人化。[1]

本节将古源村的家庭关系拆解为夫妻关系、代际关系与兄弟关系，从这三种关系中我们可以清晰地看到扎根型城镇化下乡村社会秩序的内部张力。在古源村，夫妻关系最先出现松动，代际关系依然紧密，兄弟关系反而比经济匮乏时期更为和谐。

夫妻关系的局部松散

众多研究指出，随着现代化的转型，以及农村社会结构的日益弱化，原本维系农村婚姻稳定的调解力量与村庄舆论等日渐式微，婚姻更多地成为年轻夫妻的私人事务而非家庭事务或村庄公共事务。[2]古源村在扎根型城镇化之下，传统家庭形态面临着一定程度的冲击——中年群体的离异、青年群体结婚年龄的推迟和结婚意愿的降低均有发生，但是总体而言仍然有强有力的舆论力量在维持传统家庭形态。无论是不婚还是离婚，这些对传统家庭形态构成威胁的个人选择，都在面临社会舆论

---

[1] 卢青青.农村女性择偶的家庭考量与现代化转型.宁夏社会科学, 2020 (2).
[2] 陈讯.结构弱化与价值变迁视角下的农村离婚研究.农业经济, 2022 (10).

的压力。未能组建核心家庭的个体被视为村庄社会的潜在威胁、失败者与越轨者，村庄和宗族的舆论力量与传统观念有力地维护了传统家庭形态的延续。

> 村内有十几个光棍，他们天天喊天咒人，不管别人，等着满60岁成为五保户，都是懒汉。没有一分钱，自己也不赚钱，谁过继（儿子）给你。现在扶贫政策这么好，单身汉连婚都不想结了，反正吃的用的都够了。但是老百姓对单身汉的态度很难说，可怜的、看不上的都有。有的觉得离婚也不是他的错，他家庭条件不好，也很可怜。有的觉得他有点性格问题。这个地方家庭观念很重，人要是没负担、没压力就很难发展了。

但离婚的舆论压力并不是均匀地施加于古源村内部的全体年轻媳妇身上。籍贯不在古源村周边的青年女性更少地受到束缚，古源村外来媳妇的离婚率逐渐上升。与之相反，本地媳妇的婚姻则依然稳固，即便离婚也会选择在村庄场域内隐瞒实情：

> 本地离婚的有，但是很少，本地婚姻还是比外地的牢固，因为双方父母都在这里，不可能把父母丢掉。父母不知道子女离婚的案例很多。因为父母对儿子儿媳都很好，两人不想让长辈难过，加上女方还要回来看孩子，所以回家仍旧扮演夫妻，女方照样叫爸叫妈。

也正是因为如此，古源村村民更为偏好本地姻亲。跨省婚姻离婚的并不是个案，婚姻价值在异地婚恋中发生嬗变，婚姻的公共性逐步消解，个体化日益形成。①

即便夫妻关系出现了松动，古源村的情形仍然与婚姻形态转变最为剧烈的经济发达地区形成了鲜明对照。珠三角农村近十年年轻夫妻的离婚率快速增长，大部分离婚案例由女性主张，因为年轻女性在家庭中无法获得应有的地位和话语权，在发生家庭矛盾或夫妻感情破裂之后容易提出离婚，而年轻男子则因为容易再婚亦不畏惧离婚。②

代际关系的紧密维系

在代际关系中，古源村村民仍然保有较强的责任与义务。子女不仅在金钱上负有养老责任，还需要亲自照顾父母："村里老龄化严重。老人失能，子女必须回来，否则就是不孝。如果有突发情况，子女不在家，邻居会帮忙照顾。身体弱、干体力活需要搭把手的，邻居也偶尔会帮忙。邻里只能偶尔搭把手，能帮则帮，但不长久。"村庄舆论整体偏向长辈，宗族力量在村内可以发挥一定的作用。

虽然张中葆认为："孝顺是个人的事情，有的人家子女

---

① 陈讯．多重排斥、价值嬗变与农村跨省婚姻研究：以东莞宗族型黄村为例．中国青年研究，2020（9）．
② 齐薇薇．沿海发达地区农村离婚现象研究．华中农业大学学报（社会科学版），2022（1）．

不孝是小时候长辈没教育好，成了后来的局面也是应该的，叫旁人怎么说。"但他还是表示："如果其他叔伯邻里在家，孩子也在家，长辈是会向着父母管教不孝的孩子的。"

晋西南地区原子化村庄与扎根型城镇化的村庄相比有着显著区别，原子化村庄的代际养老责任关系解体，丧偶老年人转而通过"再婚"向同龄群体以"组建不被传统观念所认可的新家庭"的形式寻求同辈互助①。

扎根型城镇化的代际关系在我国各地区之间均属于紧密的类型。目前，我国三代直系家庭比例在地级行政单元上存在明显的空间分化，总体呈现出北方较低、南方较高的模式。②在沿海发达地区，农民家庭的发展压力偏低，已经弱化了家庭的经济积累动力，降低了家庭整合力度。只是由于父代经济独立性强和受大家庭生活理想的驱动，形成一种分而不离、联而不合、家中有家的生活样态，其基本特征是同居不共财、分家不分灶、年轻夫妻经济相对独立。③

但古源村代与代之间的独立性相对较弱，老人对孙辈的抚养责任与子女的养老责任相对应："现在从早忙到晚的老年人大概占一半，孙子小的时候比较受苦，孙子大了

---

① 田孟.通过婚姻的养老：家庭政治变迁与农村养老责任的代际重构：基于晋西南F村丧偶老年人的调查.社会科学研究，2023（2）.

② 李婷，等.三代直系家庭分布影响因素的空间分析：基于2015年1%人口抽样调查数据.人口研究，2020，44（6）.

③ 陈辉.同居不共财：农村嵌套型家庭结构研究：基于广东顺德A村调研.求索，2022（4）.

就好一点。"

老人赔本养猪的行为就具有典型意义。古源村老人养猪不是为了经济收益，而是为了代际关系互动。老人杀猪分肉最重要的功能是维持一个大家庭的伦理，表达上辈人对晚辈的关心，追求的是一份精神享受。在一家人其乐融融分猪肉、做腊肉、送腊肉的过程中，猪成了家庭的黏合剂，承载了老人对家的一份精神寄托。老人往往用子女给她寄回来的钱养猪种菜，某种意义上是在证明自己对家庭仍能做贡献，同时更觉得自己仍是家里面的长老，在扮演着团结家庭、分配资源的传统角色。因此，古源村老人养猪的家庭所占的比例在一半左右，有的老人身体不好，有时还要雇人。如果养两头猪的话一头卖掉，一头留到过年杀了一家人吃，勉强不亏本。"老人主要是为了过年杀猪有气氛。"

虽然老年人的经济能力能够对自身的权力保障有所助益，但即便祖辈真的失去了劳动能力，在家庭内部也是权威犹存。我们在贫困户张明加家中访谈期间，张明加从家里唯一的摇椅上起身离开了两三分钟，孙女马上就跑过来坐上摇椅，边摇边玩。爷爷过来后，孙女在姐姐的提醒之下马上跳起身，把摇椅让还给爷爷。可以看到古源村的代际责任不仅体现在隔代抚养的资源向下传递上，对老人的赡养与尊敬责任仍然完整存在。

兄弟关系的缓和修复

在经济匮乏的传统时期，古源村内兄弟关系一度十分紧张。尤其是步入婚姻之后,各自有了各自的家,关系还很好、不分彼此的人连10%都没有,"40后""50后""60后"中至少有20%的兄弟都闹翻了。古源村有两兄弟在父亲年纪大了之后,为了争山林闹得不得了,甚至打架,一直到现在都不来往。老大认为父亲偏心老小。以前在乡下的时候你好我差,"就有一点被欺负的感觉"。20世纪70年代,有个弟弟发现哥哥偷偷去山里搞一点自留地过得好就举报了,后来两家断绝来往。对于这件事家里的长辈由于年纪大了也管不了。

有研究指出,在拔根型城镇化的村庄中,家庭关系类型逐渐从纵向垂直型转变为横向扁平型,家庭联结和交往则从以父代家庭为轴心转变为多子代家庭与父代家庭共同参与。在此过程中,家庭成员的个体化、自由化增强,家庭统一话语体系和共识机制日益瓦解。尽管如此,但是在古源村,随着20世纪90年代务工潮和市场经济的兴起,村民收入普遍增加,年轻兄弟的关系反而比以往更加紧密,不太有经济匮乏时期资源高度竞争下的比较和吃亏心态了,很多决裂的兄弟关系在子代重新联系起来后得到了修复。乃至于如今兄弟之间形成的更多的是互帮互助、一损俱损、一荣俱荣的状态。

村民认为抚养死去兄弟的孩子是理所当然的:"如果嫂子或者弟媳还在抚养孩子,兄弟会多出力帮忙做事,也会给钱,这钱不用还。如果孩子无人抚养,兄弟会把孩子接到自己家里养。"除了抚养责任的共担,教育责任也是如此。叔叔伯伯可以训侄子甚至动手教训侄子。"不用担心嫂子或弟媳反对，嫂子或弟媳也不会反对。自己人怕什么。"即便已经各自成家，兄弟之间仍然是利益共同体。张明秋1990年结婚，他在外躲着生完了第三个孩子。相关部门知道后当时直接找到了在当地教书的哥哥张明林，让他哥哥来做他的工作。为了不影响哥哥的工作，张明秋带着妻子去做了结扎。

古源村兄弟之间除了一损俱损的同气连枝，一荣俱荣的经济互助也十分常见。"亲兄弟都知道底细，只要开口一定会借，不管平时是否小气。明知道兄弟还不上钱，也要多少借一点，大概出借其要求的一半金额。即使亲兄弟家有1万元存款，堂兄弟家有5万元存款，借钱也肯定先找亲兄弟。"一个村民2019年在县城购房，"买的是别人的集中安置房，花了二十几万元，找弟弟借了10万元，不收利息，找亲戚借也没收利息"。扎根型城镇化村庄内部不服膺于市场经济的兄弟关系与诸多研究的发现不同，在完全城镇化地区，随着市场经济的扩展，工具理性逐步占领了家庭生活领域，兄弟关系也出现了原子化的趋势。①

而古源村的兄弟责任不仅体现在互相帮扶的层面，还上升到了更高的道德要求层面：兄弟之间需要互相礼让，兄长不可

---

① 张建雷.家庭关系的理性化：表现、机制及后果1：基于湖南Z村的调查.人口与社会，2014, 30（4）.

与胞弟争利。本来张明秋将自家房子买在路边是想开小卖部的，但弟弟后来想开自己就没有开。他认为自己也开的话，弟弟应该竞争不过自己；如果是堂弟，自己就会开店跟他竞争。可以看出在古源村内部伦理责任已压制了经济理性，即便在经济活动中，家庭内部成员之间也无法遵循市场规则行事。

费孝通先生所述的差序格局是一个由"一根根私人联系所构成的网络"，这个网络的每一个结都附着一种道德要素。由于在差序格局的社会中成员在不同的场合下有着不同程度的结合，所以我国传统道德中没有一个统一的标准。道德观念包括行为规范、行为者的信念和社会的制裁。西方团体格局孕育的是权利的观念，权利是超乎私人关系的道德观念，而我国乡土社会差序格局中孕育的是责任的观念，对亲属的孝悌、对朋友的忠信无不是私人关系中的道德要素。[1] 从古源村的案例中可以看出，时至今日扎根型城镇化的村庄中维系家庭关系的道德依然有力。

◎ **公共秩序的收缩与坚持**

在扎根型城镇化进程中，国家与市场力量在正反两个方向上对村庄的公共秩序发挥着复杂影响。我国的乡村治理模式由汲取型政府先后转向悬浮型政府和服务型政府，在这一

---

[1] 费孝通.乡土中国.北京：北京出版社，2011.

过程中村庄的公共事务范围缩小，但也为村民动员提供了资源抓手。与此同时，市场力量进入村庄，一方面带来了人口的异质化与空间上的分割，另一方面也提供了公共生活、公共事务的经济基础以及在发展中合作的平台。在外部的拉扯与内部的变迁的交织之下，古源村的公共秩序在保持整体稳定的同时也做了一定的退让与改变。

外部联结对乡土关系的渗透与秩序分野

随着古源村人口的向外流动，以及新的社会关系网络的建立，即便仍旧是同一群体，在外部世界新的互动情境中其旧有的血缘与地缘关系也会被重新定义。长幼尊卑和亲疏远近关系的重塑主要表现在父辈与子代两代人身上。老年群体的社会网络仍旧以村庄社会的旧有关系为主。不同关系的背后是现代与传统的行事逻辑，例如在外务工群体行事时遵循村庄逻辑、市场逻辑、生活逻辑三重逻辑关系。村庄逻辑是尊卑有序，市场逻辑是"谁揽到活就听谁的"，生活逻辑是老乡圈的互动。

在父辈的流动中，外出的行动是依赖村庄内部的关系而发生的。古源村的外出务工轨迹与我国绝大多数人口流出地区相同，是"老乡带老乡"的同乡同业网络的编织过程。学界对同乡同业的界定是在乡土社会之外从事相同行业或属于同一产业链的经济活动，其出现被视为与特定区域的资源禀赋、生计方式、社会结构、文化传统有关。经济与社会能否实现互嵌，取决于一定规模人群在适当时机选择适当行业的经济活动能否借助传统社会网络。①本书进一步关注这些省外"飞地"的同乡互动模式与群体规范是否发生了市场化变迁。

正如第二章与第三章提及的,古源村在福建惠安务工的群体仍大体遵循着村庄逻辑,保持着较为密切的互动和互助。但是,一方面,随着经济的分化,具有经济优势的人率先建立了地缘之外的社会网络。例如尤运财这样的包工头不会跟工友打牌。又如在上海打工的27组的张清和和丈夫,自述更喜欢跟本地人玩,不喜欢跟江西人玩;在跟河南的朋友合伙开棋盘室期间也基本上不招江西人来玩,因为"江西人喜欢赌博,聚在一起就喜欢吹牛、说大话。外地的人聚在一起喜欢讲有意义的事,实在,讲利弊得失"。另一方面,市场逻辑开始占据了一部分场景,父辈中原本明晰的长幼尊卑和亲疏远近开始遭遇一定程度的挑战。例如在日常的用工方面,本着揽活至上的市场逻辑,谁能揽到活,谁能给大家带来工作大家就听谁的。假如侄子是包工头,即便侄子辈分低,村里人认为在工作中侄子也应该听叔叔的。如果侄子抽取叔叔一部分介绍费,或是因为叔叔干活不好而开除叔叔,村里面的人会私下议论这个人"只认钱,不认人",但也仅此而已。最不能接受的是,侄子主动抢了叔叔的项目,这会被认为很不应该。叔叔即便当时真的生气,也不会在外地就翻脸,因为没有足够的底气,也怕家丑外扬。其往往隐忍不发等到过年回村,在村庄中重拾昔日的传统

---

① 吴重庆."同乡同业":"社会经济"或"低端全国化"?.南京农业大学学报(社会科学版),2020,20(5).

权威再来教训侄子，而且"只能是嫡系的亲戚，稍远一点的亲戚也不会听你的教训，那就无话可说、各凭本事了"。

在子代的流动中，古源村的孩子在幼年时期在村庄内部与同龄人建立了学缘关系，但是随着进入县城初中就读，村内的旧有关系逐渐淡出他们的生活。26 组的在祖屋居住的大学生幺女表示，自己小时候经常跑到山下去玩，同学也会上山来玩，但是不会在对方家里吃饭。其小学同学共有 12 个，尽管大家启用微信后很多同学把微信号挂在 QQ 空间里，但是幺女也只加了两三个住在小学所在街道上的老同学，还有一些小学同学有 QQ 号但也不再联系。小学同学会在 QQ 空间的评论区发表评论，但不会私聊，只会通过双方长辈的交流了解彼此的升学等大概信息。

即便是假期回到村庄，26 组的大学生姐妹也更喜欢在家中活动，如果有客人来，自己房间正好开着门就会出去问好。如若自己房间恰好关着门，自己就不会出去。客人问起孩子，父母会解释说孩子不喜欢出来。虽然父母总催姐妹俩到外面去玩，但是二人也不会像小学时候一样去小学同学家玩了。目前幺女的社交圈主要是五六个初中好友，分别来自不同的村庄。她平时会用 QQ 和同学聊天，隔几个月也会更新一下状态，推荐自己喜爱的电视剧。初中同学聚会参加过五六次，聚会时间会选在自己在县城住的时候，如果自己已经回到了古源村就不会专门去聚。在读书期间，初中好友经常相约在县城游玩，一般两周左右一次，活动内容有爬山、唱歌、逛公园等，其社交形式与内容已经与城市青少年无异。

虽然学缘关系已经十分淡薄，但是基础的互助行为依然可以发生。幺女日常比较关注初中升高中的一些政策，因为家族里还有更小的弟弟妹妹。到宁县县城读初中以后，仍然会有一些同村小孩加幺女 QQ，咨询与升学相关的事情。求助者一般直接报上名字，不自我介绍就直接提出问题，幺女都会解答。之所以不需要自我介绍，是因为咨询者都是古源村小学低年级的学弟学妹，在学校张贴的榜上能看到对方名字。平时见到了，如果和幺女同班同学认识并且打招呼，幺女就能把名字和样子对上号了。

血缘的联结则比幼时的学缘更为稳固，但是所联结的亲属范围也在缩小。住在祖屋的二哥有一儿一女，都已经成家。三哥有两个女儿，都嫁到了县城并育有子女。五弟有一个儿子。四房的女儿们和这些堂兄弟姐妹由于小时候住在一起，情感上比较亲密，如今寒暑假的时候也会带着堂弟做作业。大伯的孩子在四房的女儿们出生时已经在外打工了，"但也没觉得有什么区别，还是很亲"。幺女对爸爸妈妈的兄弟姐妹及其儿女都能叫上来。过年到外婆家去，幺女对那边的亲戚也都叫得上来，只对奶奶在青松村的兄弟那边的儿孙不太熟。而青松村的一位大学生表示，自己就只认识母亲的亲姐妹，再远一点的就都不认识了。

可以看到，当古源村的父辈与子代同时与外部世界建立了新的联结之后，旧有的关系网络在一定程度上会被重塑。但是关系的重塑并不代表着秩序的瓦解，而是说明村庄内外不同的情境中出现了秩序的分野。由于扎根型城镇化中每个个体与家庭都不曾真正脱离乡土，所以他们在逢年过节回归村庄时会切换回旧有秩序，即便在外也不能完全依照市场逻辑行事。

私人关系的疏离与公共关系的刚性维持

古源村村民在进县城生活后，乡亲之间的无目的的日常互动大量减少："在乡下很亲，到县城就不亲了。"与农村生活相适应的生活和社会互动模式，到了城市，由于互动成本的全方位提升，而无法有效运转。农民上楼之后的"不习惯"具有普遍性，有研究关注到从传统农村院落到现代楼阁空间的转变，导致农民部分传统生活习惯难以延续，从而引发了上楼农民在花园种菜、将车库改房、在小区晒粮以及自建田间房等空间再造行为。① 古源村民给出的理由有如下三点：

第一，因为在城市个人的时间变得更值钱了。在城市人是打工做事。如果有人到你家串门，你耽误半天去招待他，你就耽误了半天的工钱，这都是有机会成本的。

第二，城市的消费水平更高。你还要买菜招待他，不像在农村，串门都在家附近，他可能根本就不会在你家吃饭，只是喝喝茶就走了。再就是在农村若他在你这里吃饭，也就是你吃啥他就跟着吃啥，因为你就算有钱，也不会临时去买菜，也买

---

① 王文涛，吴明永. 上楼农民的空间再造：行动逻辑与治理路径：以山东省B村为例. 贵州师范大学学报（社会科学版），2022（2）.

不到。但在城里这就是你不买的问题了,你必须买菜,花个一两百元。这样串一次门的成本太高了,你既要耽误做工的时间,还要买菜招待。串门变成了走亲戚。

第三,在农村串门基本不会扑空,是点对面而非点对点。虽说我去找你,有一半的概率你不在,但我可以在附近找别人聊,而且我去找你时可以沿路串门过去,毕竟在农村可以在很短的时间串很多家。但在城市如果我知道你在那个地方,我点对点花半天工夫就串这一个门,成本瞬间就高了很多。可是像他们那种移民小区,如果一栋楼住了很多家,串门的概率就会大一点。所以人们觉得在城里就没有人情味,大家都不怎么来往了。

虽然在城镇化进程之中县域居住者也感受到了关系的疏离,但真正与村庄脱离关系的村民却极少。如24组共16户,有8户在宁县县城买房,但是每年春节宁县县城的移民都会回村拜年走亲戚。有2户是住在自己未拆除的老房子里,其他是住在亲戚家的房子里。有一部分小姓在移民之前和移民过程中修建了祖堂,清明和过年回村的时候居住在祖堂。村医张千夏对常住人口和流动人口的信息获取主要是日常听说,或是随访上门发现对方不在家时会问一下。一般住在县城的人都知道其详细地址,外出打工的基本可以确定去了哪个城市。

即便日常生活出现疏离,古源村村民进入县城之后也不会中断人情往来。这种公共关系在村民的日常生活中属于刚性需求。哪怕是袱包这种"三毛钱"的人情,也要托人送至乡邻家中。在村民仍旧公认是"大家的事"的那些公共事务如提供大病捐款或修庙捐款的"写费"中，村庄秩序依然具有强大的约束力。真正与古源村完全脱离关系的人以小姓为主，越是小姓，越独门独户，越容易移民离开。离开之后由于不存在留在村庄内的宗亲，加之其本身在村庄内生活时受到的整合程度较低，这部分群体阶段性返乡祭祖探亲和长期返乡养老的动力普遍不高。但即便是主动出走者，也无法真正斩断与村庄的联系。

  张归宗是一名期望回归村庄社会的自我放逐者。他从小没有兄弟，因此他父亲十分溺爱他。他读书时调皮，又好面子，后来赌博赌输了，败光了妻财，3 000元卖了老房子，还丢了句狠话给亲房："永世不回家乡。"张归宗在外赚了钱，又回来重新捡起继母这边的亲戚关系。这个关系捡起来很容易，过年时姻亲去他家拜年，他都是给500元、1 000元的红包。但是去年继母去世，亲房都没有参加葬礼。有的人就算得罪人也不会影响到红白事，因为那只是一般意义上的得罪人，在这种情况下亲房是不会不来帮忙做事的。但张归宗说的这叫过头话，连亲房都不要了，连亲戚都不要了。他继母去世时，亲房就没有来帮忙，虽然朋友、同学、生产队村民都来了，但是亲房不来是一件很丢脸的事情。

  张归宗如果想要重新获得与亲房的人情往来，并不能依靠市场逻辑来解决：张归宗考虑到父亲以后的葬礼，就回家找同学住了几天，商量了几个晚上这个事该怎么办。张归宗和同学说实在不行就请人。他同学认为，如果请人做丧礼，"再有钱也是自己打自己的脸"。假如求别人帮忙，别人本来可能愿意，这时说给报酬就伤了情分，"这个话就越说越糟，你再有钱人家也可以不理你，在这个社会光有钱没有用"。张归宗的同学认为，人情已断了这么多年，他不把别人放在眼里，别人也不会把他放在眼里。现在讲人情，讲面子，请不来，要真心道歉，但是张归宗性子烈，不会道歉。

青松村张姓准备修祖堂，张归宗准备出 5 万元，他同学认为这肯定不够，起码得 10 万元，但也不能出太多，不能排第一，否则人家会认为他要出风头，最好排第二。他同学认为这说明有钱也有好处，如果没有钱张归宗的这个事压不下来，不过太有钱不会做人也不行。人有了钱一定要善良、孝敬、多做好事才能有口碑，不做好事就是有钱也没用，有钱要懂得怎么花。

张归宗希望恢复人情往来的方式不是和亲房中的个人搞好关系，因为那样改变不了地方口碑，旁人还是会觉得这是个不要家的人，唯一有效的办法是在公共生活中形成声望。这只能通过参与地方公益来实现："把钱用在刀口上，花在修路上就没有用，因为修路已经有国家管了。要花在那些国家不管的事情上，如修庙、修祖堂、资助大病家庭。砸几十万元马上就会有口碑。"这么做了，古源人基本上都会被感动，觉得他这么做难得，有地方观念、顾大局，这种舆论反过来会给亲房施加压力。虽然当年是他做错了，但现在亲房也得重新接纳他，以亲房那时候没叫自己作为理由。这时候"亲房说话村里人就不听了。"对比之下，地方上的事是大事，对亲房的小错就不是事了。

由此可以看出，即便私人交往已经无关紧要，在红白事等公共场合古源村村民仍然高度相互依赖，而在公共关系中获得良好地位的渠道也不是搞好私人关系，而是对公共事务做出贡献，以此来获得地方声誉。公共秩序由此得以在趋于松散的私人关系中维持自身的刚性。

公共事务的让渡与私人事务的有限扩张

在种种力量的作用下，古源村的公共秩序表现出私域的有限扩张。公共秩序以公共空间、公共生活为前提，只要进入公共生活就有"公道"可说，而私人生活扩张之处便是道理"说不清"的地方。许多过去会被严加管束的事情现在变得界限不清，说不清是否属于舆论该管的事。若说不该管，村民们多少还是会有议论和指点；若说该管，却又没有人出面，即"有道德期待，无实质惩罚"，这类事包括赌博、女性抽烟、从事性行业等。同时，许多过去应该做的礼节如孝敬父母、尊重老人现在也失去约束，有含混过关的机会。然而，私人生活的扩张很有限，公共秩序只是对隐入私人生活的部分难以决断，从而表现出漠然与暧昧，但并未表现出放弃原则的妥协与随波逐流。

赌博、卖淫都从界限分明的不可做变得打上马赛克一般模糊不清，关于赌博的标准与害处也没有共识。一旦伦理标准出现众说纷纭的特点，它的约束力也就急剧下降了。首先，参与赌博的舆论风向有着明显的时代之别。新中国成立前和集体化时期，赌博都被视为严重的越轨行为，参与赌博的人会受到集体的暴力惩戒。当时不允许赌博，人们只能在山上赌博。参与赌博的一般是男性。如果被发现，新中国成立前会被拉到祠堂去打，集体化时期会被拉到自己家，家家户户出一个男丁打，打到赌博的人哭为止。而现在赌博则很少能受到约束，有村民在形容做人不能做"会产生社会负面影响的事"时，举例到赌博时停顿犹豫了一下，不知赌博是否会产生不良的社会影响。甚至对多少金额算赌不同村民都不能统一认识。实际上，赌博的人在村里没有受到什么制裁，尽管有一点丢面子，打麻将的人也依然能够借到钱。

现在古源村有十几家麻将馆，县城的移民安置区因为村民没事可干打牌的人更多。女的赌博会被认为是不务正业，而男的赌博大家会觉得多你一个不多。一天输赢几百元、几千元、几万元的都有，输几百元的多为老年人。多数人认为输赢几千元才算赌。宝姐经常玩几千元的，她认为这不算赌。宝姐怀孕时曾被亲戚拉去买六合彩，亏了22万元，从此不敢再碰六合彩，但是依然在玩麻将。打麻将需要借钱时，人们会先找外面的朋友，因为怕丢人，然后才找亲兄弟，最后才找村里人。就算是打麻将，关系好的人还是愿意借一点儿来帮助那人扳本。

赌博已成为村内离婚的一个重要诱因。

可见，即使人们承认不赌博是优点，但赌博的危害也基本只在私人生活中造成问题，只引起家庭的破裂，而没有引发社区的公共性惩戒，甚至女性赌博也并不必然被压制。这些在一定程度上意味着赌博从村庄的公共事务变成了个人的私事。身体的不在场是私人生活扩张的重要一环，村民在村庄中赌博过度以至于影响家庭的还可能受到长辈的约束与训斥，而到县城后再去赌博便无人能管了。

同时，村庄也并不限制妇女在外从事性行业。在市场力量的冲击下，人们的道德观念发生了变化，对待卖淫见怪不怪。20世纪90年代，村里有人开始在外面卖淫。规模最大的一次是有一个本村人带了十几个村里的年轻姑娘出去卖淫。开始还有人说他，要打他。后面做的人越来越多，而且都能赚钱回来，大家逐渐也就无所谓了："家常便饭了，没几年就见怪不怪了，男人在外面赚钱不也得靠坑蒙拐骗吗！"家里人就算知道了干的是卖淫，但因为挣到了钱，最多也就是不让其再做了，但不会因此要求离婚。2000年是人数最多的时候，10个老公发现自己老婆做这个，有四五个会让她继续做下去。

可以看到，即便是在扎根型城镇化的过程中，由于公共生活的私密化，村庄秩序所关涉的事情越来越少，许多事务划入了私人生活的领域，其中包括村民冲突中的"谁更占理"、子女对老人是否孝顺等这些原本是置于公共场域解决的问题。子女孝顺父母的行为，随着人们进入城镇工作、居住，隐含着进入私人生活领域的倾向。外出打工使得子女常年在外，是否孝顺父母，长辈也无从监管。如果旁人对家庭矛盾的前因后果缺乏了解，就无法给出中肯的定论，只能和稀泥地劝导晚辈要让着老人，而不知内情的劝导必然收效甚微。

传统时期乡土社会的礼治秩序是高度具体化的，与法的普遍适用不同，礼是一时一事的。村庄中的调解者不仅需要详细了解冲突的细节，也要知道前因以及双方的为人，只有这样才能在具体的情境中做出公正的裁决，即所谓的"情理"。民间的长辈劝人有时会拍拍晚辈表示支持并沉静地对晚辈说："伢，别和他一样，好吧？"这既表达了支持，暗示"我知道受委屈的是你，你家老人脾气太怪了"，又表达出劝其退让，暗示"他不讲理你讲理，你贤德，晚辈不记长辈过，让着他一下"。这就要求调解者掌握详细的信息。如果许多东西都变成了隐私，旁人又怎么能知道谁做得过分，劝人的话要说到什么程度？说重了会激起反弹，说轻了另一方也会不服。

舒展的私人空间也带来了游子型"异己"。不同于匮乏经济时期"不要面子的人"是"侵犯"他人利益者，如护林员、蛮横不讲理之人等，丰裕时期最激烈的威胁变成了倚仗外部资源而拒绝合作的不要家乡的游子，包括经济精英、文化精英、权力精英等群体。游子型异己只是典型代表，隐藏在背后的是大规模城镇化后人们脱离了维护宗亲关系的村庄生活。宗亲呈现出一定的疏离趋势，姻亲关系上升，学缘、地缘、业缘、趣缘等关系的进入，均使得宗族底色受到一定的冲击。

从村庄舆论对评价赌博、卖淫、孝顺权的让渡，可以看到身体的不在场助推了这些事件远离村庄的"实质惩罚"，而只剩"道德期待"的重要一环。在村庄的场域之中，我们可以把农民的生活分为私人生活和公共生活两部分。私人生活指在家庭范围内的，既不受公众监视，也不受国家权力干预的那部分生活；公共生活则指超出家庭范围之外的，具有公共性特征的那部分生活。① 在古源村，随着扎根型城镇化的发展，村民们身体的不在场使得许多公共生活不知不觉变得私密化，作用于公共生活的村庄秩序于是模糊起来，许多事情都变成了个人的事。古源村不缺乏能按照礼法的原则断家务事的清官，只是一旦私人生活扩张导致信息缺乏，就如同法官丢了案卷，人们只能含混说一句"那是人家个人的事"或"很难说"了。但是如果一件事并没有隐向私人生活，如"写费"，村民仍然是无论如何都会出钱，这也是对公共事务的坚守。

◎ 发展中的团结与秩序韧性

相比于传统时期的调解秩序与互助秩序的一体两面，混入市场与国家力量后的古源地方秩序呈现出驳杂的状态。一方

---

① 董磊明. 村庄公共空间的萎缩与拓展. 江苏行政学院学报，2010（5）.

面，如前所述，私人关系的疏离、私人事务的扩张，大大降低了人们被困锁在逼仄的公共空间中互相摩擦的概率，从而这方面调解的需求急剧下降，秩序也不复紧密；另一方面，市场生活的活跃又开辟了新的互助需求，人们在发展中建立了千丝万缕的合作并维护着合作秩序。熟悉的人情逻辑转换场域并继续保持韧性。合作能良性循环并滋养个体家庭，依然是遵守克己秩序的有力后盾。不同层级的合作依然存在，只是少了农耕社会的人口维持、农业生产互助等。随着城镇化的发展，原来的秩序实践范围如同面团发酵一样膨胀开来，人们展开了更大范围、更为松散的合作。因此，不同于过去围绕调解展开合作，如今是围绕合作展开调解。

家庭团结与村社团结的相互支撑

尽管古源村的人擅长调解，但"多一事不如少一事"也是村民的共识。在亲密社群内部，人们不惜多一事地参与调解，包括围观、说公道话，这是保证自家人生活在合理秩序中的外部维护力量。人们在公共空间中互相提供舆论支援以解决矛盾，乃至于生产权威，帮助彼此维持社会生活的稳定秩序。人们在互相依赖彼此实现生存和经济互动后，还需要团结起来维护规则秩序，例如家庭秩序、家庭与家庭之间的互动秩序。权威也在日常互动之中层层生产出来，家庭中能断事的人，小组里、村庄中能公道处世的人，在调解事件、组织干活中逐步浮现出来。

张德进现在回忆起村子里的模范家门张门,仍啧啧称奇:"一家好几个亲兄弟开枝散叶能做到那么团结不算很稀奇,可是那个小组张门他们是一个太公下的五服,我也想不通他们怎么那么好。在我还小的时候,他们家就很团结。在一个太公下,谁家生了病在群里一发信息其他家就一家几万元、几万元地凑钱。大家平时大事小事都关心,和别人拌嘴了也都会来参与评理:是自家人的理就帮着说说,自家人做错了也管一管。也没听说吵架。"

在村民的形容里,大事小事都参与,是团结的重要表征。如果"亲情"不再,"真心"没有,就只能是大事应付、小事不理。作为其他村民广为羡慕的张门,其团结除了体现在将冲突消弭于内部、救济动员有力,更体现在对自家人的秩序支持中。

张德进因为侄子不肯去补课就打了他,12岁的侄子于是拿刀出来,这时张德进的哥哥来拉架,说自己侄子:"再怎么说大伯是为你好。"侄子没有跑到外面去,只是在家冷战几天,只和伯母说话。后来长大了,侄子也明白大伯是为自己好。如果是因为迁怒打孩子,旁人会问一下事由,"先弄清楚"。也会结合这个人平时的脾气和做人的情况,判断这个人是不是把脾气发到小孩身上。如果是这样,就会把小孩拉开,不避讳地当着小孩的面指出父母的错误,"说公道话"。村民认为:"你不懂道理怎么管小孩？"有理的父母，不应该当面说孩子，要背后去教育，无理的父母就会对着小孩子乱发脾气。大家认为，那些偏心的人，他们讲不出公道话。说公道话并不必然要年长，有时候弟弟也可以调解哥哥之间的矛盾，因为父母可能不够"聪明"，管不来，无法断事和说和。

可以说，古源村每个人都要在社交中为他人生产秩序，而生产秩序的能力有高有低。村民对此的表述基本一致：心要"公道"，脑子要明理、"聪明"，能断事，言语上要能提前规划好如何见招拆招，要会说和。这种能力首先表现在家门内部对其他小家庭的声援上。如果父母称职，旁人会介入进来打破父子对峙的僵局，作为第三方来帮助父母维持权威，稳固家庭秩序。

然而，父母如果失职，无法践行基本的公道以至于过分迁怒于孩子，不能履行基本的家庭教导秩序，旁人将不再维护他们的家长权威，此时的介入体现为帮助孩子而打压家长，目的依然是维持父慈子孝的家庭伦理。可见，家庭并不是私人空间，反而暴露在亲房、村庄等公共视野内。无论是长辈还是晚辈，打破伦理秩序的行为都可能招来旁人的干涉，这在很大程度上分担了家庭成员维护家庭秩序的压力。生产权威的原则首先是根据差序格局，疏不议亲；其次是同一个圈层内部以管事能力为优先。随后，他们的影响力会溢出家门，进入公共空间。

有影响力的人都公正，不公正的人人家也不尊重。比如村干部到我们村问这些事情，都要先问我们的想法。我们去别的地方调解也都会找这种出头的人，问你当时在不在场，知不知道发生了什么。我们不会盲目下结论。说话公正的人，别人会自动找到他，相信他说的话。张德进做村干部的时候，派出所调解重大冲突时也会来问他的意见，他会以派出所的名义向双方转述。

家庭内部的权威起源于互助，而权威们之间也会互相合作。村干部会寻找小片内的权威，派出所会寻找村庄的权威。可以看出，在家庭内部、家门、片区、村庄，大小权威互相援引力量，以共同维护礼治秩序。

父母平时偏心，别人不会干涉，都是自己亲生的，人家不会管，包括后娘对继子不好，旁人都是观望父亲的态度。"对她来说不是亲生的，对你来说两个都是亲生的，先看你管不管。"如果父亲没有出头的意愿，旁人只能私下可怜那个孩子，但多一事不如少一事，很少去管。兄弟闹矛盾也是同理，如果做父母的只是不够聪明，没有断事说和的能力，但有心调解，旁人可以帮忙调解。如果父母本身就偏心，不打算好好调解，亲房就不出头。因为当事人都没意愿，别人也不好跑到前面去。不遵守差序格局的人是"不亲羊肉亲狗肉"，但如果一个兄弟偏偏亲近堂兄弟而与亲兄弟不和，有大事叫关系远的，亲房则不会说，也不能说。只有分家产这种大事不只是父母的事，叔伯也可以发言，以保证公平，这时才会出面干预。

尽管权威有发言权，但是他们守着疏不间亲的差序格局，观望事件中最亲近的人的态度。因此，父母都不愿意管的兄弟矛盾成为调解机制中的一个卫生死角般的难以触及之处。可见，本节所论述的人与人的互助，并不是单纯的个体与个体的互助，而是家庭内的互助、家门内不同家庭间的互助、村庄内不同家门或者不同家庭的互助。人们定位清晰，难以越过定位互相帮助，甚至有时候这种定位会反过来阻碍人们发挥同情心，比如"只能私下可怜孩子"。

互助中生产权威并不只是事件性的调解，更有制度性的红白事以及类似的公共事业。有公心的人既是调解时说公道话的人，也是组织事务时出头的人：菩萨的钱会由每个组派出一个管首共同来管。对管首而言，公心要强且要管得下去。一个人在让出管首位置之前要先选出继位者（禅让制），并征得继位者同意才行。老管首"想退，平时就得留意年轻人"，注意到自己"年纪大了，留给年轻人去干一下"。从红白事中非常能看出人有没有公益心、对地方事务是否积极，加上看好的后生也是自己看着长大的，从小就了解脾性。例如能观察到某个后生对指派的事情能不能办好，以及不是自己的事愿不愿意主动做。比如有年纪大的老人忙不过来，年轻人在忙完自己的活儿后会不会主动替换老人。

当完善的互助能有力托举出具有代表性的权威时，权威就变得更像民心代言人，能够通过发挥动员能力完成更复杂的团结互助。

然而，不只是村社团结有助于维护家庭团结，家庭团结也会反过来支持村社的团结。比如前文提及，令张德进感慨的团结的五服家门。"在我还小的时候，他们家就很团结"，那时他们还是同一个爷爷下的亲兄弟、堂兄弟，属于家庭内部团结；现在扩大到了五服家门，紧密的团结也有助于小组内的秩序井然。

张德进认为，同是关心，也有真心不真心的区别。真心的人，有急事只要发一下微信就会来，真心的人即使不打招呼都可能主动来。比如做喜事，不真心的人你叫他，他才过来帮忙，吃完饭丢下筷子就走了，也不去想哪儿有活能帮帮忙。

红白事作为村庄互助的公事，其团结程度某种程度上也受家庭团结的真心程度的影响。家庭内部团结之下培育出来的真心，降低了开枝散叶后这些家庭共事的交易成本，有助于村庄层面的团结。古源村家庭团结和村社团结在互相支撑之中维护了村民生活的稳定秩序。

传统秩序与市场秩序的有机融合

在古源村，私人空间并没有随着市场生活的渗入而无休止地扩张,而只是表现为适当的舒展。传统秩序与市场秩序也没有形成相互替代的关系,而是实现了有机融合。丰裕与舒展的释放并没有颠覆礼治秩序,却释放了交往过密化农耕中围绕稀缺资源朝夕磨合的压抑窒息,摆脱了斗而不破的久斗积怨,村民理想中的亲情认同开始回归。这份认同迅速投入到经济合作中,并酝酿出温情。不过,这份温情并不是私人化情感,而是制度化了的温情,表现为双向克己、互相体谅。私人情感具有很强的任意性,一千对浪漫爱侣可能有一千种爱的方式。然而,古源的温情脉脉的逻辑,却能拿到台面上公议,呈现出村民们理想中的伦理秩序的样态,即"有利益差距不能相提并论",无利益差距先顾亲情。

父子关系和兄弟关系不同,父亲可以为了孩子牺牲自己,但是兄弟需要先顾本再互相帮助。兄弟原本是一家不分彼此,不过结婚后会越拉越远,有各自的妻子和孩子。原本是两个人的关系,两个人关系好就好,现在需要至少四个人的关系都好,才能做到不分彼此。

移民搬迁后很多移民出售房屋,如果买主和卖主是兄弟,两个人之间不会讲价,讲价有点尴尬。"你就少一点嘛,让点利。"买家这么说了以后,作为卖家,"你不少一点,不意思一下,你就不好意思"。开口压价的买家也一样,"我再开口,我也不好意思"。这是村民较为常见的讲价对话。有的人家把价值两三万元的指标直接送给亲兄弟姐妹。若是不熟的人买就需要中间人去说，但兄弟和堂兄弟是不需要中间人的，因为家事不要让外人掺和，会由相对公正、说得上话的家庭成员来协商。

买卖房屋并不限于村内，古源村和青松村都只有几十户，仙湖村整村搬迁后，很多村民将房子卖给周围的村的村民。

有利益差距时亲情不能绑架利益，这并不是实践中的不得已偏离，而是理想中的状态本身。因为，除却父子一体，最亲的亲情基点莫过于兄弟。而在村民心中，兄弟理所当然要紧密互助，但是必须先顾本。兄弟婚后就会变成两个家庭的关系，是保全自己基础上的相互支持。因此，利益差距足够大则不能强求亲情覆盖利益，但利益不构成差距也就是能顾本时，互助是不容置疑的义务。

当引入亲情的逻辑，各方不再为一点利益而剑拔弩张时，丰裕社会的温情开始精准把握利益分割中的分寸。从村民描述的讲价互动中可以看出，人们理想的互动模式要求索利者不能再开启第二个回合的利益索取，同时要求让利者在第一个回合收到请求时就应该响应。这是一个良性的循环：付出者认为自己理应付出而应该及时响应，获利者却不能认为自己理应获利，不可道德绑架对方或者借助亲情关系再三索取，相反需要在心里记住人情。因此，村民的形容会有些许错乱，一方面说"不少一点是本分，少一点是情分"，另一方面又说"通常会少一点,太斤斤计较会被认为不重亲情"。这并不是混乱,而是在双向克己的逻辑下,站在两个人的立场会有不同的说法,正如小孩吵架两家大人都说自己孩子有错。秩序的基础并不是机械分析事情是否符合秩序,而是不同立场下做人要符合秩序要求。

然而,交易到底不是吵架,一方让利另一方就得利,不可能双方都让利。这种情况下,一般偏向于得到金钱的那一方让利,也就是卖主——原本就要赚钱的,只是少赚一点;同时,也灵活地偏向于穷苦一方,比如卖主更穷,那就是不降价也可以,降价了,就更重感情。从旁观者对交易分寸的准确判断可以发现,秩序的韧性依然在,在此情景下人们才能比较肯定地表达出较为一致的共识,而不是各凭心意判断。

> 堂兄弟会打折,三四千元之间,堂兄弟之间会互相领这个情,"在亲情面前金钱没有那么重要"。"少几千元正常,比如一两千元",再如"十万元八万元的交易一般也可以少个几千元"。如果自己和陌生人谈好了32万元的价钱,堂弟横插进来说他要买,那只能卖给堂弟,且一般会少几千元。

亲情关系拥有先买权,且每个人对自己所处关系所对应的利润空间是了解的。因此,互动双方对对方行为的期待都不会偏离太多。尽管亲情中的让利行为有对主动克己的道德期待，但是如果对方坚持提供不必克己的利益，那么本不好意思收下的红包其实"要也可以"。舆论并不要求必须达成克己的结果，而是更看重克己的姿态，并且表现出克己结果的实际让利者会生产声望，同时并不贬低未能达成克己结果的得利者。

买房的中介人如果是陌生人，可以给两千元的红包；如果是熟人，一般就给两百元的红包。熟人不好意思要两千元，当然，强行塞估计也会要。要也可以，不要也可以。如果利用他人在亲情中的克己兑换利益，舆论将会给予批评。亲兄弟是可以直接送指标的，但一般没有这么大方。而且亲兄弟只能自己住，不能卖指标，因为住是自己需要，卖则牵涉到经济关系。有一个姐姐把弟弟送的指标卖掉了，弟弟心里应该会不高兴，但不好说什么，因为是自己自愿送的，也不能叫姐姐把钱分给自己。大家不会嘲笑弟弟傻，反而会觉得弟弟重情重义。对姐姐倒会有一点厌恶，因为"姐姐赚了弟弟的钱，如果没这个亲情她赚不到。她把钱占为己有，损害了弟弟的利益"。如果姐姐只是自己住，就一点问题都没有。"卖是利用亲情赚钱，自私自利，住是自己需要。"

让利的前提是为了亲情而考虑对方的使用需求，一旦把使用需求兑换成金钱，就会招来非议，从而让利者得到名声，兑换利益的人得到污名。在互惠逻辑中，使用需求是彼此的互惠品，而发展需求并不在其内。那么，这种双向克己的逻辑靠什么维持呢？强大的舆论褒贬依然具有约束力，声望系统还是会令人忌惮。只是由于城镇化的生活方式，已疏散开的人不能像以前一般抬头不见低头见地发挥舆论力量。

买卖时只需要签个协议，一般不会产生纠纷。没钱的人就卖指标，有钱的人等房子下来之后再卖，会赚得更多。房子或指标不一定卖给谁，因为价高者得。私人的口头买卖要有保证，需要两边都有熟人到场，吃个饭，再签个字。一般都是叫叔伯至亲或村干部，这些人本来不认识，但是见面就认识了，真要赖的话叔伯也管不住，不过耍赖的很少。

在一宗交易中，卖方2016年卖出指标时签订的协议是2万元，但是2019年房子涨价卖方要对方补2万元。买方吃了哑巴亏，又寻找不到新的卖主，只能追加了2万元完成交易。在这件事中叔伯都是见证人。叔伯中有帮着自己侄子的，也有说公道话的，不过管不了。村干部也解决不了大问题。这件事影响了这个人的信誉，"人都会评论的"。不过村民说，在这里"讲了没意思，就不讲了"。不比在村里抬头不见低头见，行动者会有所顾忌，在城里不行。人们认为，如果真的觉得亏，就别卖，那就没有人讲，这就像有人去年买了大米，不能说今年米涨价了，他吃了米还得补钱。尽管发生了这件事，但买方已经同意了，就只能算了，要不然人的欲望无穷，找补没有尽头。

但是，"有人的话，话可以当钱使，钱却不能当话使"。可以将社会资本兑换成经济资本，反之却未必可行，因此，关系、声望在社区生活中实际上比货币的通约性更强，而货币因为在许多社会生活领域受到限制，从而不能做到通约一切。总的来说，曾经调解冲突的克己逻辑坚韧地迁移到了金钱合作领域，迅速形成了新的合作秩序。双向克己的另一面暗含着存在一个"己"。克己的前提是有己，不必忘记自己利益而只剩对方利益。也就是前面所提"兄弟需要先顾本""有利益差距不能相提并论"。对于不同关系中什么程度超出了利益差距，村民的判断也较为清晰。

> 对仙湖晏来说，虽然小区内有熟人开店，但自己仍要面面俱到，首先要照顾亲戚。以买米为例，如果是95元和105元的差距就会去买便宜的，只相差几块钱就去叔叔家的小卖部。感情还是要看日常关系，"有利益差距不能相提并论"。如果急用但只能赚几毛钱自己会就近买，不急用的且能赚几块钱自己就愿意跑一趟。但是自己去连锁商超比较多，连锁商超管理得比较让人放心，没有利益差距，条件也一样。如果你亲比你更疏远的人，就会违反人之常情；但如果有利益差距，则不能相提并论。对我们而言，最亲的依次是父母、同胞、其他血缘关系、于我们有恩的朋友和社会关系。"我们不能不记别人的好。"

能够顾本甚至发展利益，是克己的有力前提。正是长期的克己互动反哺了村民们的顾本，发展中的团结才能稳稳维持住。买房时的让利、红白事的高礼金、来回搭便车和捎东西降低了物流成本，都对支撑村民的城镇化有着重要作用，这些是能延续克己合作的重要后盾。

尽管相对于传统匮乏社会，现在的古源进入了丰裕社会，但在城镇化进程中，它仍然处在较为困窘的境地，需要很多的资助，这是发展中的合作的重要前提。地域社会这一共同体的延续以及更大范围的共同体整合使得秩序在松绑的同时，扩大到了更大范围并保持了韧性。秩序原则依然延续着过去的逻辑。一方面，丰裕与舒展后的温情脉脉展现出双向克己的特征，另一方面，道德舆论始终在承认个体家庭自身利益的基础上谈论克己。

古源村的传统秩序正是建立在浓厚的宗族氛围与稳定的伦理基础之上。如果将古源村的社区互动视为一张大网，将每个村民与周围人的互动视为网上的一根线，那么当这根线水平时，也就是互动双方力量平衡时，彼此都需遵守互惠互利的原则。当这根线倾斜时，也就是力量失衡时，弱势者得到社区力量汇合的帮助，强势者会受到舆论的弹压。尽管各条线时有倾斜，但整张网却依然保持着平衡，于无声无息中将偏离的人拉回社会交往之中，维护着所有人和谐稳定与共赢的社区生活秩序。个人与宗族之间互相依存，家庭与家庭之间扶弱抑强、互惠共存，共同构成了紧密共同体内部的稳定秩序。

随着国家和市场力量的进入,家庭秩序发生转变。尽管私人关系疏离,但公共关系依旧维持刚性,尽管私人事务扩张,但公共秩序依旧不改,在发展中的团结里体现出韧性。过去的人们需要大量的合作以维持生存,同时又因为资源稀缺、合作过于紧密而矛盾频发,衍生了互相提供舆论支持的互助。然而,市场秩序进入村庄社会后,资源短缺的压力得到缓解,人们在克己的同时为己的逻辑也从冲突转入市场合作。古源村相互依存的社会关系与伦理底色未发生质变,市场逻辑被吸纳进乡村社会的内生秩序之中,村庄秩序正在进行现代与传统的有机融合。

结　语

"拔根"还是"扎根"？

城镇化是一个历史范畴，虽然城市在传统社会中早已出现，但通常所说的城镇化却是指随工业革命的发展而在现代出现的一种社会现象，其与现代化如影随形、密切相关。[①]现代化一般包含物质、社会制度、人的思想和行为方式等三个重要方面[②]，同样，城镇化亦包含着这三种指向。社会学一般从人的思想和行为方式这一方面来解读城镇化。西方发达国家作为先行者，其城镇化大多由市场主导，是产业集聚—人口聚集—公共服务倾斜的线性过程。在这个过程之中，农村的人、财、物等均被城市所虹吸，农民甚至被"驱赶"进城，城市与乡村走向对立。但中国作为后发型社会主义国家，其城镇化是由市场、国家、农民三者共同主导的，国家和农民在城镇化的过程之中均具有主体性。而在两者的主导之下，城市与乡村走向了融合发展的道路。这就决定了我们

[①] 张光博.社会学词典.北京：人民出版社，1989：420.
[②] 同①，358.

的城镇化是一个扎根型的城镇化。

◎ 城乡二元下的"拔根"

既有的城镇化理论整体上已形成了"城乡二元分析范式",将农村与城市呈现为不同内在属性与特定组织逻辑的两类社会总体。城镇化则表现为从一种社会总体向另一种社会总体的结构性转型[①],这种转型多指涉人口流动、土地利用、生活方式和产业结构等由农村向城市的单向度转变。

如果从社会整合机制的角度来看,城市社会以运用市场和行政方式的力量进行的系统性整合为主导,农村社会以价值、规范和理解过程进行的社会性整合为主导。城镇化开始的标志即为现代国家与现代市场的建立打破了地方的社会整合,对地方逐步实现系统整合。系统一旦自我运转,理性原则等系统原则就会不顾一切地入侵生活世界,使得生活世界的再生产即社会整合将无法正常进行。在生活世界被系统入侵从而逐渐式微的情况下,系统整合更显强势。个人打破地方性的社会整合,进入城市,完全接受以现代国家与市场为代表的系统整合。个人由于无法在城市进行社会整合,只能寄托于"想象的共同体"进行片面的、短暂的、幻想的整合。但这种整合同样极度危险,会使人逐渐脱嵌于地方社会,逐渐个体化,沦为系统的奴隶。

---

① 陆兵哲.社会空间的继替与共存:一个郊区村庄城镇化的社会学研究.社会学研究,2023,38(2).

在城乡二元的理论预设下，系统与生活世界呈现此消彼长的二元对立关系。尤其是在现代性的席卷之下，系统对生活世界开展了强势殖民，使得生活世界几近消退，倚赖于生活世界的"根"也无法实现再生产。"拔根"似乎无可避免，发达国家作为城镇化的先行者已经进行了大范围的"拔根"。

但这些发达国家在经历了"拔根"的阵痛之后，纷纷选择了重新在乡村和小城镇"造根"，如日本的造村运动、韩国的新村运动、德国的村庄更新运动、英国的新镇建设等。生活世界仍然存在着韧性，系统对生活世界的殖民亦有限度，在城镇化进程中则体现为城镇化的限度。有研究表明，在城镇化率超过 70% 以后，城镇化进入后期阶段，农村人口和劳动力已迈过大规模转移阶段，城镇化速度放缓，城镇化不再表现为农村人口向城市人口转移，而进入城乡融合阶段。

具体表现为：第一，农村出现城市的产业特征、人口特征等要素，如乡村开始出现工业，非农人口开始居住在乡村；第二，城乡社会特征重叠，城乡的边界模糊；第三，城乡关系由对立竞争转为融合互补，信息、资本、人口在城乡流动，城市将乡村纳入经济和文化主流之中。[①] 但由于"根"已经在城镇化前期被消耗殆尽，即使进行"再造"，也是以城市为主体，搭配城市的功能需要。乡村依旧是城市的附属品，更不可能由乡村向城市输入文化、价值观念等，乡村在其中并无主体性。

---

① 刘守英. 从城乡二分到城乡融合. 中国乡村发现，2022（3）.

◎ 城乡融合下的"扎根"

西方发达国家先拔根再扎根的城镇化经验不可模仿。中国是一个广土众民的原住民国家，西方发达国家没有中国这样巨量的人口以及激烈的人地矛盾，中国也无法像发达国家一样根据自身在世界体系中的优势位置通过将内部矛盾外部化来解决矛盾，无法复制"先拔根再扎根"的城镇化模式。同时，中国城镇化的实践显示，我们沉淀五千年的文化主体性仍然存续着，"先拔根再扎根"等于自断国家的文明根脉。中国的城镇化实践已然出现"扎根"趋势，与其"拔根"之后再"造根"，不如选择就地"扎根"。

已有研究指出，我国特有的社会结构和文化底蕴使得个体与村庄密切联系的城镇化形式成为可能。① 本文的"扎根型城镇化"与目前大多数学者设想的"离土不离乡"的扎根型城镇化以及"周期性离土"的"兼容型城镇化"概念又有所不同。"离土不离乡"的城镇化强调农民就近进入非农产业务工；"兼容型城镇化"强调农民动态生活于城市和乡村之间、从事非农和农业双重职业，或者居住在乡村、主要从事非农职业的城镇化形态。② 中国的根在乡村社会中，包括我们的乡土文化、集体主义的遗产、社会关系网络的联结等，而社会文化心理层

---

① 卢晖临，粟后发.迈向扎根的城镇化：以浏阳为个案.开放时代，2021（4）.

② 贺旺，等.关于"兼容型城镇化"的实证研究：以四川省两个县域单元为例.城市发展研究，2022，29（12）.

面的乡土韧性造就的城乡回路需要倚赖于村庄社会文化的持续再生产。如果整个乡村社会被摧毁，农民即使住在村庄中，也同样是无根浮萍。

"根"是农民能够在整个城乡连续统中进退有据、自由穿梭的依凭，同时也正是通过农民在大城市——县城——乡村多个层次中的往返迁移，三种城镇化模式才不是毫无交集、并行不悖地运行着，而是不断地发生双向的资源互动，大城市、县城、乡村在互动中不停地被改造、被重塑。在这个意义上，大城市、县城成为乡土文化的"根"所生长出的枝叶，为城市源源不断地供给社会文化养分。各种资源在"根系"与"枝叶"之间上下贯通，城乡连续统才得以真正建立。这样，农民才能从容不迫地进入城镇，因为即便进入了县城、大城市，只要村庄社会延续着，农民依然是扎根的，在城镇化的过程之中依然能够回望家乡、回馈家乡、回归家乡。

本文中"扎根型城镇化"不强调地理意义上的"扎根"，即人口居住地并非必须在乡村，而是强调社会意义上的"扎根"，即无论人口居住地在何处，其社会关系与互动都要与乡村紧密捆绑。因此，我们在概念建构过程中更侧重以家庭为单位的分析，是否扎根村庄并不依个体流动来判断。"扎根型城镇化"指的是农村居民在不斩断与村庄联系的前提下向城镇流动，但仍然维持个体与家庭、村庄的联结。这种联结包括：精神层面的情感联系、道德层面的伦理约束、组织层面的集体活动以及资源层面的双向流动等。古源村是典型的经历"扎根型城镇化"的村庄案例,本书对该村庄经济"社会"生活面向的勾勒与拆解在反复验证着这一判断。古源村村民典型的"扎根"行为表征广泛而普遍,例如即便举家迁出村庄也会参加宗祠、寺庙和道路修建的集资活动,在清明、春节等与祖先相关的重要节日外出务工人员要回乡参与活动,已经迁入县城居住的家庭仍然要委托在村庄内生活的居民帮忙在村庄中的红白事上随礼,等等。为了使得扎根型城镇化的概念突破古源村的个案,以下试图从理论层面归纳其具有可推广性的理论内涵,并将"扎根型城镇化"的现象置于中国式现代化理论建构与西方理论的分野中去解析。

"扎根型城镇化"与西方城镇化相比有以下不同:

第一,人口流动的方向是循环往复的,客观上分担了人口流入地的公共服务压力。无论是第一代农民工持有回乡养老的预期,还是第二代农民工被务工城市排斥被迫返回家乡县城生活,客观上都导致了县域城镇化的结果。2020年,我国胡焕庸线东侧的东北地区、冀北及晋陕豫地区、川东及云贵地区成为县域城镇化率的高值区,珠三角地区、长三角地区、京津冀地区、成渝地区、长江中下游地区、内蒙古边境地区以及江浙闽东南沿海一带城镇化率超过50%的县域达716个,占比达38.3%。[①]

第二,我国城镇化流动的单位是家庭而非西方城镇化中的

[①] 刘彦随,杨忍,林元城.中国县域城镇化格局演化与优化路径.地理学报,2022,77(12).

个人，分居城乡两地的祖辈与父辈两代核心家庭构成了一个整体生产生活单位，协作经营着维持生计、养育孩子、赡养老人的任务。[①]一方面，养老与育儿责任深刻影响着个人的流动选择。另一方面，财富的代际流动与分配在实质上形成了工资性收入的获得地点与购房等重大支出的消费地点的分离。从区域发展的角度来看，这为发达地区供给了青壮年劳动力，而对欠发达地区的消费市场起到了促进作用。

第三，我国城镇化中人口流动往往与户籍状态是分割的，离开土地的村民并不失去土地的使用权，宅基地与农田制度的稳定性为其提供了社会保障。因此，西方城镇化过程中城市住房权利、城市公共空间权利、城市公共服务权利、城市信息权利等成为矛盾焦点，城市公共服务权利缺失和信息权利垄断严重影响着民众的基本生活。[②]而我国进城务工人员的购房地点在家乡而非流入地，公共服务的获取也更多依赖于流出地的政府供给与村庄（家庭/家族）供给，这为人口流入地扩大公共服务供给留出了更长的时间窗口和容忍空间。

第四，我国城镇化是在城乡融合而非城乡对立的城乡关系背景下发生的。我国社会主义制度决定了我们不会像西方资本主义制度一样对城市与农村之间的差别和其中的虹吸效应等置之不理，而是努力平衡城乡关系，实现城乡融合发展。因此，

[①] 白美妃，孙国嫄. 城乡两居与合一：县域城镇化进程中的代际关系与养老安排. 中国农业大学学报（社会科学版），2023，40（1）.

[②] 周文. 西方国家城市权利状况及对中国城镇化建设的启示. 学术月刊，2021，53（8）.

城乡差别的消弭，一方面依赖于国家精准扶贫、乡村振兴等大的方针政策以及国家产业结构的改善等，另一方面则依赖于以人的"城乡两栖"的家庭形态为载体的转移支付。

"扎根型城镇化"作为中国式现代化中特有的理论现象，是与上述西方有去无回的"拔根型城镇化"所不同的理论模式。鉴于我国在世界范围内均属罕见的城镇化规模与速度[①]，以及对第三世界国家的城镇化道路的引导，对中国式"扎根型城镇化"模式的探讨具有不可替代的理论意义与实践导向作用。

在我国"扎根型城镇化"的实践之中，我们看到了与西方城乡二元迥异的城镇化模式。通过运用社会主义制度的制度优势（包括农村土地所有制、对城市化过程实行有效控制和正确引导等）和雄厚社会基础的社会优势，我国的城镇化在现实中并非城乡对立，而是形塑了"城乡连续统"。"城乡连续统"与雷德菲尔德的"乡村—城市连续统"概念不同，后者将城市与乡村视作两种"标准类型"。现实中的城市与乡村位于连续统中的某一点，本质上还是城乡对立。"城乡连续统"有两个核

---

① 我国城镇化规模：2022年末，我国全国人口为141 175万人，城镇常住人口达到92 071万人，比2021年增加646万人；乡村常住人口49 104万人，减少731万人。常住人口城镇化率为65.22%，比2021年提高0.50个百分点。我国城镇化速度：西方国家城镇化率从20%提高到40%，英国用时120年（1720年至1840年），法国用时100年（1800年至1900年），德国用时80年（1785年至1865年），美国用时40年（1860年至1900年），日本用时30年（1925年至1955年），此后又经历了几十年到近百年，这些国家的城镇化率才达到70%~80%[数据来源：陆大道、陈明星．关于"国家新型城镇化规划（2014—2020）"编制大背景的几点认识．地理学报，2015，70（2）]，而我国用时22年即完成了常住人口城镇化率从20%到40%的跃升（1982年至2004年）。

心要素：第一，城市并非片面地汲取农村资源，而是在国家与农民主体性的推动之下，与农村发生着频繁的资源互通。第二，城市并不能主导整个国家的城市体系，乡村才是城市体系的基础。城市与农村互相渗透、互相流变，形成了功能互补、资源互通、功能互补的城乡连续统，造就了良好的城乡互动关系，从而走向了城乡融合发展。

在这种城镇化模式之下，我们看到了系统与生活世界的平衡，以及系统整合与社会整合两种整合方式的互通互融。在"扎根型城镇化"背景下，人们既生活在"附近"，也生活在系统之中，在接受社会整合的同时也接受系统整合。农民在系统原则和社会价值原则中一直处于主体地位，将两种原则相互贯通，而非单方面的"东风压倒西风"。也正是因为如此，在县域社会中，系统尚未实现对生活世界的殖民，生活世界亦保持着极强的生命活力，二者达到了对立统一。那么，这种对立统一是如何通过扎根型城镇化实现的、在现实经验世界中又有何种表现，这是本书探讨的核心内容。

后 记

2020年8月,我们团队的两名成员首次进入古源村进行了为期一周的预调研,观察到了古源村的宗族、民间信仰、城镇化等社会现象以及"隙地"这一社会特征,初步认识到了古源村这个田野点的学术价值。由于疫情造成的波折,2022年7月,我们调研团队才有机会以十人"大部队"的形式进入古源村,进行为期十天的调研。2023年5月,我们团队的三位成员又在宁县县城以古源村所处的移民社区为中心进行了为期一周的补充调研。

我们的调研以白天半结构化访谈加晚上集体讨论的形式进行,调研结束后,我们接着进行了调研材料的整理和书稿的写作。我们对书稿一共进行了前后七轮的修改,才最终将本书呈现在读者面前。在调研和写作的过程之中,我们对古源村的认识逐渐深化,也逐渐将思考的中心点聚焦于"扎根型城镇化"这一主题。

当代中国正经历着从乡土中国到城乡中国的历史性巨变,对于缺乏产业基础的中西部农村来说,其城镇化进程中的具体路径值得深入探讨。"扎根型城镇化"便是这一历史进程中涌现的一种城镇化类型。本书以古源村为个案,通过民族志方法来"解剖麻雀",从社会基础这一视角出发,从家庭、生计、秩序、观念等具体领域来考察"扎根型城镇化"的轨迹、逻辑和机制，尝试回答在中国城镇化的历史巨变中，乡村社会向何处去、乡土文化根脉何以存续等重大问题。

在调研过程中，江西省宁县的县、镇以及村的领导干部、工作人员为我们的调研提供了极大的帮助与便利，对此，我们表示衷心的感谢！我们还要感谢古源村接受我们访谈的八十余位村民——这些村民基本涵盖了村庄中各年龄段、不同性别、不同职业和不同阶层的人口。通过他们的讲述和经验现象之间的交叉验证，古源村丰富而细腻的历史变迁和现实生活逐渐呈现在我们面前，为我们进一步进行理论抽绎提供了"源头活水"。

本书的具体写作分工如下：书稿的主题、框架由董磊明拟定，导语由董磊明、刘绪明撰写，第一章由刘绪明、田艳、李胧珊撰写，第二章由刘绪明、李蹊、谢梅婕撰写，第三章由李欣灿、李学舒撰写，第四章由李欣灿、李胧珊撰写，第五章由谢梅婕、汪阳倩、李学舒撰写，第六章由董磊明、谢梅婕、李欣灿撰写，第七章由李蹊、汪阳倩、王光普撰写，结语由董磊明、谢梅婕撰写。全书由董磊明、谢梅婕最终统稿。我们的调研和写作都是以集体的形式进行，团队同仁之间互帮互助，因此，各章节的具体内容和观点都是集体智慧的产物。

董磊明、谢梅婕

2023 年 10 月

图书在版编目（CIP）数据

故乡可安身：扎根型城镇化中的古源村 / 董磊明等著. -- 北京：中国人民大学出版社，2024.1
ISBN 978-7-300-32421-0

Ⅰ.①故… Ⅱ.①董… Ⅲ.①城乡建设—研究—中国 Ⅳ.① D693.62

中国国家版本馆 CIP 数据核字（2023）第 247374 号

故乡可安身
扎根型城镇化中的古源村
董磊明 谢梅婕 等 著
Guxiang Ke Anshen

出版发行	中国人民大学出版社		
社　　址	北京中关村大街 31 号	邮政编码	100080
电　　话	010-62511242（总编室）	010-62511770（质管部）	
	010-82501766（邮购部）	010-62514148（门市部）	
	010-62515195（发行公司）	010-62515275（盗版举报）	
网　　址	http://www.crup.com.cn		
经　　销	新华书店		
印　　刷	天津中印联印务有限公司		
开　　本	890 mm × 1240 mm　1/32	版　次	2024 年 1 月第 1 版
印　　张	13.125 插页 1	印　次	2024 年 1 月第 1 次印刷
字　　数	255 000	定　价	69.00 元

版权所有　侵权必究　　印装差错　负责调换